VICTOIRE TUAILLON

Le Cœur sur la table

ISBN : 979-10-414-1371-3

Édition : Karine Lanini, avec l'aide précieuse de Bertrand Guillot
Correction : Sophie Hofnung et Andréa Molina
Conception graphique et maquette : Studio Blick
Illustrations : La couverture et les illustrations des pages « Choeur » ont été réalisées par Upian. Les illustrations des pages « Ressources » ont été réalisées par Marie Brd, à partir des visuels d'origine des oeuvres citées.
Crédits photographiques : © Zanele Muholi (p. 39) ; PHOTOPQR/OUEST FRANCE (p. 39) ; © The Estate of Germaine Krull (p. 61) ; © The Estate of Vanessa Bell (p. 83) ; © NCAF Archives (p. 106) ; © Pilar Corrias Gallery - Gisela Mc Daniel (p. 143) ; © Ghada Amer (p. 164) ; © Marina Abramović Archives (p. 249).

VICTOIRE TUAILLON

Le Cœur sur la table

BINGE AUDIO.EDITIONS

Avant-propos

Ce livre est issu du podcast *Le Cœur sur la table*, une série documentaire produite par le média Binge Audio et diffusée sur toutes les plateformes d'écoute au cours de l'année 2021.

Avec Karine Lanini, l'éditrice qui m'a accompagnée dans la conception et l'écriture de ce livre, nous l'avons imaginé comme un guide permettant de penser le grand sujet des relations affectives, amicales, amoureuses et sexuelles, en reliant leur dimension intime à leur dimension politique.

Chaque chapitre, reprenant le découpage en épisodes du podcast, est constitué de quatre parties :

Les pages « Cœur » sont des adaptations écrites des épisodes.

Les pages « Chœur » sont constituées d'une sélection tirée des centaines de témoignages, critiques, interrogations reçus après la diffusion de chaque épisode. Parce qu'ils reflètent une grande diversité d'expériences et qu'ils prolongent la grande conversation collective que nous avons voulu initier avec le podcast, nous avons choisi d'en reproduire certains, avec l'autorisation de leurs auteurices.

Les idées développées dans chaque chapitre ont été empruntées à de nombreux travaux, de nature diverse, qui sont tous listés dans les pages « Sources ».

Comme il ne s'agit pas seulement de poser un regard critique sur tout ce qui blesse nos relations affectives, mais aussi de pouvoir vivre et imaginer des relations émancipatrices, joyeuses et douces, chaque chapitre se termine par trois pages de « Ressources » qui peuvent inspirer des relations désirables. Il s'agit d'une sélection de pratiques et d'œuvres (essai, roman, documentaire...) qui ont personnellement compté dans ma vie, qui m'ont bouleversée, éblouie, transformée – des chansons comme des mantras, des fictions comme des mondes, des pratiques comme des chemins.

À la fin du livre, dans les pages « Prolongations », vous trouverez une liste d'essais et de podcasts autour de l'amour qui me paraissent à la fois indispensables et accessibles, une autre suggérant des livres pour les plus jeunes, un petit mode d'emploi pour organiser vous-mêmes vos propres cercles de parole (une pratique simple et puissante), ainsi que des repères statistiques et des contacts pour lutter contre les violences amoureuses. Et comme *Le Cœur sur la table* est le fruit d'un travail collectif complexe, nous avons choisi de finir ce livre en vous racontant une partie du processus de sa création dans les pages « Coulisses ».

Bonne lecture !

Victoire Tuaillon

Sommaire

c'est une amoureuse qui vous parle

Je t'ai dans la peau, y' a rien à faire ! Mal baisées ! **L'amour c'est du pipeau, c'est bon pour les gogos.** Quelle nunuche, quelle fleur bleue ! **Force-toi un peu, tu peux bien lui faire plaisir, c'est ton mari quand même.** Hystériiiques ! Bonnes sœurs ! Frigiiiiides ! **J'aime pas trop les capotes parce qu'on sent plus rien. Ça te dit pas, on fait sans ?** Comment faire durer son couple ? **Vieilles filles aigries !** Tu sais, moi j'aime pas me prendre la tête. **J'ai envie d'un truc léger où on se pose pas de questions.** Dix raisons pour lesquelles vous êtes encore célibataire...

Je m'appelle Victoire Tuaillon; j'ai 31 ans, et je crois que, même enfant, j'ai toujours été amoureuse... ou voulu l'être.

Comme beaucoup d'autres femmes, me semble-t-il, les préoccupations affectives tiennent une grande place dans ma vie. Je connais des dizaines de chansons d'amour par cœur. Et je passe beaucoup de temps avec mes ami·es, ma famille, et même des inconnu·es, à discuter de ce qui se passe en détail dans nos vies intimes – comment on se rencontre, comment on s'aime, qu'est-ce qu'on se dit, comment on traverse les crises et les conflits, comment on se quitte aussi. Tout ça me passionne.

Je dis «comme beaucoup d'autres femmes», parce que dans la culture dans laquelle j'ai grandi, en France, en ce début de XXIe siècle, il me semble que l'amour est toujours codé comme féminin. C'est un truc de gonzesses. Un sujet pas très sérieux, bon pour les rubriques Courrier du cœur, les bavardages au téléphone, les confidences entre copines.

Je reconnais être assez sentimentale. Adepte des grands gestes romantiques, accro aux crushs; et puis j'aime ça, être amoureuse – ça me fait me sentir très vivante, très joyeuse.

Je me suis souvent moquée de ces élans. J'en ai eu un peu honte. Je me traitais moi-même de cœur d'artichaut, j'étais un peu gênée de correspondre à ce cliché misogyne qui veut que les femmes soient trop émotives... Comme si tout cela ne comptait pas: ces heures de conversations, tous ces efforts d'écoute, de réflexion, d'introspection pour essayer de mieux se comprendre, de mieux comprendre l'autre, d'avoir des relations épanouissantes et harmonieuses...

Comme si ce n'était que du commérage, de la prise de tête inutile.
Comme si ça n'avait aucune valeur.
Alors que ça en a une,

immense.

Il se trouve qu'en plus d'être une grande amoureuse, je suis féministe. Et plus je suis féministe, plus il me semble que l'amour est un sujet fondamental. Que ce n'est pas futile, nunuche, culcul, gnangnan, au contraire. **L'amour, c'est un grand sujet politique.**

C'est d'ailleurs en partie parce que l'amour est si important pour moi que je suis féministe. Parce que je ne vois pas comment l'amour peut circuler si nous restons enfermé·es dans des rôles de genre étriqués – les hommes d'un côté, les femmes de l'autre, les uns au-dessus, les autres en dessous.

Je ne vois pas comment l'amour peut exister pleinement sans égalité réelle, ni sans justice.

Celles et ceux qui veulent que rien ne change se désolent, voient dans l'émancipation des femmes et l'égalité entre les sexes la mort de l'érotisme, la mort du désir... et donc de l'amour. Je crois au contraire que les luttes féministes sont aussi des luttes pour l'amour ; pour que l'amour soit possible.

Je crois, comme l'a écrit dans *Tout le monde peut être féministe* la théoricienne et autrice afro-féministe bell hooks, que « l'amour ne peut pas prendre racine dans des relations fondées sur la coercition. L'amour peut nous transformer, nous donner la force de nous opposer à la domination. Choisir la politique féministe, c'est faire le choix d'aimer.»

Il me semble donc que toutes les luttes progressistes, qui prennent de l'ampleur ces dernières années – contre le sexisme, le racisme, le validisme, tout ce qu'on appelle les oppressions systémiques – sont certes des luttes qui nomment, dénoncent, combattent, refusent des faits de violence insupportables et un ordre du monde injuste, mais sont aussi des luttes pleines de passions joyeuses.

Des luttes qui nous ouvrent de nouveaux horizons.

Des luttes qui nous permettent d'imaginer et parfois de vivre des relations sans oppression, sans domination et sans violence.

Je crois qu'à force de libérer la parole et l'écoute, de rendre enfin dicible ce qui était tabou – le viol, l'inceste, le harcèlement, le corps... –, l'amour est en train d'être réinventé.

Que tout est en train de changer : les manières dont on se parle, dont on se plaît, dont on se touche et dont on s'aime.

Et je crois que ce que nous vivons, là, c'est une grande révolution romantique*.

Où nos armes sont nos corps.

Et nos cœurs.

On a tendance à penser que l'amour est une affaire strictement privée, une simple question d'affinités entre deux individus, ou bien une force mystérieuse qu'il ne faudrait pas chercher à comprendre sous peine d'en faire disparaître la magie.

Peut-être. Mais **ce qui m'intéresse ici, c'est l'amour comme fait social**. De voir en quoi le fait d'avoir été élevé·e, traité·e et identifié·e comme une femme ou comme un homme, comme une personne blanche ou non blanche, comme une personne valide ou non, a un impact direct sur nos relations avec les autres.

Je veux donc commencer par dire d'où je parle. Je suis une femme et depuis l'adolescence j'ai des relations intimes avec des hommes ; je suis donc identifiée comme hétérosexuelle, et cette orientation est valorisée, favorisée, encouragée par toute notre culture où elle est majoritaire – elle y est vue comme "normale", allant de soi. Les comédies romantiques, par exemple, mettent en scène des histoires auxquelles je peux m'identifier ; elles sont faites pour moi.

Bien sûr, l'hétérosexualité, c'est un peu plus compliqué que ça – il en sera souvent question dans ces pages. L'hétérosexualité, ce n'est pas seulement le fait de coucher avec des personnes du sexe dit "opposé". **L'hétérosexualité, c'est aussi un mode de vie, un système politique, une organisation matérielle.** De tout cela, pour l'instant, je peux me tenir relativement à distance, puisque je n'ai pas de personnes à charge, ni parents ni enfants dont je doive m'occuper. Depuis plusieurs années, j'exerce une profession qui me permet de gagner assez bien ma vie pour subvenir à mes propres besoins, comme celui de me loger seule, sans dépendre matériellement d'un homme ; ce qui, j'en ai conscience, me donne plus de liberté qu'à beaucoup d'autres femmes.

J'ai grandi en France hexagonale comme une femme blanche, ce qui veut dire, par exemple, que personne ne m'a jamais refusé d'emploi ou de logement en raison de mes origines supposées, de mon nom ou de ma couleur de peau... et que dans mes relations intimes, dans le cadre de rapports de séduction, je n'ai jamais eu à me méfier des

* Selon l'expression de Costanza Spina dans son texte *« Nous sommes à l'aube d'une révolution romantique intersectionnelle »*, paru dans Manifesto XXI en 2020.

fétichistes, et je n'ai jamais craint de subir le racisme de mes partenaires – contrairement à plusieurs de mes amies non blanches, personne ne m'a exotisée, personne ne m'a jamais appelée *ma panthère, ma geisha, ma gazelle* ou *ma beurette*.

Dernière précision : je suis une femme cisgenre, c'est-à-dire que le genre féminin auquel je m'identifie est celui qui m'a été attribué à la naissance. Je n'ai jamais eu à souffrir des discriminations ni de la haine infligées aux personnes trans ou non binaires dans notre société ; je n'ai jamais eu à justifier de mon identité de genre, et je me sens à l'aise dans ce genre-là. Le plus souvent, j'ai obéi aux standards, normes et codes associés à la *bonne* féminité, avec enthousiasme, et même un certain plaisir. C'est comme cela que j'ai appris à marcher avec des talons, à petits pas, à surveiller mon poids, à croiser les jambes quand je m'assois, à ne pas parler trop fort, à *mettre en avant mes atouts*, comme on dit, pour avoir l'air pimpante mais surtout pas *mauvais genre*.

Rentre le ventre.

Ah non, il faut choisir, c'est minijupe ou décolleté, pas les deux.

Pas de robe à pois, ma chérie, ça te grossit.

J'ai suivi ce lent et patient enseignement dispensé dans les magazines féminins, par les actrices, les stars à la télé, mes copines et les autres femmes de ma famille. J'ai appris à faire une manucure, à bien choisir mes vêtements, à supporter l'inconfort de l'épilation, du port quotidien de soutiens-gorge et de jeans serrés, j'ai appris à soigner ma peau et mes cheveux, à prendre des petites poses charmantes, à sourire, glousser et me déhancher quand je veux séduire, à me regarder plusieurs fois par jour dans un miroir pour vérifier si tout va bien, si tout est en place. Et même si toute ma vie j'ai souvent entendu que j'étais trop grosse, un peu vulgaire, pas assez féminine, trop rentre-dedans, trop grande gueule, même si on m'a toujours trouvée trop ceci ou pas assez cela, j'ai épousé sans trop de gêne ces codes de la féminité consensuelle, correspondant à mon milieu petit-bourgeois – je suis journaliste, ma mère était guide de voyage, mon père médecin généraliste.

Ce qui n'a pas empêché que, comme beaucoup d'autres femmes, j'ai depuis mon plus jeune âge subi des violences sexistes : harcèlement de rue, dénigrement, insultes et violences sexuelles.

Ce que je veux faire comprendre avec cette longue présentation, c'est que **nous sommes tous et toutes situé·es socialement**, que nous devons composer avec un curieux mélange de privilèges et de discriminations, qui se cumulent et s'entrecroisent. Ça nous marque au fer rouge, ça modèle nos consciences et nos subjectivités, et donc nos façons d'aimer et d'être aimé·es.

Ce qui veut dire que nous ne sommes pas totalement libres, mais pas totalement déterminé·es non plus. Et je crois que plus on prend conscience de tout ce qui nous détermine, plus on peut être libres.

Depuis septembre 2017, dans le podcast *Les Couilles sur la table*, je pose des questions à mes invité·es pour comprendre comment fonctionnent le patriarcat et les masculinités, et comment **le sexisme mutile ce que nous avons de plus personnel, de plus intime** : nos goûts, nos désirs, nos aspirations, nos rêves. Au fond, c'est une autre manière de réfléchir à l'amour, ou à ce qu'on appelle amour dans notre culture. Parce que c'est dans les relations dites amoureuses qu'ont lieu beaucoup de violences infligées aux femmes.

C'est au nom de l'amour que certains hommes tuent *leur* femme ou leur ex.

C'est au nom de l'amour qu'on a justifié le viol conjugal.

On dit "amour" pour le viol des enfants : on dit encore des personnes pédocriminelles qu'elles *aiment un peu trop les petites filles*, qu'elles *aiment* les petits garçons; on parle de "pédophilie", (du grec "*pais, paidos*", enfant, et "*philia*", amour). L'amour sert si souvent de prétexte

au meurtre

à la violence

au mépris

au contrôle

ou à l'exploitation domestique la plus banale.

Alors, si c'est dans la sphère privée, dans nos familles, dans nos relations amoureuses que se trouve le cœur de l'oppression, n'y a-t-il pas une contradiction fondamentale entre nos désirs de liberté et le fait de continuer à entretenir des rapports intimes avec des hommes cisgenres ?

Je sais que je ne suis pas la seule à me poser cette question : en trois ans, dans les milliers de messages que j'ai reçus suite aux épisodes des *Couilles sur la table*, elle n'a cessé de revenir, sous de multiples formes.

J'aimerais qu'on soit à égalité, mais chez nous c'est moi qui fais presque la totalité des tâches ménagères parce que lui… il n'y pense pas.

Je trouve ça difficile d'être épanouie en couple, même avec des hommes "modernes", ou qui se revendiquent comme tels.

J'en ai marre, je dois m'occuper de tout, j'ai l'impression de passer ma vie à me battre pour avoir du temps pour moi.

Je crois que nous sommes de plus en plus nombreu·ses à trouver l'hétérosexualité inconfortable. Et je ne parle pas tant du fait de désirer des hommes que de ce que ces relations entraînent trop souvent, de tout ce qui pèse sur nous toutes depuis si longtemps et que les luttes féministes ont enfin permis de nommer :

la condescendance du *mansplaining*

les microviolences ordinaires

la charge mentale

la charge domestique...

et émotionnelle...

et sexuelle.

Je sais que nous sommes nombreu·ses à chercher la sortie, à nous demander comment résister, concrètement, pour ne pas renoncer à l'amour sans pour autant continuer de subir la soumission hétérosexuelle ordinaire. Et si nous ne voulons pas renoncer à l'amour, peut-être nous faudra-t-il renoncer à autre chose. Mais à quoi ? à la cohabitation ? à la monogamie ? au couple ? à l'amour romantique ? à l'hétérosexualité ?

L'une des personnes que j'admire le plus au monde, l'écrivaine Virginie Despentes, a souvent raconté comment devenir lesbienne à 35 ans l'avait libérée. Quand je l'ai rencontrée en 2019, je lui ai demandé si un tel changement pouvait se décider. Elle m'avait répondu cette phrase qui résonne encore chez moi : « On ne peut pas décider de devenir lesbienne mais on peut accueillir la possibilité avec enthousiasme. » Et elle a précisé ce que ça avait changé pour elle :

> « J'ai eu l'impression de découvrir quelque chose dont je n'avais même pas conscience quand j'étais hétérosexuelle... Je ne sais pas, c'est comme si tu vivais toute ta vie dans un appart' en ville avec plein de bruit, et un jour tu déménages à la campagne et tu découvres ce que c'est, le silence et le calme. Un jour tu te réveilles et tu te dis : je m'aperçois que j'en ai chié, dans l'hétérosexualité, et je ne savais même pas à quel point. »

Ça donne envie, non ? Je sais bien que ça ne se décide pas comme ça, mais je suis d'accord avec elle quand elle dit que si nous n'avions pas été élevé·es dans l'hétérosexualité obligatoire, beaucoup plus de femmes seraient lesbiennes. Plusieurs amies autour de moi ont d'ailleurs sauté le pas – et j'entends, je vois, je sens qu'elles sont plus heureuses qu'avant, avec leurs yeux brillants, leur grand sourire et leurs soupirs de soulagement.

Mais moi, pour l'instant, je suis très amoureuse d'un homme. Je l'aime, il m'aime. Avec lui je suis libre… ou j'ai l'impression de l'être. Pourtant, je reste pleine de doutes, écartelée entre mes désirs et ce que l'on attend de moi :

les schémas hérités de mes parents

la pression familiale (*c'est pour quand les petits-enfants ?*)

les injonctions sociales

les discours des magazines (*la pipe le ciment du couple ; comment mieux s'organiser face à la charge mentale ; hommes, comment mieux les comprendre ? ; jeune mince et épilée : enfin moi-même !*)

le regard de mes amis (*T'as vu, Chloé ? elle a accouché*)

les modèles au cinéma

la tradition…

Et puis ça ne résout pas tout pour les femmes, d'être lesbienne. Que fait-on des normes du couple, de l'engagement, de la fidélité, de l'exclusivité ? De tout ce qu'impliquent les relations intimes avec les autres ? De tous les efforts que ça demande de se comprendre, de comprendre l'autre, de créer des relations équilibrées malgré le poids de tout ce qu'on ne contrôle pas ?

Bien sûr que dans un monde enfin débarrassé de toutes les oppressions systémiques, nos relations seraient métamorphosées. Mais tant que nous sommes vivant·es, il nous faut composer avec ce qui existe, tout en cherchant à le transformer.

On ne va pas attendre la révolution pour s'aimer.

Et puis s'aimer, c'est peut-être aussi l'une des façons de faire la révolution ; pas la seule, pas l'unique, mais une partie nécessaire. Alors : comment on fait ?

Comment est-ce qu'on bricole de nouveaux cadres, individuellement et collectivement ? Comment essaie-t-on de les faire bouger pour respirer un peu mieux ? Est-ce qu'il faut inventer de nouveaux mots ? de nouveaux serments ? de nouvelles lois ? de nouvelles pratiques ?

C'est parce que ces questions m'obsèdent depuis plusieurs années que j'ai décidé d'enquêter. J'ai commencé par chercher des réponses dans des livres : je me suis enfermée dans ma chambre et j'ai lu tant que je pouvais sur l'amour, le couple, le romantisme, le lesbianisme politique, l'hétérosexualité, l'amitié. J'ai lu toutes sortes d'ouvrages : des brochures anarchistes distribuées dans des festivals, des essais philosophiques cryptiques, des manuels pour bien communiquer dans le couple, des éloges polyamoureux, des textes mystiques, des thèses de sociologie… Et quand c'était possible, j'ai interviewé leurs auteurices pour qu'iels m'exposent leurs théories.

J'ai aussi envoyé des milliers de mails à des gens très différents en posant des questions du type : *Comment vous faites, vous ? Qu'avez-vous appris de vos histoires ? Qu'avez-vous mis en place, concrètement, pour vivre des relations intimes égalitaires ?*

Et puis je suis allée rencontrer certaines de ces personnes, en tête à tête ou dans des groupes de parole que j'ai organisés dans différentes villes en France, en leur demandant de raconter leurs histoires, avec toujours en trame de fond ces deux questions fondamentales : *De quelles façons les oppressions systémiques pourrissent, empêchent, blessent vos relations affectives ?* Et face à cela : *Y a-t-il des pratiques, des concepts, des techniques, que vous aimeriez partager avec d'autres ?*

Parce que je crois que prendre soin les un·es des autres, s'aimer, ça peut aussi s'apprendre et se transmettre. Il ne s'agit pas d'inventer de nouvelles normes, mais d'ouvrir des pistes – personne ne détient *la* solution –, mais je me dis qu'on peut s'y mettre à plein, les partager, et réinventer l'amour.

Ce que je vous propose de découvrir ici, c'est le résultat de ces heures de lectures, de recherches et d'échanges. Une grande conversation collective, où nous avons partagé nos expériences, nos réflexions, nos désaccords, et appris les un·es des autres.

Où nous avons mis notre cœur sur la table.

la princesse et l'escalator

J'ai toujours eu une image très belle de l'amour. Ma mère m'a eue à 23 ans, et je pensais que c'était l'âge parfait pour avoir des enfants. Ça m'a désespérée d'arriver à 23 ans et de me dire que j'avais pas d'enfant, et que j'avais sûrement raté la moitié de ma vie. [Julie] Je pense que j'ai grandi avec une espèce de modèle de la relation de couple comme quelque chose qu'il faut absolument rechercher... mais que, moi, je n'ai en fait jamais vu bien fonctionner. [Antoine] **Il y a un mythe qui m'est rentré dans le crâne depuis toute petite : l'amour ce serait la seule chose qui donne de la valeur à la vie. Je croyais plus que tout que ce qu'on pouvait vivre de plus riche et de plus intense, c'était une grande histoire d'amour. [Anonyme]** J'ai toujours pensé que pour réaliser quelque chose, pour arriver à affronter les déboires de la vie, il fallait absolument que j'aie quelqu'un avec moi. [Myrlène] **Je me disais qu'il fallait trouver quelqu'un et l'avoir pour la vie. Mais comment on sait si c'est le bon ? Comment on sait si c'est le bon crapaud qu'on est en train de s'échiner à embrasser ? [Louise]** Je n'étais pas le prince charmant dont elle avait rêvé. Et je n'arrivais pas à l'incarner. [Xavier]

Pendant longtemps, j'ai attendu un prince charmant.

Petite fille, il me paraissait évident que plus tard, une fois adulte, moi aussi je serais en couple, avec un homme beau, gentil et attentionné. On vivrait ensemble, on aurait des enfants et on serait très heureux. C'est ce que me racontaient les contes de fées, les dessins animés, les émissions à la télé. C'est ce qui semblait *normal*.

Dès l'adolescence, je me suis mise en couple. Plusieurs fois. Personne ne m'y a obligée, je le faisais librement, j'y prenais beaucoup de plaisir. Mais si je suis honnête, je dois bien reconnaître qu'une partie de ce plaisir venait d'un certain soulagement : j'étais casée, adulte, mature, normale.

Le couple, c'est *la* relation à laquelle on associe le sentiment amoureux dans notre société.

En France, selon l'Institut national des études démographiques, quatre personnes sur cinq vivent une relation de couple. 90 % des Français·es cohabitent ou ont déjà cohabité avec un·e partenaire.

Le couple, c'est ce avec quoi on a grandi. C'est ce que les autres souhaitent pour nous. C'est ce qu'on se souhaite à soi-même. C'est l'institution sentimentale par rapport à laquelle on se positionne toustes. Quel que soit son âge, son genre, sa sexualité, sa race ou sa classe.

C'est cette norme-là que je veux interroger. Pas pour la dénigrer, ou appeler à tout brûler : simplement pour comprendre de quelle façon elle peut peser sur nos vies, nos choix, nos identités, l'estime de nous-même. Et pour interroger la norme, quoi de mieux que d'écouter celles et ceux qui n'y correspondent pas ? Comme Marie, 35 ans, qui vit seule et n'a pas d'enfants, et qui m'a dit lorsque je l'ai rencontrée au cours de mon enquête :

« Est-ce que je ne *veux* pas souscrire à cet idéal, ou est-ce que je ne *peux* pas ? J'ai appris peu à peu à ne pas opposer ces deux verbes, et à me dire qu'on ne pouvait pas ce qu'on ne voulait pas, et inversement. »

C'est une angoisse que je connais bien. Autour de moi mes ami·es sont presque toutes et tous dans des couples assez installés, avec des projets d'enfants ou de mariage.

Le jour, je me réjouis de leur bonheur, je m'extasie sur l'annonce d'une grossesse ou la photo d'une échographie.

Et la nuit, parfois, je regarde mon plafond, et je me dis : *Tu as 31 ans, tu n'as pas d'envie d'enfants, de mariage ou de cohabitation... Est-ce que tu ne serais pas en train de rater un truc fondamental ?*

Une petite voix implacable me dit :

Est-ce que tu passes pas à côté du vrai bonheur ?

Peut-être qu'il faudrait te réveiller.

Égoïste !

Mais je n'arrive pas à me faire à cette idée de couple installé, à me fondre dans ce moule. Et Marie non plus :

« Pendant longtemps, je me suis dit que c'était parce que j'étais trop névrosée, trop fragile, trop bizarre, que je n'arrivais pas à souscrire à cet idéal. À faire ce qui est attendu de moi : rencontrer une personne, tomber amoureuse, fonder un couple, puis une famille, avoir une maison. Être dans la durée un soutien l'un pour l'autre face aux vicissitudes de la vie... Ça m'est arrivé de souffrir de ça, de me dire : j'y arrive pas, j'y arrive pas, j'y arrive pas. »

À y regarder de plus près, il semblerait qu'en réalité nous sommes nombreu·ses, à ne pas y arriver. Soit parce qu'on ne parvient pas à se mettre ou à rester en couple, soit parce qu'une fois en couple les choses ne se passent pas comme dans les contes de fées. Et quoi qu'on en dise, ce modèle unique que nous avons intégré se fracasse sur les statistiques. Le mariage ? On se promet de s'aimer pour la vie, mais un mariage sur deux dure moins de dix ans. L'exclusivité et la fidélité sexuelle ? Elles sont censées aller de soi, mais la moitié des hommes et un tiers des femmes en couple ont déjà eu un rapport sexuel avec une autre personne que leur partenaire.

Quand surviennent les difficultés, ou la séparation, on dit que c'est un échec et on peut passer des heures à se remettre en question soi-même. Mais peut-être le problème ne vient-il pas complètement de nous; peut-être vient-il des normes du couple elles-mêmes, de cet idéal parfois irréaliste, ou impossible à atteindre, ou qui, tout simplement, ne nous correspond pas. Dès lors, comment fait-on pour bricoler son propre modèle? En fonction de quels repères? Et avec quels mots? Parce que nos mots ne se contentent pas de décrire ce qu'on vit: ils imposent des idées, des référentiels contraignants.

J'ai posé la question à l'écrivain Stéphane Rose. Dans son essai *En finir avec le couple*, il recense tous les mots qu'on utilise couramment pour décrire nos relations amoureuses. Et son premier constat, c'est que ces mots relèvent d'abord d'un vocabulaire politique et religieux:

> «Religieux, parce que la religion veut des couples plutôt hétérosexuels, puisque le but est quand même de se reproduire. Et politique, parce qu'elle veut des cellules familiales dans lesquelles on se reproduit. C'est toujours associé à la reproduction, cette histoire.»

Stéphane Rose explique qu'en ce qui le concerne, lui n'a pas renoncé au sentiment amoureux, mais à toutes les étiquettes qu'on lui accole:

> «Ce n'est pas parce que je suis contre le couple que je suis nihiliste et que je suis égoïste. Je veux seulement avoir des relations qui ne sont pas dictées par des mots ou par des concepts, ou par des pouvoirs ou par des injonctions. Je veux que ce soit moi et la personne avec qui je la noue qui soyons les artisans de cette relation. Dans ma vie, j'ai tout essayé: le couple, le polyamour, le couple libre... Et c'est quand j'ai envoyé balader tout ce vocabulaire que j'ai commencé à être un petit peu heureux en amour.»

Stéphane Rose souligne ce paradoxe: le couple, ce qui est censé nous rendre heureux, est souvent décrit avec des termes pas très séduisants:

> «Déjà il y a le mot "caser": la case, la maison. Le couple est réduit à la maison, à une pile de tâches domestiques. "Maquer": des gens disent: "Alors t'es libre? Non, je suis maqué." Qu'est-ce que ça veut dire? Il y a deux acceptions: en argot, cela signifie: *je suis mangé*. Mon couple me mange. Qui a envie d'être mangé en amour et ensuite digéré et déféqué (parce que, pardon, mais c'est bien ça l'idée)? L'autre acception, c'est le maquereau, le proxénète. Ça ne fait pas rêver non plus.
> Pour moi, un amour apaisé et serein, c'est deux personnes qui sont entières, qui savent qui elles sont et décident de s'acoquiner. Ce ne sont pas deux moitiés. On dit souvent "ma moitié". Moi je ne cherche pas ma moitié, je suis complet.»

À cette norme s'en ajoutent de nombreuses autres sur ce que devrait être un couple – et sur ce que nous sommes censé·es faire à deux. Par exemple : être en couple, c'est habiter ensemble. C'est partir en vacances ensemble. C'est avoir des projets communs. C'est vouloir – ou avoir – des enfants. C'est l'idée qu'une relation *sérieuse* doit *aller quelque part*, donc qu'il y a un chemin, un programme, des étapes à franchir.

L'autrice étatsunienne Amy Gahran nomme ce programme "l'escalator des relations" : toutes ces attentes sociales qui pèsent sur nous, qui dictent l'ordre de marche de nos relations, et qui veulent qu'une histoire romantique mène forcément au mariage, à la parentalité, à la propriété, à la cohabitation.

Cet escalator, on le connaît toustes. D'abord le premier contact, du flirt, des rendez-vous, probablement du sexe. On continue en mettant en place des rituels amoureux, en se présentant en public comme un couple : *c'est ma copine... c'est mon copain... c'est mon amoureux...*

On établit des habitudes, des attentes, on se projette dans l'avenir, on rencontre la famille et les ami·es de l'autre. On habite ensemble, on partage ses finances, on se fiance, on se marie, on a des enfants, des petits-enfants et on vieillit ensemble... *jusqu'à ce que la mort vous sépare.* C'est la seule fin acceptable. Et là, quand la mort nous séparera, on pourra dire qu'on aura réussi.

Il y a un ordre bien précis à ces étapes de l'escalator des relations. Quand on en a franchi une, on ne peut pas revenir en arrière – cela voudrait dire que la relation est un échec. Un exemple ? Une fois qu'on a emménagé avec quelqu'un, si on constate qu'on préfère disposer de son propre espace, cela sera nécessairement interprété comme du désamour. Ou en tout cas comme quelque chose de vraiment pas normal. Il n'est jamais facile de descendre d'un escalator en marche.

Le modèle suppose aussi un ensemble de petites attentes évidentes, de comportements automatiques – par exemple, le fait de dormir toujours dans le même lit, d'avoir des rapports sexuels réguliers, d'avoir une existence publique de couple, de passer la majorité de son temps libre ensemble... Parce que c'est très agréable, bien sûr. Parce qu'on est amoureu·ses. Mais parfois, on dort ensemble seulement parce que c'est *ce qui se fait*, parce qu'on n'a pas le choix matériellement, pas parce qu'on en a vraiment envie. Alors qu'il pourrait être entendable que, de temps en temps, on veuille dormir dans son propre lit, voyager avec quelqu'un d'autre, échapper à un dîner de famille, prendre plus de temps pour soi ou ses amis, ou ne pas avoir envie de faire l'amour.

Mon propos n'est pas de dire que cet escalator est un *mauvais modèle*. Ni que celles et ceux qui le suivent sont trop conformistes ou stupides. Je pointe simplement que ce modèle ne convient pas forcément à tout le monde.

C'est ce que m'a raconté Laurène, à Nantes. Quand elle avait 20 ans, elle était en couple avec un homme qu'elle décrit comme très gentil et drôle. Les deux étaient musicien·nes, et comme iels s'entendaient bien, iels ont naturellement emménagé ensemble dans un appartement. Et ça ne s'est pas du tout passé comme ce qu'on lui racontait dans les livres, les films ou les magazines féminins.

> «J'ai commencé à faire des rêves, où je voyais d'abord juste de l'eau qui montait. Il y a eu des marées, puis des tsunamis, et des requins blancs. Il y avait plein de signaux, mais je n'arrivais pas trop à m'en sortir parce que je faisais l'autruche. Parce que j'avais 20 ans et que, toute ma vie, on m'avait présenté l'hétérosexualité comme quelque chose de "normal".
> J'ai fait des cauchemars pendant six mois, j'ai rêvé que quelqu'un tambourinait en pleurant de détresse derrière une lourde porte en bois que je refusais d'ouvrir. Un jour, je me suis regardée dans la glace... Le lendemain, je l'ai quitté.
> C'était dur à expliquer, mais j'avais l'impression que la relation me rejetait, que les choses me rejetaient: je n'étais pas du tout ce qu'il fallait être; je n'étais pas au bon endroit; j'appliquais une espèce de recette. J'ai quand même essayé de ré-appliquer le même modèle, avec un type encore plus chouette, et j'ai retrouvé exactement le même sentiment. C'était mon ami, c'était comme mon frère, mais ce n'était pas ce qu'on me disait que ça aurait dû être... Je ressentais très fort une sorte de sentiment d'imposture, ce sentiment de jouer une comédie que je n'avais jamais décidé de jouer. Je me disais: je suis dans un Polly Pocket. Comme si j'étais en train de jouer une pièce de théâtre avec le costume de l'hétéra parfaite qui fait des tartes. Alors que ce n'était pas moi du tout! Je pense que je ne suis juste pas assez forte pour trouver ma liberté à l'intérieur de ce modèle. J'avais l'impression de faire exactement tout ce qu'on m'avait demandé de faire, et ça m'a fait décâbler. Le moindre de mes gestes semblait écrit à l'avance: j'en faisais des crises d'angoisse. Le goût des tisanes, la façon de se dire bonjour quand on se réveille, de faire attention quand tu fais caca parce que t'as pas envie que l'autre t'entende, la journée de boulot qu'on se raconte le soir... Aaah, non! Le quotidien est pétri de trucs que j'ai vu tous les parents faire avant nous, et pour moi... ce modèle-là ne tient pas.»

À force de libérer la parole et l'écoute, de rendre enfin dicible ce qui était tabou, les luttes politiques actuelles sont en train de réinventer l'amour.

Quand on ne parvient pas à correspondre à ce modèle, qu'il nous étouffe, on peut se sentir coupable, inadapté·e, ou rejeter la faute sur l'autre. Alors qu'on devrait aussi pouvoir examiner chacune des conventions du modèle pour se laisser la possibilité d'inventer autre chose.

Il y a par exemple des personnes qui ont choisi de vivre avec leurs ami·es.

Des personnes qui adorent vivre toutes seules.

Des personnes qui vivent ensemble et s'aiment mais n'ont plus de relations sexuelles.

Des personnes qui choisissent de ne pas avoir d'enfants.

Des personnes polyamoureuses.

Des personnes qui font des enfants toutes seules.

Des personnes qui préfèrent consacrer toute leur vie à leur art ou à leur travail, ce qui ne leur laisse ni le temps ni l'énergie de grimper sur l'escalator.

Il y a des mères célibataires qui décident de vivre en colocation.

Des personnes qui aiment vivre en communauté.

Des personnes asexuelles qui ne ressentent aucune attirance sexuelle pour qui que ce soit.

Il y a des personnes qui s'aiment mieux quand elles vivent dans des villes différentes.

Des personnes qui décident d'avoir des enfants en coparentalité.

Il y a des femmes célibataires qui vivent toutes ensemble, de façon autonome, comme au Moyen Âge dans les béguinages en Flandre. Ou dans des communautés de femmes, partout dans le monde; dans des écolieux; des squats... toutes ces personnes vivent, à leur manière, en dehors de l'escalator des relations.

Je pense aussi aux personnes qui sont descendues de l'escalator après une rupture. Quel progrès, déjà, si on cessait de considérer ces expériences comme des échecs! Si on arrêtait de leur demander: *Quand est-ce tu vas refaire ta vie ?*, comme si leur vie était "défaite"...

Mais il nous faut aussi considérer les conditions matérielles dans lesquelles peuvent (ou ne peuvent pas) se faire ces choix de vie. Le modèle de l'escalator ne sort pas de nulle part: il est aussi déterminé par des conditions économiques (tout le monde n'a pas les moyens de vivre en célibataire), par des politiques publiques (il n'y a pas de systèmes alternatifs pour élever des enfants hors du modèle de la famille nucléaire) ou par des évidences matérielles (les logements sont construits pour héberger un couple ou une famille, pas des colocations de dix-huit ami·es qui voudraient vivre avec leurs grands-parents). Il est aussi facilité par des avantages financiers : on paie moins d'impôts quand on est marié·es ou pacsé·es. Rappelons aussi que pendant longtemps, certains et certaines n'y avaient pas du tout accès, à cet escalator. En France, le mariage civil entre personnes de même sexe n'a été autorisé qu'en 2013. Et rappelons que certain·es n'y ont toujours pas accès : comment vivre une relation amoureuse, avoir une vie familiale, quand on est par exemple sans-papiers, donc considéré comme illégal sur un territoire ? Les politiques migratoires, toujours plus restrictives et répressives, rendent de plus en plus difficiles, voire impossibles, toutes sortes de relations – notamment en exigeant des conditions financières très élevées pour le mariage ou le regroupement familial, en fliquant les couples mixtes (enquêtes de police sur l'authenticité de la relation...), etc.

La forme que peuvent prendre nos relations affectives est donc une question éminemment politique – on y reviendra souvent dans ce livre. Mais sur un plan strictement psychologique, on peut poser ce constat : **c'est trop souvent en fonction de cet escalator relationnel qu'on évalue l'importance, la profondeur ou l'intensité de nos sentiments.** Comme si on ne pouvait pas aimer très fort une personne *et* ne pas vouloir habiter avec elle. Ou ne pas vouloir faire d'enfants. Ou ressentir de l'amour et du désir pour d'autres personnes simultanément. Comme si ne pas suivre l'escalator était le signe d'un amour malade, incomplet, dilué ou superficiel. Le signe d'une relation "pas sérieuse".

Comme s'il n'existait qu'une seule bonne façon d'aimer.

Et c'est encore l'histoire de Marie qui nous prouve le contraire :

« J'ai eu des phases où j'avais plein d'amants. Ces phases étaient très heureuses, très joyeuses, mais je les vivais toujours comme des moments intermédiaires, en attendant *la* grande histoire d'amour. Qui finissait par arriver : une relation super cool au début, puis qui commençait à m'asphyxier, et où, peu à peu, je me sentais prise au piège, mal à l'aise. Je luttais contre ce sentiment, contre mon ressenti, en me disant : "Tout le monde y arrive et pas toi. Pourquoi tu ne peux pas rester dans cette relation, continuer, t'obstiner, construire quelque chose, travailler sur toi, travailler sur ton couple, communiquer... ?" On finissait par se quitter dans le drame, les larmes, la catastrophe, et je retrouvais une vie super joyeuse avec des amants, jusqu'à la fois suivante. Et puis, très récemment, je me suis dit que ce n'était plus une phase intermédiaire, mais que c'était ma vie. Je ne suis plus en train d'attendre *la* grande histoire d'amour. Mes grandes histoires d'amour, elles sont là, maintenant, avec mes amants. Ça a été un bouleversement énorme, de pouvoir me dire ça, de pouvoir me dire que c'était cool, que c'était une très bonne nouvelle. Que je pouvais être fière, et marcher dans la rue la tête haute en me disant que j'étais riche de cette manière-là de vivre ma vie. Riche du fait de m'autoriser à le faire, et que ça me rende heureuse. Riche de comprendre que ça ne voulait rien dire sur ce dont j'étais capable ou pas, sur ma capacité à être heureuse dans la vie. Ça ne voulait rien dire non plus sur la manière dont les autres autour de moi vivent leurs relations, parce que chacun·e fait bien comme il peut. Mais ça voulait dire que, moi, en tout cas, j'avais trouvé mon truc. »

On peut très bien décider de suivre l'escalator : peut-être qu'on y sera très heureux, ou heureuses. On peut aussi bricoler quelque chose d'assez différent. Mais pour trouver son truc, il faut continuer de réfléchir aux conséquences de cette centralité du couple : comment elle influence nos croyances – sur l'amour ou la valeur qu'on donne à nos autres relations – et notre perception du célibat.

Chœur 1

En écho à chaque épisode, nous avons reçu des centaines de messages et de témoignages par mail et sur les réseaux sociaux. Nous en avons partagé certains sur le compte Instagram du *Cœur sur la table*. En voici quelques autres, courts ou longs, pour poursuivre cette grande conversation collective.

Quelle autre voie choisir ?

Mes étés sont de plus en plus remplis par les mariages de mes ami·es. Je suis sincèrement ravie pour eux, mais je ne me reconnais absolument pas dans ce modèle que je ne peux m'empêcher de voir comme un grand mensonge et une vaste hypocrisie.
Je n'ai pas le moindre instinct maternel et imaginer une vie avec mon mari, mes trois enfants et mon chien dans mon appartement étriqué parisien ou dans ma maison éloignée du centre-ville ou n'importe où ailleurs m'angoisse profondément.

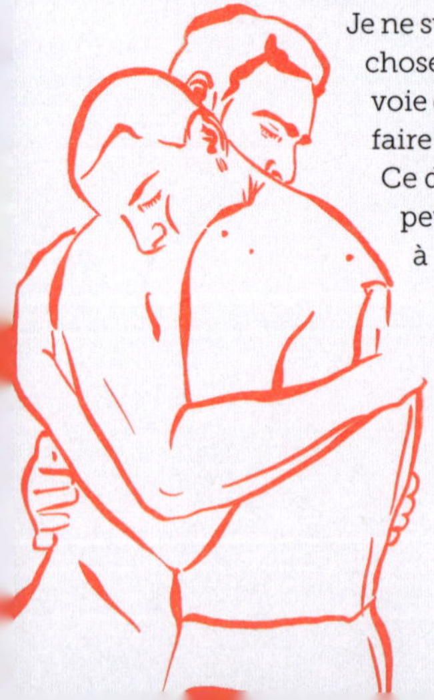

Je ne suis sans doute pas promise à réaliser de grandes choses, mais j'ai tout de même le sentiment que cette voie est susceptible de rendre tout ce que je pourrais faire ou vivre fade, médiocre, diminué.
Ce discours est assez peu entendable ou alors très peu pris au sérieux. Je suis souvent confrontée à des réponses condescendantes telles que *Tu verras, ça viendra vers 30 ans* (cette phrase très désagréable – qui ramène un peu plus la femme à son rôle de vache à lait bouffie d'hormones à la recherche du père de ses enfants – vient d'ailleurs très souvent d'hommes), ou à des regards amusés de la part de personnes qui ne semblent pas envisager que mes doutes puissent être sincères.

Je questionne de plus en plus les modèles qui nous sont imposés mais cela génère chez moi de vrais tourments. Si je rejette le modèle établi, quelle autre voie choisir ?
En effet, les autres options envisagées me font peur. Je ne sais pas si j'ai la force d'assumer le rôle de la femme seule, qui serait vue comme une pauvre âme esseulée qu'on n'oserait pas inviter aux dîners ou en vacances, voire – pire ! – comme une menace, une sorte de prédatrice en chasse à l'homme qu'on ne voudrait pas voir approcher des foyers. Je perçois toutes les autres possibilités comme un renoncement à l'amour véritable, et à un amour fidèle (malgré mon intime conviction que la fidélité est un leurre, l'infidélité de mon éventuel futur partenaire de vie me fait très peur, alors même que je n'ai moi-même pas toujours été un exemple en la matière).
Je ne souhaite pas renoncer à l'amour, mais je ne supporte pas le rôle assigné à la femme dans un couple : d'abord la petite chose fragile et naïve qu'on est censée devenir pour rassurer les hommes et que je deviens moi-même automatiquement sans même que je comprenne pourquoi et sans que cela résonne une seule seconde avec ce que je pense être vraiment ; et ensuite la femme qui va vieillir et qui ne suscitera plus de désir chez personne... **Céleste**

Moi, les couples, je les déteste.
Je ne suis pas contre les couples, je suis contre l'injonction sociétale de se mettre en couple, contre tous les bénéfices que ce statut octroie et contre les violences en tout genre que cela entraîne. **Marie-us**

Tous mes œufs dans le même panier

Une amie qui vit des relations polyamoureuses m'a dit un jour que si j'étais en couple, c'est que je n'avais pas encore compris qu'en réalité le couple, ça ne marche pas. J'ai trouvé ça rude. Je crois que j'essaie de faire l'effort de toujours me demander si la première réaction qui me vient est issue d'un modèle patriarcal, d'une société hétéronormée, ou si elle reflète une envie réelle de ma part. Est-ce impossible à imaginer que, pour certains, cette façon de vivre soit ce qui leur convienne ? Et même si ce n'est que pour quelque temps, mais que ça nous rend heureux, est-ce que c'est se tromper, si ensuite on change de vie ? Je ne crois pas.

Dans un épisode, une personne disait qu'elle avait arrêté les relations exclusives parce qu'elle ne voulait pas mettre tous ses œufs dans le même panier. Moi, je mets tous mes œufs dans le même panier.
C'est vrai que c'est dangereux. C'est effrayant. Non seulement on "est" ensemble mon compagnon et moi, mais on habite ensemble, on travaille ensemble. Et malgré tout le temps que l'on passe ensemble, on n'est pas fusionnels. On nous demande toujours si ce n'est pas trop dur. Pourtant non, je ne crois pas. Est-ce qu'on devrait ne pas être ensemble par peur de devenir fusionnels ?
Je n'ai jamais été dépendante d'une relation avec quelqu'un. Aujourd'hui, sans doute, je suis en partie dépendante. Pas matériellement, pas psychologiquement, pas financièrement. Seulement dépendante de cet attachement, de ce qu'on a construit ensemble, de cet amour. Mais est-ce que dans une autre forme de relation il n'y a aucune dépendance ?
Je crois que je suis assez forte, que je peux accomplir bien des choses sans avoir besoin de quelqu'un. Je peux me défendre, je peux me construire une maison, je peux gérer une entreprise. Je le fais avec lui mais je pourrais le faire seule. Mais pas de la même façon. Rien ne serait pareil sans l'amour, je crois que c'est ça la différence.
Ce serait un sujet intéressant, cette question de la fragilité qui se crée en nous quand on s'attache à quelqu'un. Entouré, on est plus fort, mais on est sans doute plus faible aussi quelque part.
Lui, c'est ma faiblesse, l'amour c'est ma faiblesse. N'est-elle pas celle de tout le monde ? **Ariane**

Qui partage la charge quotidienne du tout-petit, du handicapé, du gosse difficile ? Personne à part ses parents, alors si on ne marche qu'à l'amour qui ne veut pas s'embarrasser de problèmes, ça retombera sur les mères, non ? Et un peu pareil pour les vieux. Ne pas s'engager, c'est avantageux quand on est jeune, en position de force, mais quand on est dans un moment de vie où on est plus faible, avec charge d'âme, ou si on est soi-même diminué, on a tout perdu. **Anonyme**

Je suis en couple et rien n'est réglé

J'aime un garçon qui m'aime et, pour autant, je ne sais pas quelle place j'ai envie de donner à cette relation dans ma vie. Je ne veux pas faire de mon couple ma seule communauté de destin. Mon couple n'est pas un endroit d'évidence. Mon couple ne me suffit pas. Quelque part c'est terrible ! Parce que ça veut dire que je ne serai jamais tranquille, qu'il va toujours falloir inventer, que le chemin ne sera jamais tracé. J'ai l'impression que je ne me sentirai jamais en sécurité. Que tout sera toujours remis en cause. Tout ce qui n'est pas le couple n'est pas prévu, n'est pas raconté, n'est pas exemplifié. J'ai honte de ne pas y arriver, quand mes ami·es y arrivent. Ce n'est pas parfait, ils ont leurs difficultés, ils s'emmerdent, ou ils s'engueulent, se quittent parfois. Mais jamais au point de remettre en cause la place du couple dans leur vie. J'ai honte d'avoir envie de me lier à mes ami·es sans qu'eux ou elles envisagent de construire ou d'inventer ce lien différent avec moi. L'essentiel est là. Je ne sais pas bien comment avancer, sinon seule. **Johanna**

Je veux aimer une femme libre

Avec la femme que j'aime, après cinq années de relation hétéronormée, nous avons décidé d'essayer de nous aimer autrement. Je dis nous, mais c'est plutôt elle en fait. Car si j'ai cru avoir envie d'un couple libre, je me suis retrouvé un peu dépourvu quand le moment fut venu. Alors que je pensais avoir fait un gros travail ces dernières années, je suis retombé dans des réflexes de vieux mâle dominant.

Pourtant, c'est une suite logique au féminisme que de s'attaquer à la manière dont on s'aime. Non seulement je veux aimer une femme libre, mais je veux moi aussi me libérer de ce carcan. Il n'est pas seulement question d'aller voir ailleurs, même si cette perspective est attrayante. Il est question de ne plus chercher à posséder l'autre. Ne plus avoir de boule au ventre lorsque je sais que la femme que j'aime trouve son bonheur (aussi) dans les bras d'un autre. Accepter de ne pas être le seul, de ne pas pouvoir tout lui offrir sans se sentir menacé. Ne plus me réfugier dans les bras d'une autre pour équilibrer les choses, mais bien parce que je sais que cela peut m'apporter. Voilà ce que je cherche à réussir. J'en prends le chemin mais la route est longue. **Christophe**

Le couple ou rien ?

Pendant les six ans où mon amoureux était sorti de ma vie, j'ai parlé de cette histoire à beaucoup de personnes et on m'a dit "passe à autre chose", "c'est plus ton ex, y a prescription". Sauf que je digère mon histoire comme je veux et surtout comme je peux, et puis "passer à autre chose" pour retourner dans une relation de couple qui ne me convient pas, sans façon.

Mon amoureux, je ne voulais pas le sortir de ma vie, je voulais me sortir du couple tel qu'il le voulait, tel qu'on est censé le vivre d'après les livres, les séries, les films, la société.

On s'est revus plusieurs fois et on a senti que le lien était toujours là, malgré le manque d'entretien de ces dernières années. Il est en couple avec quelqu'un qu'il aime dans une relation qui lui convient.

Moi je préfère qu'il soit dans ma vie plutôt que pas, je préfère pouvoir lui parler si j'en ai envie plutôt que pas, et mon amour pour lui ne me pose plus problème. Il reste là avec moi, comme l'amour que je porte à tant d'autres. Comme l'amour que j'ai pour ma mère et mon père, pour mes ami·es, pour ma sœur et celles qui sont comme mes sœurs. Mes amours, mes soleils, mes étoiles, mes repères. Mes liens d'amour sont tout le temps avec moi, comme les couleurs vives avec lesquelles je m'habille chaque jour. Je porte avec moi mes amours, mes émotions, les choses qui comptent. **Léa**

Sources

Études (disponibles en ligne)

En 2013-2014, l'Ined et l'Insee ont mené l'enquête « Étude sur les parcours individuels et conjugaux en France métropolitaine » (Epic). Au cours de cette enquête, une personne sur cinq âgée de 26 à 65 ans déclarait ne pas être en couple, ce qui signifie que quatre personnes sur cinq ont déclaré l'être. Et selon cette même étude, 90 % des Français·es âgé·es de 26 à 65 ans cohabitent ou ont déjà cohabité avec un·e partenaire.

Selon une étude de l'Insee (« De la rupture conjugale à une éventuelle remise en couple », in *France, portrait social*, 2019), un mariage sur deux dure moins de 10 ans.

Selon le sondage « Les Français et l'infidélité » (Ifop, 2016), la moitié des hommes et un tiers des femmes ont déjà trompé leur partenaire au cours de leur vie.

Ouvrages

Dans *En finir avec le couple* (éd. La Musardine, 2020), Stéphane Rose explique comment il a tourné le dos aux étiquettes des relations amoureuses, sans pour autant renoncer au sentiment amoureux.

Dans *Stepping Off the Relationship Escalator* (éd. Off the Escalator Enterprises LLC, 2017), l'autrice étatsunienne Amy Gahran répertorie des témoignages de personnes qui vivent « hors de l'escalator des relations », c'est-à-dire en dehors des attentes sociales liées aux relations romantiques.

Dans les trois pages suivantes comme à la fin de chaque chapitre, vous trouverez des ressources – suggestions de pratiques et d'œuvres reliées aux thèmes abordés – qui permettent d'imaginer des pistes pour des relations plus enthousiasmantes. Toutes les suggestions d'œuvres d'art (sculpture, peinture ou photo) ont été sélectionnées et rédigées par Eva Kirilof (@eva.kirilof), spécialiste féministe en histoire de l'art. Les textes entre guillemets sont des reprises des présentations des éditeurs.

Ressources

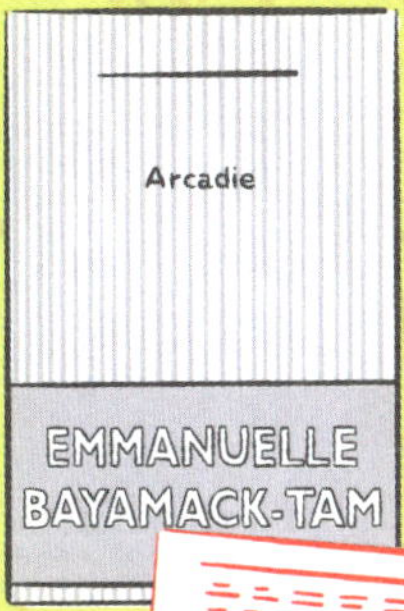

Roman

Arcadie, d'Emmanuelle Bayamack-Tam (éd. P.O.L, 2018)

Farah et ses parents ont trouvé refuge dans une communauté libertaire, Liberty House, qui rassemble des gens fragiles, inadaptés au nouveau monde, celui des nouvelles technologies et des réseaux sociaux. Iels ont choisi de vivre selon une seule règle : *omnia vincit amor* (l'amour triomphe de tout).

Série

Easy, de Joe Swanberg (2016)

Des personnages ordinaires se débattent avec des petites complications amoureuses et sexuelles, et y trouvent des solutions originales, avec des ratés, des fous rires et des révélations. Les épisodes sont indépendants les uns des autres.

Une pratique

S'engager pour et avec d'autres, gratuitement (bénévolat dans une association, dans un collectif, dans une ferme avec du woofing, etc.).

Instagram

@queersextherapy (en anglais)

La sexothérapeute queer étatsunienne Casey Tanner poste sur son compte des analyses, citations et schémas sur le consentement, le trauma et les différentes orientations sexuelles et romantiques.

Essai

La Salope éthique. Guide pratique pour des relations libres sereines, de Dossie Easton et Janel W. Hardy (éd. Tabou, 2013)

Se libérer de la jalousie, gérer des disputes équitables, des conflits constructifs, des ruptures sereines, tout en baignant dans une abondance d'amour et d'amitié... un grand classique étatsunien sur de nouvelles formes de relations.

Documentaire

L'Amour flou, de Romane Bohringer et Philippe Rebbot (2018)

Le couple d'acteurs met en scène sa propre séparation, et sa décision de continuer à vivre (presque) ensemble. Après dix ans de vie commune, iels vivent chacun·e dans leur appartement, situé sur le même palier, mais relié par la chambre de leurs deux enfants.

Chanson

« Devenez serveuse chez un bougnat
Élevez des singes, élevez des chats [...]
Changez d'amant quatre fois par mois
Prenez la braise et gardez-la »

Ne vous mariez pas les filles, de Michèle Arnaud (1963)

Brochure

Suis-je asexuel·le, aromantique, aroace ?, de Loustoñ et Mai, disponible sur infokiosques.net (2021)

Guide de questionnement autour de l'asexualité (l'absence d'attirance sexuelle) et de l'aromantisme (l'absence d'attirance romantique).

Podcast

La maison des Babayagas : vivre libres et vieilles, de Nedjma Bouakra (France Culture)

Fin 2012 s'est ouverte à Montreuil, en banlieue parisienne, une résidence réservée aux femmes de plus de 60 ans. Pensée comme une « anti-maison de retraite », elle permet aux résidentes de se prendre en charge et de s'entraider pour bien vieillir. Le projet est né grâce à l'énergie et à l'obstination de la militante féministe Thérèse Clerc.

Œuvre d'art

ZaVa III Paris, de Zanele Muholi (2013)

Photographe, iel se décrit comme un·e « activiste visuel·le » qui documente et célèbre la communauté queer et trans noire d'Afrique du Sud en réécrivant leur histoire visuelle.

Film

Loving, de Jeff Nichols (2016)

En 1958, dans le sud des États-Unis, les mariages "interraciaux" étaient interdits. Les époux Loving (!), Richard, qui était blanc, et Mildred, qui était noire, s'en moquaient : ils s'aimaient. Ils furent condamnés par la justice américaine à un an de prison avec sursis, assorti de vingt-cinq ans d'exil hors du territoire de Virginie, mais leur combat parvint à faire changer la loi.

BD

La Communauté, de Hervé Tanquerelle et Yann Benoît (éd. Futuropolis, 2008)

Dans les années 1970, une vingtaine de jeunes ami·es s'installe dans une minoterie désaffectée pour démontrer qu'on peut travailler sans patron, que cultiver la terre peut suffire pour subvenir aux besoins de chacun·e, y compris des enfants.

le plan cul
et la
vieille fille
à chats

Tu vois quelqu'un en ce moment ? Ma vieille, faudrait que tu te grouilles de trouver un mec si tu veux des mômes, parce que là t'auras accès qu'à des mecs du marché de seconde main. **Égoïste. Névrosée. Incasable.** Quand est-ce que tu nous présentes quelqu'un ? **Une meuf toute seule depuis des années elle a forcément un problème, elle est dingue ou insupportable.** Imagine, tu vas tomber, et y'aura personne pour te relever. **Déjà t'es grosse, t'es féministe, c'est pas hyper facile pour toi pour te caser, donc si t'as envie d'avoir des enfants et de mener une vie à peu près normale, faut peut-être que tu te bouges le cul en fait...** Moi je trouve que c'est mieux les enfants qui ont des parents jeunes. **Miaou.** T'as rencontré quelqu'un ? **T'as pas encore trouvé chaussure à ton pied.** Faudrait pas trop tarder, tu sais... **Jeune, jolie, mais seule.**

Le fait d'être célibataire est souvent perçu et vécu comme un état transitoire, un entre-deux, une salle d'attente dans laquelle il ne faudrait pas rester trop longtemps... sous peine de finir "vieille fille". C'est-à-dire, une femme dont personne n'a voulu, sans doute parce qu'elle était tarée, ou trop chiante.

Et toi t'en es où ? Ça va les amours ? C'est pas trop dur ?
Ça fait un moment que t'es toute seule, non ?

La nuit, un épouvantail revient me hanter : une femme qui vit en tête à tête avec elle-même, à manger de la soupe en regardant le JT, avec un cœur tout sec.

Et si ça me hante, c'est aussi parce que ce sont des choses qu'on m'a déjà dites dans ma famille : que j'avais intérêt à trouver un mec, sinon je finirais toute seule et j'aurais raté ma vie.

Tu vas finir toute seule, mangée par tes chats.

C'est tellement révélateur qu'en français on dise qu'on est "seul·e" quand on est célibataire ou hors du couple – comme si toutes nos autres relations, affectives, sexuelles, amicales, familiales, comptaient pour rien. Dans une culture encore très patriarcale, les femmes sont censées se réaliser à travers la conjugalité avec des hommes et la maternité. Pourtant, le célibat peut être un vrai choix, une situation qui nous permet de nourrir toutes sortes de relations importantes – y compris celle qu'on entretient avec soi-même. C'est ainsi par exemple qu'en 2019, l'actrice Emma Watson avait déclaré qu'elle ne se considérait pas comme *célibataire* mais comme *"self-partnered"* (en couple avec elle-même, en quelque sorte). Une façon de dire qu'elle n'était pas en attente de qui que ce soit, qu'elle se remettait elle-même au centre de sa vie et de ses préoccupations. À l'époque, sa déclaration avait suscité beaucoup de commentaires ironiques sur les réseaux sociaux et dans les médias traditionnels, qui ne comprenaient pas sa démarche et son propos. Et pourtant, à travers cette déclaration, elle nommait publiquement un rapport à soi et aux autres dans lequel de nombreuses personnes se reconnaissent – j'en ai en tout cas rencontré de nombreuses tout au long de mon enquête.

C'est le cas de Myrlène, 36 ans, qui m'a raconté qu'elle avait vécu pendant douze ans en couple avec des hommes cis-hétéros, mais que c'est seulement depuis qu'elle est sortie de ce modèle du couple qu'elle peut enfin avoir l'espace et l'énergie nécessaires pour mieux comprendre qui elle est et ce qu'elle veut :

> « Mon copain de l'époque m'encourageait, me poussait. Quand j'avais des doutes et que je m'effondrais, c'est lui qui me boostait, parce que je n'avais pas les ressources en moi pour me dire que je pouvais y arriver – et surtout parce que j'avais toujours en tête ce truc qu'on m'avait répété : *à deux, ça sera toujours plus facile*. Mais si j'essayais toute seule, déjà ?
> Quand j'ai senti que je n'avais plus l'énergie physique et psychique d'assumer pour deux la charge d'un couple, on a fini par se séparer. À partir de là, j'ai commencé à engager une réflexion sur qui j'étais, et sur ce que j'avais accepté jusque-là parce que c'était la norme. Je me suis reposé des questions sur ma sexualité de manière générale, en commençant par la plus évidente : pourquoi je me tapais des mecs ? Pourquoi je m'infligeais ça ? Eh bien, je m'infligeais ça parce que je l'avais compris comme étant *normal*... J'ai toujours eu de l'attirance pour les filles, depuis l'adolescence, mais dans ma tête, ça n'a jamais vraiment fait sens, parce que je me disais : *mais non, je suis hétérosexuelle*. Et en tant que femme racisée, le cumul des oppressions rend encore plus compliqué d'assumer d'être potentiellement queer. Tu te dis : *Je suis déjà noire... je vais pas en plus me rajouter le fait d'être gay !* »

Parmi les choses que Myrlène a mises en place dans sa vie après cette prise de conscience, il y en a une qu'elle souligne comme particulièrement importante : elle vit seule, et elle veut vivre seule. Son appartement, c'est son « cocon », elle s'y sent en sécurité, c'est l'endroit où elle peut être elle-même et se retirer si jamais ça ne va pas. Pour beaucoup de gens, vivre seule avec son chat comme Myrlène, ça renvoie au stéréotype du célibat – le *vieux garçon* ou *la vieille folle à chats*, forcément condamné·es à une vie complètement dépourvue d'amour. Pourtant, vivre seul·e n'a rien à voir avec vivre sans amour, et ce que vit Myrlène aujourd'hui en témoigne bien :

> «Si la notion de couple n'est pas attirante pour moi en ce moment, nourrir des amitiés ou des relations avec ma famille sont des choses qui ont pris un peu plus de place. Dans notre société, on a d'un côté l'amour romantique, qui prend une place prépondérante, et les autres formes d'amour, qui passent au second plan ou qu'on ne cultive pas autant. Or je pense que ces autres formes d'amour participent tout autant à notre bien-être.»

Se détacher du couple hétéronormé a permis à Myrlène de s'autoriser d'autres possibles, qui lui correspondent mieux, et de se concentrer sur les autres relations importantes pour elle: ses ami·es, sa famille. Autant d'endroits où il peut y avoir aussi beaucoup d'amour, même si ce n'est pas de l'amour romantique. Pourtant, privilégier ses relations amicales, si on en a le désir, n'est pas évident. Le fait que la relation de couple soit généralement souvent considérée comme *la plus importante* (donc prioritaire sur toutes nos autres relations) a aussi des conséquences sur la façon dont on peut vivre nos amitiés. C'est ce qui provoque parfois cet effet très désagréable: voir d'un coup s'éloigner des ami·es parce qu'ils ou elles ont *rencontré quelqu'un*. Ne plus partager avec elleux ni intimité, ni confidence, ni complicité. Comme si l'amitié elle aussi n'était qu'une salle d'attente, en attendant mieux, plus fort, plus important – alors qu'il peut y avoir tant d'amour dans une amitié.

Peut-être que sur ce sujet aussi, on pourrait cesser de penser sur un mode binaire, avec d'un côté les relations amicales, et de l'autre, les relations amoureuses. Tout pourrait être beaucoup plus fluide: en tout cas, c'est ce que vivent déjà de nombreuses personnes, notamment dans des modes d'intimité qui sont beaucoup moins hétéronormatifs. C'est ce que m'a par exemple expliqué Juliet Drouar, art-thérapeute, activiste transpédégouine et auteur de l'essai *Sortir de l'hétérosexualité*:

> «J'ai tendance à penser que ce qui crée la sécurité, c'est d'avoir une interdépendance forte avec plusieurs personnes. Avoir plusieurs personnes avec lesquelles je suis lié, et avec lesquelles je suis en sécurité parce qu'on va pouvoir partager des ressources matérielles, intellectuelles, affectives, émotives, sexuelles: c'est ça qui crée mon sentiment de sécurité et me procure de la joie. Je ne veux plus m'inscrire dans une structure de couple: en tant que gouine et trans, autant vous dire que ça ne me semble pas ultra secure de mettre tous mes œufs dans le même panier! J'ai envie d'avoir plusieurs relations très fortes, sans cette frontière étanche entre amour et amitié, qui n'existe plus vraiment. Pour moi, ce sont tous des liens d'intimité très

Nos grandes, belles, solides, longues histoires d'amour, nous sommes peut-être déjà en train de les vivre : sans prince charmant, mais avec nos ami·es.

forts avec des personnes. Avec certaines de ces personnes, je vais faire du sexe, et avec d'autres non, mais le pilier, pour moi, c'est d'avoir plusieurs personnes amies. »

Ce que dit Juliet Drouar résonne avec beaucoup de propos entendus tout au long de cette enquête, et en particulier avec ceux de Marie : après avoir cessé d'attendre *la* grande histoire d'amour, comme elle nous le racontait, elle a vu se déplacer et se brouiller les frontières entre l'amour, le désir, l'amitié. Et de nouvelles formes de relations se sont créées :

> « J'ai l'impression que ce que je partage avec mes amants, c'est de la compréhension, de la patience, de l'acceptation. On se prend tels qu'on est. De la douceur, de l'attention, c'est faire que les moments où on se voit soient de bons moments. Ça veut dire être disponibles, être présents, soigner le cadre, ce qu'on mange, ce qu'on partage. On s'encourage l'un l'autre, on se fait du bien, on se dit qu'on se trouve beau et belle, qu'on se trouve intelligents, que c'est chouette de se voir, qu'on est contents de s'avoir. On ne se dit pas forcément qu'on s'aime, mais on peut se le dire aussi. Il y a quelque chose de très beau dans le fait de construire un truc à long terme… L'un de ces amants, je l'ai depuis 12 ans. Parfois, on a arrêté de se voir, parce que l'un ou l'autre avait une histoire, mais je trouve ça merveilleux de se dire qu'on se connaît depuis 12 ans, qu'on a partagé tout ça ; on sait comment on faisait l'amour à l'époque, comment on fait l'amour maintenant, on s'est suivis pendant tout ce temps, on s'est vus grandir et douter. Alors évidemment, c'est une relation épisodique, et on n'a partagé que certains moments, mais il y a quand même cette durée qui est là, et on est riches de ça : quand on se voit, il y a tout ça entre nous, toute cette toile qu'on a tissée. C'est hyper beau, je trouve. Ça nous émeut, des fois on se dit : "Tu te rends compte ? C'est quand même dingue !" On a toujours autant envie l'un de l'autre, et on en aura probablement encore hyper envie dans 10, 20, 30 ans. Je trouve que c'est quand même ça, le truc fondamental, et peut-être que c'est ça l'amour : avoir envie que l'autre soit bien, avoir envie de le célébrer, de le fêter, de lui dire "T'es vraiment quelqu'un de génial, et tu vas bouffer le monde et ça va être super parce que je suis là, avec toi !" Mais on n'est pas en couple, parce qu'on n'a jamais eu envie de l'être, parce que ce n'est pas là que ça se joue. »

Ce que décrit Marie, cette douceur, cette attention, cette tendresse qui peut bel et bien exister en dehors du couple, je l'ai aussi connue avec un amant il y a quelque temps. Il avait mon âge, on s'était rencontré·es en ligne, chacun venait de rompre un couple de plusieurs années. Lui et moi, on adorait le sexe ensemble : c'était stupéfiant de plaisir et d'attention partagés. Il adorait mon corps, moi j'adorais le sien, et souvent on prolongeait ces heures de jouissance sexuelle par d'autres moyens – en nous préparant des plats délicieux, en écoutant de la musique… Je me souviens que c'était une vraie découverte, cette curiosité, cette prudence, la façon dont on faisait attention à ne jamais se heurter. On parlait souvent de ce qu'on vivait, de ce qu'on ressentait. On s'étonnait nous-mêmes de sentir que tant de plaisir et de confiance ne provoquait pas pour autant le désir de faire ensemble des projets engageants. En même temps, ces moments splendides que nous nous offrions l'un·e à l'autre, pour nous, c'était bien de l'amour. Une certaine forme d'amour, pour laquelle nous n'avions pas de nom, mais qui était très importante dans nos vies. Personne ne se sentait utilisé·e, ni contraint·e, ni obligé·e à quoi que ce soit – on s'était juste promis de se parler clairement. On avait le droit de dire qu'on n'avait pas envie de se voir. On pouvait aussi s'appeler si on avait besoin d'aide, si on était malades, ou tristes. On avait le droit d'avoir d'autres partenaires, amoureu·ses ou sexuel·les, et puis on pouvait s'en parler. Et j'ai pris conscience qu'il y avait dans cette histoire beaucoup plus de tendresse, de soin, d'attention, d'affection que dans le couple monogame, cohabitant et *sérieux* que je venais de rompre.

Aujourd'hui, lui et moi sommes toujours ami·es, et souvent on se souvient ensemble avec gratitude de ce qu'on a vécu. On se dit que ça nous a fait du bien, que ça nous a ouvert de nouveaux horizons. Ça nous a permis de comprendre que les relations les plus importantes, celles où on se sentait en sécurité, qui étaient gratifiantes dans nos vies ne ressemblaient pas forcément à des relations de couple classiques. Du coup, j'avais pris comme une gifle que notre entourage se permette, un peu en ricanant, de qualifier cette relation de "plan cul".

Cela aussi, ça a un lien avec cette norme, cet impératif du couple : comme on ne connaît qu'un seul schéma, toute autre relation sexuelle est déconsidérée, méprisée, vue comme honteuse ou sans importance. Là encore on pense sur un mode binaire, avec d'un côté le légitime couple amoureux, de l'autre le méprisable plan cul. Cette expression m'a toujours semblé atroce : **comme si la tendresse et l'intimité ne pouvaient être vécues qu'en couple.** Comme si le sexe avec quelqu'un avec qui on ne veut pas s'engager ne pouvait impliquer aucun véritable respect. Ça me semble surtout révéler le mépris avec lequel on considère le sexe, comme si le sexe n'était pas important, pas digne.

Comme si ça nous autorisait à nous traiter n'importe comment, à mal nous parler.

Comme si on pouvait utiliser l'autre (le "plan") – ou au moins une partie du corps de l'autre (le "cul").

UN. PLAN. CUL.

Histoire d'en finir avec cette horrible expression, j'ai demandé à Stéphane Rose ce qu'il en pensait, lui qui veut « en finir avec le couple ». Voici ce qu'il a répondu :

> « Même si c'est très axé sur le sexe, un plan cul, ce n'est jamais uniquement du sexe. Il y a une complicité, une créativité, une imagination érotique qui fait que, malgré tout, ce sont deux personnes qui s'acoquinent. On n'est pas de la chair interchangeable, on est connectés à des cerveaux, des émotions… Et puis, un plan cul peut évoluer. De fait, quand on voit quelqu'un régulièrement, ça s'étoffe forcément. À moins de se voir pour baiser et de partir une minute après… mais moi, je n'ai jamais vécu ça. Et donc, ça devient une relation. C'est une amitié dans laquelle il y a du sexe. Ce sont deux corps qui font l'amour, qui se disent des choses ; on se met à nu dans tous les sens du terme. Ça ne mérite pas l'aspect dépréciateur qu'il y a dans l'expression "plan cul". »

Je me dis que pour bricoler son propre modèle, pour réinventer l'amour, on peut aussi réexaminer la place qu'on donne à chaque relation dans notre vie. Pourquoi avons-nous tendance à considérer que nos amours sont plus importantes que nos amitiés ? À mépriser les personnes avec qui on ne partage *que* du sexe ? À donner une immense place à notre relation de couple, jusqu'à penser que c'est la seule relation valable et importante ? Ou à avoir honte d'être célibataire ?

À travers ces questions, c'est tout un système qui est remis en cause : celui de la *monogamie* – littéralement, le fait d'avoir *un seul lien*. C'est le questionnement dont s'est emparée l'autrice espagnole lesbienne Brigitte Vasallo, dans son remarquable essai *Pensamiento monógamo, terror poliamoroso* (*pensée monogame, terreur polyamoureuse*), où elle explique qu'être non monogame, ce n'est pas forcément coucher avec plein de personnes différentes, ou ne pas être exclusif sexuellement. Il s'agirait plutôt d'arrêter de placer la relation amoureuse au-dessus de toutes les autres, de cesser de voir le couple comme étant *la* relation, et toutes les autres comme étant mineures. Ce changement de regard et de pratiques nous permettrait de reconnaître plus facilement l'amour là où il est. Parce que tout ce qui fait l'amour – la tendresse, le désir, l'affection, le soin, l'écoute, l'entraide – circule dans toutes sortes de relations, quels que soient les noms qu'on leur donne.

Avec certaines personnes, on est d'accord que le fait de se tenir la main ou de se caresser, ça peut être une forme de sexualité bien plus intense que certains coups d'un soir, qui peuvent être d'une tristesse infinie, c'est-à-dire une pénétration, et deux organes génitaux qui s'agitent. Il n'y a rien d'intime, de sexuel, de sensuel là-dedans, c'est un truc génital et bien moins fort que se réveiller dans les bras de quelqu'un…

On n'a pas forcément envie de coucher avec quelqu'un, parfois on a juste envie de s'endormir avec lui ou elle – et ça, ça brouille les vieux comportements, qui ne correspondent plus du tout à nos besoins…

Faire des câlins, se réveiller ensemble, traîner un peu le matin à prendre le petit-déjeuner ensemble : c'est dommage qu'on ne fasse pas ça avec nos potes plus souvent…

J'attache énormément d'importance à l'amitié, c'est quelque chose qui est très important pour moi, c'est limite une drogue, c'est ce qui me fait me sentir bien…

Dans les amitiés, il y a des choses qu'on ne valorise pas assez, alors que ça peut être aussi puissant que l'amour romantique…

Je n'ai pas besoin d'un grand amour pour vivre une grande vie.

Décider de chérir nos amitiés, de les mettre au même niveau d'importance que nos relations amoureuses, c'est l'une des pistes qui peut s'avérer révolutionnaire, notamment pour les femmes cis-hétéros. Les amitiés féminines ont en effet été souvent dévalorisées ou invisibilisées par la culture patriarcale, qui ne pouvait les concevoir que sur le mode de la rivalité, de la jalousie, de la compétition, ou de l'anecdotique. Par exemple, il est très récent de voir représentées de grandes amitiés féminines dans les fictions, ou d'entendre parler de sororité.

Mais quand la sororité existe, concrètement, alors les catégories méprisantes de *vieille fille à chats*, ou de *plan cul*, perdent leur pouvoir de nuisance : on peut commencer à voir que nos plus grandes, belles, solides, longues histoires d'amour, nous sommes peut-être déjà en train de les vivre, sans prince charmant, mais avec nos ami·es.

Déconstruire ainsi la monogamie pourrait aussi être une façon de nous protéger. On sait que les ruptures amoureuses sont probables (c'est statistique), et souvent douloureuses. On sait également que nos relations amoureuses peuvent aussi être le lieu de violences, physiques ou psychologiques. Construire un réseau affectif solide, en dehors du couple, c'est s'assurer un rempart, un refuge, un lieu où l'on sera en sécurité. Parce qu'à tout miser sur une seule relation, on peut se retrouver beaucoup trop vulnérable quand celle-ci se rompt.

Ça pourrait aussi être l'occasion de se demander *ce qu'on se doit* les un·es aux autres, dans nos relations. Cette question me semble fondamentale. Parce que j'ai beau avoir beaucoup insisté sur un certain idéal de liberté, sur la possibilité de sortir des schémas établis et de démonter le système de monogamie hiérarchique, on ne peut pas faire comme si nous étions des individus parfaitement libres, autonomes et indépendants, comme si nous n'avions pas besoin les un·es des autres. Je crois qu'il faut reconnaître que, parce que nous sommes des êtres humains, nous sommes toustes vulnérables, nous avons toustes des besoins fondamentaux de soin, de soutien, de réconfort.

Qu'est-ce qu'on se doit ? Très concrètement, cela veut dire : qui sera là dans la détresse et la tristesse, dans les moments de deuil et les coups durs ? Qui sera là pour nous apporter un bol de soupe si on est malade ? Avec qui voulons-nous créer des liens de solidarité réciproque ? Dans la culture monogame, c'est l'une des fonctions essentielles du couple. Voici la question que pose l'essayiste Brigitte Vasallo : que se passerait-il si ces promesses de secours, d'assistance, de soin, d'entraide, on les formait aussi avec nos ami·es et avec toutes les personnes présentes dans notre réseau affectif ? Et donc, que se passerait-il si on consacrait à nos ami·es autant de temps, d'énergie, d'attention, d'engagement qu'à nos grandes histoires d'amour romantique ?

Est-ce que ça, ça ne serait pas un peu révolutionnaire ?

Chœur 2

Pas très romantique et pas très sexuelle

À 14 ans, j'ai réalisé que j'aimais les filles. Ça ne m'a pas surprise, ni même troublée. Je l'ai accueilli simplement. Mais quand même, je voyais bien qu'un truc ne "collait pas" avec la vision du couple que me renvoyaient mes camarades de classe de l'époque. Ce n'est que cinq années plus tard que je suis tombée sur le mot qui semblait décrire au mieux ce que je vivais : asexuelle.

[...] Ma vie, ce sera mon travail, mon art, mes loisirs, mes chats. Sans enfant, parce que je n'en veux pas. Sans conjoint·e.

Je suis sociable, mais pas particulièrement fêtarde. J'apprécie la compagnie d'un cercle restreint de gens davantage que d'une foule et j'aimerais que ce type de relations demeure inchangé. Mais j'ai peur aussi. Je sais que la plupart de mes ami·es ne fonctionnent pas comme moi. Certain·es sont déjà en couple ; et d'autres voudront des enfants, une maison, et toute la clique. Peut-être qu'alors, on se verra moins. Peut-être qu'alors, je serai seule.

J'ai 25 ans. Je n'ai jamais été en couple avec quelqu'un. Je ne peux à vrai dire pas m'imaginer une seconde dormir dans le même lit que quelqu'un d'autre plusieurs nuits d'affilée. Je dors tellement bien seule. Mais je n'ai jamais voulu vivre complètement seule non plus. Du moins, pas tout le temps. J'apprécie la solitude, mais je cherche quand même le contact. La compagnie que je recherche est d'ordre intellectuel surtout, amical beaucoup, et tendre un peu.

Voilà un peu plus d'un an, j'ai rencontré une personne. Elle a un an de moins que moi et se définit comme "pas très romantique et pas très sexuelle". Elle non plus ne veut pas d'enfant, et elle non plus n'est pas très famille. Elle mélange ses cercles sans problème, sans distinction. En la rencontrant, j'ai eu comme un déclic. D'une certaine façon, j'ai su, je me suis dit : *Je vais passer ma vie au côté de cette fille*. Mais pas comme un couple, non. Je l'aime au-delà d'un amour romantique. C'est une connexion plus essentielle que ça. C'est la relation qui m'apporte

le plus de calme, de sérénité. Avec le temps, j'ai remarqué que la sérénité m'importait plus que la joie. Ou peut-être que la sérénité est ma forme de joie.
Comme cette personne, j'aspire davantage à une vie de compagnonnage, si on peut l'appeler ainsi, qu'à une vie de couple. Une sorte de coloc' à vie. Avec beaucoup de partage, mais un respect absolu de l'intimité de chacune. À deux sans doute plus souvent qu'à davantage, mais en faisant de ce lieu partagé un lieu où les gens aimeraient se rassembler. Un lieu qui serait toujours ouvert au passage des un·es et des autres. Un lieu où famille et ami·es seraient parfaitement synonymes, enfin. **Julie**

Changement radical (et joyeux) de paradigme

J'ai toujours accordé beaucoup de temps à mes ami·es, souvent en tête à tête plutôt qu'en groupe, et même mariée avec enfant, je continue à passer du temps avec mes ami·es et à leur consacrer temps, énergie et écoute. Cultiver des amitiés (j'ai toujours eu un "top 5" minimum, de qui je prends des nouvelles régulièrement, avec qui je passe du temps, des loisirs, des vacances) a toujours fait partie de ma vie, en parallèle d'une vie amoureuse toujours présente (depuis mes 17 ans, j'ai passé assez peu de temps célibataire, maximum deux ans, et j'en ai 38), et les ruptures amicales ont toujours eu un impact quasi aussi important que les ruptures amoureuses.
De plus, mon mari et moi sommes devenus polyamoureux en automne dernier, après quinze ans de relation exclusive, dont quatorze de cohabitation et sept de mariage. Ce changement radical de paradigme s'est fait assez vite, de façon assez logique, et depuis je vois tous les éléments toxiques de la représentation romanesque de la relation exclusive, auxquels nous avons échappé :
- la jalousie n'a jamais été présente. L'un comme l'autre pouvons passer du temps avec nos ex, tranquillement, l'autre ne flippe pas ;
- on se montre parfois mutuellement dans la rue des personnes qui pourraient plaire à l'autre, pour le plaisir du regard. On s'est déjà avoué que certain·es de nos ami·es auraient pu être des partenaires ;
- on a beau vivre ensemble, on a toujours été très indépendants, ne prenant pas plus d'un repas par semaine ensemble ;

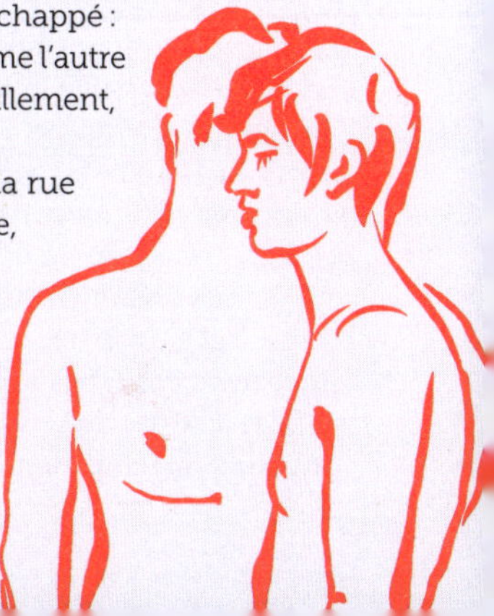

- on a toujours gardé une vie amicale en solo très importante ;
- on aime avoir nos propres loisirs, chacun dans son coin, et moi j'aime voyager seule ;
- on a fait un contrat de mariage avec séparation de biens.

Bref. Maintenant, on a également des partenaires et cela nous a rapprochés, émotionnellement, sexuellement, et c'est très chouette. **Laetitia**

Le mariage ne devrait pas être amoureux mais amical. Le foyer ne devrait pas être celui de la famille mononucléaire autour duquel gravite l'amitié. Au contraire, on devrait s'épouser entre ami·es, vivre ensemble, et avoir nos relations amoureuses en second plan. Léna

L'absurde séparation de l'amour et de l'amitié

À l'adolescence, il y avait d'un côté ma façon d'aimer, un mélange d'affection et de sexe qui ne distinguait pas les types de relations, et de l'autre la "bonne voie", celle que ma famille m'avait enseignée : celle du couple fusionnel qui fait tout ensemble.

J'ai fini par m'attacher beaucoup à un de mes amants, et on a décidé qu'on serait désormais un couple. On s'est même mariés, et j'ai ressenti un certain soulagement à ce retour dans le cadre. Explorer ma sexualité et les différents types de relations sans balises avait été fatigant.

Dix ans après, j'étais mère et je ne m'étais jamais sentie aussi enfermée dans le modèle du couple monogame hétérosexuel. Je ne reconnaissais plus rien de ce qui avait fait notre relation. Elle était devenue si conventionnelle, le moule était si puissant qu'il nous avait rattrapés. Et puis je suis "tombée amoureuse" de ma meilleure amie.

Du jour au lendemain, c'est devenu le festival des émotions chaque fois que je la voyais. Mais elle était hétéro et n'avait pas prévu d'explorer autre chose, et elle tenait à la séparation amour/amitié – ça me fait penser à ce que disait Virginie Despentes, qu'on peut décider d'accueillir ces choses-là quand elles arrivent… Elle commençait juste à déconstruire les normes hétéronormatives, alors que moi je m'étais construite un peu à côté à la base. Je ne suis même pas sûre que ce soit tellement du sexe ou du romantisme que je cherchais avec elle, je voulais juste être proche d'elle, avoir des projets communs, mais elle préférait passer son temps avec des types rencontrés sur Tinder qu'elle ne trouvait pas si terribles que ça, mais "il fallait bien" qu'elle ait un mec, alors elle leur consacrait du temps, leur confiait ses états d'âme, passait ses nuits chez

eux... alors que moi, après six ou sept ans d'amitié et de confessions intimes, je n'avais pas accès à tout ça. L'absurde de cette séparation amour/amitié ne m'avait jamais autant frappée.
Je pense qu'il y avait aussi une dimension culturelle à mon désenchantement sur la teneur de mes amitiés. Là d'où je viens, les relations entre personnes de même genre (familiales ou amicales) ne sont pas déconsidérées. L'homosociabilité est encore bien présente. Si le couple y est une norme qui pèse aussi beaucoup (surtout sur les femmes évidemment), elle pèse différemment de ce qui est commun en France et en Occident : personne n'envisage une vie avec tous ses œufs dans le même panier. C'est juste absurde ! D'ailleurs ça me fait rire d'entendre Victoire qualifier ces réflexions de révolutionnaires, alors que ce serait peut-être utile de regarder ce qui se vit concrètement ailleurs comme modèles familiaux, plutôt que rêver d'utopie uniquement à partir de son propre référent. Ne serait-ce que pour élever un enfant, c'est trop de boulot pour un couple ! ça prend un village.
Maintenant, je suis en relation avec une femme, tout en étant toujours en couple avec et sous le même toit que le père de ma fille. Je ne m'emmerde pas à essayer de savoir si ma relation avec elle est ou n'est pas "de l'amour". J'espère réussir à me bâtir une famille choisie et à faire des projets avec des gens que j'aime. **Yasmine**

Cela fait cinq ans que je me considère comme célibataire, mais pas comme seule, et même si je ne me considère pas comme seule, il arrive fréquemment que je pleure dans mon lit parce que je manque d'amour. Anonyme

Promesses de soutien mutuel, économique et affectif

Il y a trois ans, je me suis pacsée avec une amie. Ces promesses de soutien mutuel, économique et affectif (mais aussi les avantages sociaux et économiques du couple), j'avais envie de les vivre sans que ce soit dans le cadre du couple amoureux. [...]
Cette expérience a été un champ d'expérimentation fascinant. Savourer la stabilité et les privilèges assignés au couple tout en étant complètement libre m'a vraiment retourné le cerveau. Je trouvais aussi que c'était un moyen efficace de combiner un besoin d'indépendance avec une sécurité affective, qui est souvent la question oubliée des débats sur la non-monogamie. [...]

Le pacs avec mon amie m'a donné des ailes : avoir été choisie comme partenaire de vie, avoir une personne qui pense l'avenir avec moi, qui est "ma personne", m'a donné une telle confiance que j'ai enchaîné les réussites professionnelles ; dans le même temps, j'ai eu des relations amoureuses et sexuelles beaucoup plus épanouissantes qu'avant. Comme j'avais une attache émotionnelle sécurisante, je ne projetais rien de particulier sur les personnes que je rencontrais. Je les prenais pour ce qu'elles étaient, et j'ai eu l'impression que tout ce qui faisait que je n'arrivais pas à être heureuse dans mes relations amoureuses se dissipait. **Alice**

Je ne rêve plus avec le même vocabulaire amoureux

Je suis handie. J'ai une maladie neurologique, j'ai des douleurs physiques, de la fatigue chronique et de forts troubles cognitifs. J'ai connu et pratiqué le couple libre plusieurs fois avant de tomber malade, au moment où j'ai rencontré mon compagnon. Je me suis reconnue dans les situations décrites dans le podcast, je me rappelle pourquoi je les avais choisies à l'époque et ce qu'elles m'avaient apporté. Je sais aussi qu'aujourd'hui je ne pourrais plus. Je suis tombée malade en même temps que notre histoire commençait. Je n'ai pas beaucoup d'énergie, des besoins très spécifiques et j'évolue dans un environnement très restreint. Les questions de relation se posent vraiment différemment pour moi. Mon compagnon est devenu mon aidant familial, un espace d'intimité essentiel dans mon quotidien. Il est le seul à savoir comment me lever du canapé, quand il faut fermer les volets, quel geste accomplir pour me soulager... La liste est longue, et c'est loin d'être anecdotique. Ce n'est pas une couche qui vient s'ajouter aux relations amoureuses classiques : je ne peux pas m'en défaire car ces besoins rythment ma vie. Il en est de même pour l'amour fusionnel : je vois bien l'idée de remettre en question ce concept, d'ailleurs, je ne le partageais pas vraiment, mais que se passera-t-il pour moi le jour où notre histoire s'arrête ? Je ne pense pas que je pourrai accueillir cette nouvelle comme une personne valide, ou que le vécu d'une personne valide pourra m'éclairer sur ce qui m'attendra. J'ai l'impression que je ne rêve plus avec le même vocabulaire amoureux et je me sens souvent très seule. **Juliette**

Il ne s'est pas rien passé

Le nombre de fois où je racontais un homme à mes amies et où je leur disais "il ne s'est rien passé" : pas de baiser, pas baisé.
Rien ? Ai-je l'audace de dire ça d'hommes qui ont hanté ma vie pendant des jours, dont le frôlement a été un tsunami, dont les paroles répétées mille cent fois dans ma tête ont coloré mille cent heures plus ternes, dont le souvenir me fait encore sourire quatorze ans après, huit ans après, sept ans après, deux semaines après ?
Dois-je considérer qu'il ne s'est rien passé ce soir-là avec Drexler, dans mon lit, les épaules côte à côte, les timides frôlements hésitants, les discussions sur *Mi Guitarra y vos*, juste parce qu'il n'y a eu ni baiser ni sexe et que ce moment a été interrompu et jamais reproduit ?
Et avec Jeune Fou : après un an de colocation, d'amitié, de parties de cartes toute la nuit, de danse, ne s'est-il rien passé quand nous avons décidé de ne pas aller nous coucher comme les autres au petit matin pour regarder le soleil se lever sur la mer, assis tous les deux dans le même fauteuil ?
Et encore avec Rousseur, que je regardais amoureusement dans la cour, qui choisissait de s'asseoir à côté de moi à l'école de musique, qui un jour me donna un mot plié en quatre contenant un accord de guitare devant les autres élèves ?
Et enfin, ne se passe-t-il rien avec Beauté Cassée quand nous nous regardons, nous chuchotons des mots, nous sourions, sommes heureux de nous voir, de nous trouver des points communs, de penser l'un à l'autre et à l'occasion de toucher ma main, de toucher la sienne sans avoir le droit d'en faire plus, contraints que nous sommes par nos relations de couple respectives ?
Tout ça n'est pas rien, il ne s'est pas rien passé. **Romane**

Sources

Essais

Juliet Drouar, *Sortir de l'hétérosexualité* (« La collection sur la table », Binge Audio Éditions, 2021)

Brigitte Vasallo, *Pensamiento monógamo, terror poliamoroso* (éd. La Oveja Roja, 2018). Dans cet essai (non encore traduit en français), l'autrice espagnole développe l'idée que sortir de la monogamie, c'est avant tout arrêter de placer la relation amoureuse au-dessus de toutes les autres.

Collectif, *Amies* (revue *Nouvelles Questions Féministes*, vol. 30, 2011)

Articles (disponibles en ligne)

Pour aller plus loin dans vos réflexions autour des amitiés féminines, nous vous recommandons :

« Copines perdues de vue et hommes décevants » de Blanche Armand, publié sur Slate.fr en 2018.

« Plan culs de tous les pays, unissons-nous » de Judith Duportail, texte paru dans El País en 2020 et disponible en français sur Medium.com, dans lequel l'autrice nous invite à résorber la ligne de fracture entre couple traditionnel et plan cul.

Ressources

BD

Émotions : enquête et mode d'emploi, tomes 1 à 3, d'Art-Mella (éd. Pourpenser, 2019-2020)

Après avoir rencontré des spécialistes, s'être documentée et avoir participé à de nombreux stages, la dessinatrice partage les résultats de son enquête sur la nature, le rôle et l'incarnation des émotions, pour mieux vivre nos relations.

Instagram

@misundergirl

Journaliste et autrice, Naya Ali poste des récits personnels sur le sexe et l'amour avec des éclairages politiques, antiracistes et féministes.

Article

« Pour sauver leur "grande amitié", ces deux autrices ont suivi une thérapie. Elles nous racontent », un récit d'Henri Rouiller, (L'Obs, 2020)

« Ann Friedman et Aminatou Sow vivent aux États-Unis. Elles sont meilleures amies depuis plus de dix ans. Leur relation était si importante pour elles qu'elles ont tout mis en œuvre pour la réparer. »

Chanson

« I'm your girl, you're my girl, we your girls. Don't you know that we love you »

Girl, de Destiny's Child, 2004

Documentaire

Océan. En infiltré·e·s, une websérie documentaire écrite et réalisée par Océan (disponible sur France.tv slash, 2021).

Dans la première saison, le comédien Océan avait filmé sa transition de genre ; dans la deuxième, il fait le point sur sa nouvelle vie et il donne la parole à une trentaine d'autres personnes trans et intersexes qui racontent leur vie quotidienne. Chaque épisode aborde un thème particulier comme le racisme, la parentalité, le handicap ou la grossophobie.

Une pratique

Faire quelque chose d'inhabituel tout·e seul·e : aller au cinéma, à un spectacle, dans un bar ou au restaurant ; ou même… partir en voyage, sac sur le dos, pour expérimenter concrètement son indépendance.

Essai

Sorcières : la puissance invaincue des femmes, de Mona Chollet (éd. Zones, 2018)

Image repoussoir, représentation misogyne héritée des procès et des bûchers des grandes chasses de la Renaissance, la sorciè peut servir, pour les femmes d'aujourd'hui, de figure d'une puissance positive, en revalorisant les femmes indépendantes, celles qui n'ont pas d'enfant, et celles qui sont âgées.

Série

Cheyenne et Lola, tomes 1 à 3, de Virginie Brac (2020)

Cheyenne, tout juste sortie de prison, et Lola, récemment arrivée dans le Nord pour rejoindre son amant, une sorte de gourou du développement personnel, nouent une amitié inattendue lorsque l'une d'elles commet l'irréparable.

Podcast

« L'amitié :comment sait-on qu'on est ami·e avec quelqu'un ? », Émotions [épisode 3], d'Adélie Pojzman-Pontay (Louie Media, 2019)

« L'amitié est toujours représentée comme ayant les atours de la facilité. On voit rarement des personnages devenir ami·e·s et vivre des tourments amicaux. Comment faire quand dans nos vies, l'amitié n'est pas si évidente ? »

Roman

L'Amie prodigieuse, d'Elena Ferrante (éd. Gallimard, 2014-2018)

Elena et Lila vivent dans un quartier pauvre de Naples à la fin des années 1950. Bien qu'elles soient douées pour les études, ce n'est pas la voie qui leur est promise. Les quatre volumes embrassent soixante ans d'histoire : celle de l'amitié tortueuse entre ces deux femmes, et, en toile de fond, celle de l'Italie.

Film

Artémis cœur d'artichaut, d'Hubert Viel, 2013

Artémis, la déesse de la chasse, s'est réincarnée en étudiante en lettres à la fac de Caen. Elle se met en coloc avec Kalie Steaux (comme la nymphe Callisto). Les deux nouvelles meilleures amies partent camper sur la plage pendant leurs vacances et découvrent leurs pouvoirs.

Œuvre d'art

Nudes, de Germaine Krull (1924)

Photographe allemande bisexuelle, Germaine Krull fréquente les milieux anarchistes et révolutionnaires, ouvre un studio de photographie à Berlin et travaille sur plusieurs séries de nus féminins, souvent érotiques, mettant en scène des amours lesbiens non pas destinées au regard masculin, mais bien au sien, célébrant la liberté et la fluidité des relations.

Cendrillon,
Platon
et une moitié
d'orange

Il était une fois une pauvre jeune fille, martyrisée par ses sœurs et sa belle-mère, qui étaient méchantes et laides. Heureusement, elle était belle. Elle chantait avec les oiseaux et elle avait de tout petits pieds, si mignons. C'est pour ça qu'elle fut choisie par un prince qui l'épousa. Et c'est ainsi qu'elle fut sauvée de la misère, des autres femmes... et des tâches domestiques.

Cendrillon, version de Walt Disney

Il était une fois une jeune et très belle sirène... Voyant un prince marcher sur la terre ferme, elle en tomba follement amoureuse. Pour le rejoindre, elle sacrifia sa voix magnifique, et troqua sa belle queue de poisson pour une paire de jambes. Elle devint muette, et chaque pas qu'elle faisait lui causait une immense douleur, comme si des poignards s'enfonçaient dans ses pieds... Et finalement, le prince en épousa une autre.

La Petite Sirène, version d'Andersen

Il était une fois une belle jeune femme inexpérimentée, douce et un peu niaise, employée d'un magasin de bricolage. Un jour, elle rencontra un très riche et sexy PDG, irrésistible mais tourmenté par un lourd passé. À force de la fouetter, de la frapper, de la menotter et de la surveiller, il finit par tomber fou amoureux d'elle. Et à la fin, ils se marièrent.

Cinquante nuances de Grey, de E. L. James

Des histoires d'amour, heureuses ou malheureuses, nous en avons ingéré, à tous les âges, sous toutes les formes : au cinéma, dans des chansons, des romans, des pièces de théâtre.

On pourrait se dire que ces récits ne sont *que* des histoires, des mythes et des contes. Mais ils nous ont construit·es ; ils sont en nous, nous les avons incorporés parce que nous avons ri, pleuré, frissonné avec les personnages, nous avons souhaité qu'ils se retrouvent et qu'ils s'aiment, malgré les obstacles et les difficultés.

Nous sommes pétri·es de cet imaginaire, de ce qu'on nous a montré, raconté de l'amour. L'immense majorité de ces récits mettent en scène des couples hétérosexuels, où hommes et femmes ne jouent pas les mêmes rôles. Aux hommes, on réserve l'action et la conquête ; aux femmes, la douceur, la passivité et l'attente. Ces histoires sont une part importante de notre éducation sentimentale. On les a lues, vues, aimées, relues… On peut aussi les regarder d'un œil critique, pour tenter de comprendre quels effets elles ont sur nous, sur nos sentiments, nos comportements… et sur nos propres histoires. En d'autres termes : qu'est-ce que *les* histoires d'amour font à *nos* histoires d'amour ?

Cette question, l'activiste et essayiste Juliet Drouar y a beaucoup réfléchi. C'est lui qui m'a fait prendre conscience que notre culture associait souvent l'amour à la souffrance :

> « J'ai été abreuvé·e de ça, à travers les dessins animés, qui attribuent toujours les mêmes rôles en fonction des genres dans les relations amoureuses, et où on retrouve toujours les mêmes éléments : la contrainte, la douleur,

l'obstacle. La femme est fragile et doit être protégée, mais à condition que ça soit par un homme. Mais moi, quand j'étais petite, je rêvais que je délivrais une princesse. J'avais ça en tête, très fort : je ne voulais pas être la princesse qui dort, et je ne voulais pas non plus être avec cet homme qui viendrait me sauver ou ne tiendrait pas compte de mes limites pendant mon sommeil... Il me restait donc un seul rôle : celui d'habiter dans ma tête comme si j'étais un garçon. Alors j'imaginais des princesses que je sauvais. Bien sûr, cette manière de nous apprendre à désirer ou à érotiser ce genre de rapport de force ou de violence a aussi façonné mon imaginaire et mon désir. C'est ça qu'on apprend : l'amour, c'est quand c'est contraint, quand c'est difficile, douloureux, quand on ne veut pas mais qu'en fait on veut, et puis qu'on finit par ne plus être son propre centre... Ces histoires d'amour, c'est vraiment la petite pilule qu'on nous donne pour faire passer l'hétérosexualité. Il faut nous apprendre à accepter de passer notre vie aux côtés de quelqu'un qui nous domine structurellement. C'est cet apprentissage-là, celui de l'amour amoureux : ça va être dur, contraignant, tu vas en chier mais en fait, tu adores ça ! Sauf que je me suis rendu compte que ce n'était pas vrai... Je n'adorais pas du tout. »

Après avoir discuté avec Juliet Drouar, j'ai eu envie de mieux comprendre comment s'étaient formés nos imaginaires amoureux. Et c'est dans les travaux de chercheuses féministes espagnoles que j'ai trouvé des réponses.

En Espagne, des militantes ont entrepris un immense travail d'éducation populaire critique de ce qu'elles appellent "les mythes de l'amour romantique". Par exemple : *l'amour, c'est trouver son autre moitié* ; *le véritable amour dure toujours* ; *l'amour peut nous faire surmonter tous les obstacles* ou encore : *l'amour, ça fait souffrir.*

L'une des personnes qui a le plus contribué à ce travail est la chercheuse madrilène Coral Herrera Gómez. Dans sa thèse de doctorat, puis dans ses livres et ses ateliers, elle identifie et décortique un par un ces mythes, et montre le rôle qu'ils jouent dans la construction binaire et hiérarchique du genre. Dans *Révolution amoureuse*, elle décrit le système en ces termes :

« Nous apprenons à aimer par le biais de notre expérience personnelle dans le cadre familial et auprès de notre entourage le plus proche, mais aussi à travers les récits qui convertissent l'amour en mythe et idéalisent certains modèles de masculinité et de féminité. Cette mythification de l'amour a pour effet que, sous l'emprise de la passion amoureuse, les femmes intériorisent les valeurs du patriarcat, obéissent aux mandats de genre tout en remplissant leurs rôles de femme traditionnelle, de femme moderne et postmoderne. Un bond en avant technologique permet aujourd'hui de raconter les histoires par le biais d'une multitude de formats et canaux de diffusion, mais le schéma narratif des récits continue à être le même : pendant que l'homme sauve l'humanité, la femme attend de son côté d'être sauvée de la pauvreté, de l'exploitation, d'un enfermement, d'un mauvais sort ou d'une vie ennuyeuse. Quand sa mission à lui sera terminée, il partira à sa recherche et l'emmènera au palais, où ils vivront heureux et auront beaucoup d'enfants. C'est à cause de ces contes que nous sommes accros à la drogue de l'amour depuis notre plus jeune âge, et qu'on entretient ensuite notre rêve d'une utopie romantique. C'est tout bénef pour le patriarcat de nous voir enchaînées à cette illusion, chacune cherchant la manière d'être sauvée par un prince charmant. Le miracle romantique nous isole les unes des autres : et ça tombe bien pour le patriarcat, car il n'y a rien de plus dangereux que des femmes unies, joyeuses et émancipées travaillant en équipe au service du bien commun. Le romantisme patriarcal est bien un mécanisme de contrôle social visant à dominer les femmes, contre la promesse d'être sauvées et de recevoir un sésame pour le paradis amoureux dans lequel nous serons heureuses un jour. »

Parce qu'ils ont nourri nos structures psychiques et orienté nos émotions comme nos sensations, ces mythes pèsent sur la façon dont on interprète nos sentiments et dont on se raconte nos propres histoires d'amour. Cette observation est revenue souvent dans les groupes de parole que j'ai animés dans le cadre de mon enquête. Et le témoignage d'Émilie me semble très représentatif de cette manière qu'on peut avoir d'interpréter la relation qu'on est en train de vivre à l'aune des mythes qui nous aveuglent. Émilie est restée huit ans en couple avec son compagnon. Iels s'étaient rencontré·es au lycée, s'étaient installé·es ensemble, avaient acheté un appartement, voulaient faire des enfants... Sauf que, régulièrement, son compagnon (*Bidulo*, comme elle l'appelle maintenant) faisait des crises de colère et de doute, et menaçait de la quitter, sans raison apparente.

« C'était un homme, un vrai. Il était grand, il était costaud, il parlait hyper bien. C'était un animal social : tu le mettais n'importe où il parlait avec tout le monde. Et puis les gens nous trouvaient trop mignons, les gens nous adoraient, on était un "super couple", et c'était trop bien de nous voir ensemble. Mais la contrepartie, c'est qu'il n'y avait plus d'Émilie. Il y avait "Émilie-et-Bidulo".
C'était une personne qui avait plein de blessures psychologiques et moi j'aime bien ça, les gens un peu blessés, un peu abîmés. J'aime bien conseiller, écouter,

j'ai toujours un peu cette casquette-là... Autant dire qu'il était vraiment servi sur un plateau. J'ai commencé à vouloir l'aider parce qu'il avait des accès de colère – jamais à mon égard, jamais avec violence, mais parfois il s'emportait vraiment très fort –, et moi j'étais persuadée que j'allais pouvoir l'aider à canaliser sa colère, l'aider à se comprendre... en jouant un rôle de psy en fait. Je me disais : "Grâce à moi, il va aller mieux." »

Ce que décrit Émilie, et qu'on retrouve dans de très nombreuses relations amoureuses, c'est **le mythe de l'omnipotence** : l'amour qui peut tout, qui peut transformer les monstres en princes, surmonter tous les obstacles. Et quand je demande à Émilie pourquoi elle est restée aussi longtemps avec cet homme, elle répond que c'est parce qu'elle pensait être amoureuse de lui et, surtout, parce qu'elle pensait que, sans lui, elle aurait été moins bien. Moins complète. *Incomplète.* Et ça, c'est aussi un des mythes les plus puissants qui gouverne nos relations amoureuses : on chercherait tous et toutes notre moitié.

Ce mythe nous vient du *Banquet* de Platon et date donc de plus de 2 400 ans. Il raconte qu'à l'origine les humains avaient tous quatre jambes, quatre bras et une tête à deux visages. Et ils étaient androgynes. Comme ils commençaient à concurrencer les dieux, Zeus décida de les punir et de les couper en deux. Depuis, chaque être humain cherche désespérément sa moitié.

Ce mythe de notre incomplétude est un des grands mythes fondateurs de l'amour romantique. Celui qui nous fait désespérément chercher notre *âme sœur* – ou notre *moitié d'orange*, comme disent les Espagnol·es. Et une fois qu'on l'a trouvée, bien sûr, c'est pour toujours. Cela aussi, Émilie l'exprime très bien :

« Mon but, ce n'était pas que ça marche, non. Mon but c'était que ça dure pour toujours. Je voulais pouvoir penser que quand on serait vieux, on pourrait dire qu'on s'était rencontrés au lycée, qu'on avait traversé des crises, mais qu'on avait grandi ensemble et qu'on était toujours là. »

Le mythe de l'incomplétude va donc de pair avec celui de **l'éternité** (le véritable amour dure toujours), mais aussi avec celui de **l'unicité** et de la **prédestination**. Ce mythe, on le trouve notamment dans les chansons populaires. Il n'y aurait qu'une seule personne sur cette planète qui puisse nous convenir – mais comment la reconnaître, quand on tombera sur elle ? Eh bien... on le saura, c'est tout. Il y a des signes, dit-on, qui ne trompent pas.

Baby you're the one, the one and only

On ne fera plus qu'un, on se comprendra sans se parler, on fera partie l'un de l'autre : c'est **le mythe de la fusion** – un mythe qui peut nous faire croire qu'on a des droits sur l'autre. Car si l'autre, c'est nous, alors on le possède – et on est *possédé·e*...

You're mine

... Alors forcément, si l'autre disparaît, notre vie n'a plus aucun sens.

Et si tu n'existais pas, dis-moi comment j'existerais

... Ce qui justifie le sacrifice

Je renierai mes amis, je renierai ma patrie,
si tu me le demandais

... le don de soi inconditionnel

Laisse-moi devenir l'ombre de ton ombre,
l'ombre de ta main, l'ombre de ton chien

... jusqu'à l'anéantissement :

Je pourrais mourir pour toi

Ainsi donc, nous apprennent les chansons, l'amour justifierait toutes les souffrances. Avec ce corollaire extrêmement toxique : si on ne souffre pas, alors ce n'est pas vraiment de l'amour. Voilà pourquoi, dans tant d'histoires, l'amour peut justifier des comportements inacceptables, y compris le harcèlement, le chantage au suicide ou le kidnapping. On ne compte plus le nombre de films qui se fondent sur ces scénarios. Mon film préféré, par exemple : *Attache-moi*, de Pedro Almodóvar.

Il était une fois un beau jeune homme qui décide de kidnapper son actrice préférée, de la séquestrer chez elle en l'attachant aux barreaux de son lit, jusqu'à ce qu'elle tombe amoureuse de lui. Et ça marche.

Ou encore *N'oublie jamais*, avec Ryan Gosling et Rachel Mc Adams.

Il était une fois un beau jeune homme qui tombe raide dingue d'une fille dans une fête foraine ; comme elle l'ignore, il se suspend à la grande roue en menaçant de se laisser tomber si elle n'accepte pas de sortir avec lui ; du coup, elle accepte. Et très vite ils se rendent compte qu'ils ne peuvent pas vivre l'un sans l'autre.

On peut dissocier
les très fortes
émotions provoquées
par l'état amoureux
des mythes de
l'amour romantique.
On peut accueillir
l'émerveillement
d'une rencontre,
sans forcément
nous dire *ça y est,*
c'est le bon / la bonne.

Toutes ces histoires nous racontent à quel point l'amour est un sentiment incroyablement puissant et incontrôlable. Jusqu'au meurtre, parfois. Aussi choquant que cela paraisse, l'idée qu'on puisse tuer par amour se retrouve partout dans notre culture : dans des opéras, des films, ou des chansons comme dans ce tube très populaire de Johnny Hallyday, *Requiem pour un fou*, où il chante : « Je l'aimais tant que je l'ai tuée. »

On retrouve cette même idée dans les journaux ou dans les tribunaux. Pendant longtemps, quand un homme tuait *sa* femme, les journalistes nommaient ça un "crime passionnel" ou un "drame de l'amour". Il aura fallu des années de militantisme féministe pour que certains médias utilisent enfin le terme "féminicide". En 2019, rien qu'en France, 146 femmes ont été tuées par leur compagnon ou leur ex – des hommes qui étaient censés les aimer. Ce qui nous fait dire, avec les féministes espagnoles, que **l'amour romantique tue**.

Sans aller jusqu'au meurtre, tous nos mythes amoureux contribuent à romantiser des situations de violence, de harcèlement, de non-respect des limites. Ils entretiennent la confusion entre l'amour et la violence, l'amour et la domination, l'amour et la peur.

C'est ce à quoi ont décidé de s'attaquer les militantes de l'association En avant toutes, qui lutte contre les violences conjugales, en particulier celles que vivent de jeunes adultes. Qu'elles soient physiques ou psychologiques, ces violences commencent parfois très tôt dans la vie, dès la première relation amoureuse. Et elles concernent beaucoup de monde. Voilà pourquoi, en plus d'articles très clairs pour aider à identifier les situations malsaines, ces militantes proposent sur leur site internet (commentonsaime.com) un chat en ligne où toutes les personnes qui se posent des questions sur leur relation peuvent discuter avec une professionnelle formée, qui les aidera à trouver une solution, y compris matérielle, si elles veulent fuir ou quitter la personne violente.

Depuis la création du chat fin 2016, après plus de 6 000 conversations, les militantes d'En avant toutes constatent que les relations violentes s'appuient entre autres sur des représentations amoureuses toxiques, ainsi que l'explique l'une des fondatrices de l'association, Ynaée Benaben :

> « Dans une relation violente, l'amour est modelé, transformé pour devenir un outil d'oppression facile. Il est utilisé comme prétexte pour exercer des violences et de la domination. Le fantasme, l'imaginaire de l'amour dans lequel elles ont envie de se projeter (et je dis "elles" car ce sont souvent les

femmes qui subissent cette domination) est retourné contre elles et utilisé comme un argument. On leur dit: "Tu ne peux pas voir tes amis garçons parce que je t'aime trop et que j'aurai tellement peur de te perdre." On joue sur l'idée d'amour perçu comme une force incontrôlable, ce qui est un imaginaire collectif pour justifier la domination, le contrôle et l'exercice de violence. Dans une relation violente, les agresseurs refusent que les victimes vivent de l'amour avec d'autres gens. "Je veux pas que tu voies tes amis." Les ami·es, la famille sont des espaces d'amour. Or, dans une relation violente, parce que ces amours-là sont des espaces de force, de soutien, de réalisation de soi-même, elles sont refusées, interdites, dévalorisées. "Moi je t'aime, ces personnes ne t'aiment pas vraiment." »

Après tous ces constats, ces conversations, ces lectures, je dois bien reconnaître que j'ai eu une sensation d'horrible gueule de bois. Parce que c'est une chose de reconnaître la toxicité de ces mythes, et c'en est une autre de pouvoir s'en débarrasser.

Et puis, même si on finit par y arriver, qu'est-ce qui va nous rester? À force de déconstruction, serions-nous en train de nous condamner au désenchantement? À des constats amers, comme celui que fait Cécile, la cinquantaine: « Quand je ne suis pas passionnée, je m'ennuie, je le méprise, je trouve qu'il est con... Du coup j'ai l'impression que je ne suis jamais très heureuse en amour. » À n'être plus que des monstres froids, rationnels, indifférents, dans l'hypercontrôle?

Heureusement non. Les papillons dans le ventre existeront toujours, même si nous parvenons à ne plus tomber dans le piège du mythe de l'amour romantique. C'est là l'autre grande force des analyses féministes de l'amour romantique: elles montrent en effet que nous ne sommes pas condamné·es à un choix binaire (se soumettre à ces mythes ou se barricader dans le cynisme pour éviter de souffrir), mais qu'il existe mille autres possibilités.

Déconstruire ces mythes, ce n'est pas rejeter nos émotions. C'est ouvrir la voie à des relations qui seront encore plus intenses, exaltantes, magiques, enfin basées sur l'honnêteté, l'égalité, le respect de nos limites.

Par exemple, on peut dissocier les très fortes émotions provoquées par l'état amoureux des mythes de l'amour romantique. On peut accueillir l'émerveillement d'une rencontre, sans forcément nous dire *ça y est, c'est le bon / la bonne.*

On peut créer une intimité très forte, ouvrir son cœur, sans pour autant fusionner avec l'autre. On peut continuer à voir des signes partout, mais savoir que ces signes ne disent rien sur le destin de la relation. Est-ce que ça les rend moins beaux ? Non.

On peut continuer à jouir de l'état amoureux qui provoque cet incroyable état de résonance, où tout semble merveilleux, où tout est facile et tout s'enchaîne. On peut se laisser traverser par des élans très puissants, et le dire à l'autre, simplement, honnêtement.

Et puis, comme on sait que ce sont des états émotionnels très intenses, qui mènent potentiellement à des situations dangereuses ou douloureuses, on pourrait veiller les un·es sur les autres, par exemple en scellant des pactes avec nos proches. Avec trois de mes amies, on se réjouit les unes pour les autres d'être amoureuses, mais on s'est aussi promis de se raconter toutes les disputes qu'on vivrait avec nos partenaires, pour rester vigilantes. On peut se dire gentiment les unes aux autres quand on trouve que ça va trop vite, que c'est trop intense, qu'on devrait se méfier pour une raison ou pour une autre.

Cette vulnérabilité, cette honnêteté quant à ce que nous ressentons, le fait d'oser l'exprimer, tout cela peut faire naître un autre type de magie, une vraie révolution romantique. Et pour que cette révolution advienne, et perdure, il faut que changent notre culture et nos attitudes vis-à-vis de l'amour romantique. Qu'on cesse notamment de croire que si ça se passe bien, que s'il n'y a pas de drame, que si c'est facile... ce n'est pas de l'amour.

Nous avons terriblement besoin de nouvelles fictions pour nous inspirer de nouveaux scripts, de nouveaux codes amoureux, débarrassés de tout rapport de force ou de domination. Heureusement, il en existe déjà, qui changent nos imaginaires et nous permettent d'aimer différemment, comme ce film magnifique de Céline Sciamma, *Portrait de la jeune fille en feu*. Plus il y aura de fictions comme celles-ci, plus nous parviendrons à prendre nos distances avec ce mythe de l'amour romantique, et mieux on pourra s'aimer, loin des schémas toxiques.

Aujourd'hui, Émilie n'est plus avec Bidulo, et c'est bien cette direction qu'elle a prise :

> « Pour moi, ce n'est plus une nécessité de vivre en couple pour toujours. Si ça arrive, ce sera cool, mais ce n'est plus mon objectif. Ce que je voudrais, c'est pouvoir partager un quotidien, des discussions, des valeurs avec quelqu'un qui m'écoute, quelqu'un en qui j'ai confiance, qui me respecte et qui m'aime. »

Comme elle, je crois que c'est la base de la révolution romantique.

Chœur 3

Quel soulagement de découvrir que si mes fantasmes sexuels étaient tellement empreints de domination et de contraintes, ce n'était qu'une reproduction de ce que j'avais vu et revu partout. Du jour au lendemain, j'ai pu m'en débarrasser, ils ne faisaient plus naître d'excitation en moi. Puis ils ont recommencé à refaire surface, beaucoup plus rarement, moins intéressants, et surtout maintenant je sais d'où ils viennent et je ne me sens plus "folle" de fantasmer des trucs pareils. **Mathilde**

En finir avec le mythe du jardin secret

Parmi les mythes romantiques, je crois que celui qui a fait le plus de mal à mon couple est celui du "jardin secret". Vous savez, quand on explique que chaque personne dans la relation doit avoir sa petite part de non-dit, son petit espace bien défini avec, à l'intérieur, des sentiments bien codifiés (ce qui nous agace chez l'autre, le désir qu'on pourrait avoir pour des tiers, les jugements qu'on porte sur la belle-famille, les envies qu'on pourrait avoir qui ne plairaient pas à l'autre...).

Pourquoi un jardin, et pas tout le terrain ? Qui décide de ce qui doit être ouvert ou fermé ? Que le mythe crée une injonction ou mette le doigt sur une réalité, en tout cas, il ne donne aucune notice d'utilisation sur la manière de définir la taille de ce jardin, comment le clôturer ou quoi y cultiver. D'ailleurs, vu ce qu'on met dedans, c'est moins un jardin qu'une espèce de débarras de trucs que la vision romantique traditionnelle du couple n'inclut pas.

Face à ça, ma femme et moi sommes très différents.

C'était naturel, pour moi, d'ouvrir l'ensemble de mon terrain ou presque, et je n'ai que très peu de parcelles inaccessibles à ma femme. Je partage facilement mes émotions, mes doutes, mes envies ou mes absences d'envies, mes efforts et mes vexations. Mais ça n'a pas toujours été simple pour ma femme, et au début de notre relation, cela a créé chez

elle une sorte d'injonction contraire : elle avait l'impression que par une sorte de réciprocité qui serait obligatoire dans le couple (un autre mythe), elle devrait faire pareil, sans y arriver. Elle avait l'impression que partager certaines choses était... impudique. Qu'une femme ne doit pas tout dire. Que si je savais, je la regarderais différemment, que j'allais fuir.
Il lui a fallu presque dix ans, et beaucoup de moments compliqués émotionnellement, pour oser parler librement, y compris de son désir, des reproches qu'elle voulait me faire, de ses doutes, de ses deuils... Je sais qu'elle ne me parle pas de tout pour autant, qu'elle fait le choix de garder des choses pour elle, mais désormais, sans gêne particulière. Sans honte. Sur la balance de ce qu'elle voulait partager et divulguer, elle a trouvé la position du curseur qui lui convient, et ça me rend très heureux.
Si on suit la métaphore du "terrain", je n'ai pas l'impression que nous vivions une vie commune avec, chacun, un petit jardin secret. Je crois que nous partageons tous les deux un terrain de taille moyenne que nous investissons ensemble, qui s'est agrandi quand nous avons eu des enfants parce qu'eux aussi partagent avec nous une partie de leurs terrains respectifs. Ce terrain commun est à géométrie variable, regorge de prairies douces et de forêts ténébreuses, mais surtout, il est entouré par beaucoup d'autres parcelles qui nous appartiennent à chacun et dont on consent, parfois, à organiser une visite pour un autre membre de la famille. L'accès peut être permanent, comme si la clôture disparaissait et qu'on pouvait entrer dans cette parcelle à tout moment ; ou ponctuel, parce que l'autre veut nous montrer quelque chose. Cela peut être une parcelle entourée de nattes occultantes, dont on ne sait pas ce qu'elle renferme, ou juste une parcelle grillagée : tout le monde sait ce qu'il y a dedans, mais ce n'est pas non plus public. Parfois, on peut venir au portillon et, qu'il soit ouvert ou fermé, demander à l'autre s'il ou elle aurait envie de nous laisser entrer, et lui laisser la liberté de ne pas le faire.

Nous n'avons pas chacun un jardin secret. Nous avons d'énormes domaines. Et la question n'est pas de savoir s'ils sont "secrets", mais quel consentement on offre à l'autre pour les parcourir ensemble. **Boris**

Moi aussi j'ai cru au prince charmant, j'ai fantasmé l'homme idéal à partir d'à peu près n'importe qui, j'ai vu mes parents se priver de tellement de choses pour rester fidèles au couple, j'ai couché avec des gens avec qui j'aurais simplement voulu de la tendresse, j'ai fait du couple un but de ma vie au point de me perdre dans une relation toxique de laquelle j'ai failli ne pas revenir. Alors aujourd'hui, je me réjouis de voir, de lire, d'entendre autant de gens ravis de défoncer les portes des idéaux de vie préconçus qui nous rendent ternes et amorphes. **Maï**

Imaginer d'autres récits romantiques

Il y a quelques années, j'ai rencontré deux femmes par le hasard des recherches de colocation. J'ai donc appris à les connaître en vivant avec elles, et il s'est rapidement noué entre nous une relation d'amitié très forte, d'amour, de sororité. J'étais célibataire à cette époque-là – je le suis toujours – et, ayant été élevée dans un modèle de parentalité classique, hétérosexuel et plutôt très heureux, je considérais le couple comme le grand Tout à atteindre, le but ultime.

J'ai appris à voir que cette nouvelle amitié que je vivais était bel et bien une relation d'amour au moins aussi précieuse que celles que j'avais vécues avant avec des hommes et que je ne devais en rien la considérer comme "la salle d'attente" du couple.

S'il n'y a jamais eu d'attirance sexuelle entre nous, tout ce que m'ont apporté ces deux femmes incroyables s'apparente tout à fait à ce que l'on espère d'une relation de couple épanouie.

Je suis tous les jours émue par leur intelligence et leur amour, sidérée d'avoir la chance de vivre avec elles, d'être aussi l'objet de leur amitié et de leur bienveillance. Il existe un respect profond les unes pour les autres que nous nous appliquons à entretenir. Nous prenons soin les unes des autres au quotidien. Notre amour se matérialise par des gestes et des objets : des fleurs pour féliciter une réussite professionnelle ou consoler un cœur meurtri, un bol de soupe quand l'une est malade, une fête surprise pour un anniversaire, un petit mot doux laissé dans la cuisine pour se dire qu'on s'aime.

Parfois, rarement, nous nous disputons. Je réalise souvent à ce moment-là le bienfait d'être un trio, et d'avoir toujours une troisième personne pour tempérer les deux belligérantes.

Je suis fière au plus profond de mon cœur quand elles réussissent quelque chose, ce qu'elles font souvent, parce qu'elles sont très douées. Quand nous voyons d'autres gens, je suis très fière d'être à leurs côtés.

Je les regarde être avec les autres et je souris. Il y a toujours un moment de la soirée où nous nous retrouvons toutes les trois, et on se dit que c'est finalement ensemble qu'on s'amuse le plus.
Quand je vis quelque chose de beau, de triste, de drôle, je piétine d'impatience de leur raconter, sachant que leur réaction rendra l'événement encore plus beau, encore plus triste, encore plus drôle, car elles comprennent toujours l'importance que les choses ont pour moi.
Souvent, je vois dans leurs yeux l'amour qu'elles ont pour moi et ça me transporte. Je suis émerveillée d'être aimée comme ça.
Je les trouve si différentes de moi et si semblables.
C'est avec elles que je ris le plus.
Imaginer vivre sans elles me donne le vertige.
Notre relation n'est pas polluée par tous les codes toxiques associés au couple traditionnel et dont nous avons hérité malgré nous : pas de jalousie, pas de possessivité, pas de sentiment d'appartenir les unes aux autres, ni d'avoir des devoirs au sein de notre relation, ni de devoir respecter une chronologie, un modèle.
Quand on me demande si "je suis seule", je suis dérangée de répondre oui, alors que je ne l'ai jamais aussi peu été. Pourtant, je vois bien que pour le reste de la société, cela n'a pas du tout la même importance. Quand j'ai commencé à vivre avec elles et à les aimer si fort, je n'ai pas "changé de statut" aux yeux des autres, comme quand on se met "en couple". L'histoire de la naissance de cet amour n'a pas été vécue comme l'est la naissance d'un amour romantique, qui va susciter débats, conversations interminables et annonces officielles.
Pourtant, comme dans les films romantiques, j'ai envie de crier mon amour pour elles partout, à tout le monde. **Margot**

Mon premier copain était violent, physiquement et psychologiquement. J'avais 18 ans. Pendant plus d'un an et demi, il m'a fait croire que sa vision de l'amour (violente, isolatrice et destructrice) était la bonne et j'ai longtemps blâmé ma naïveté d'y avoir cru. J'ai compris que tous les dessins animés et les films que j'avais vus, et tous les livres que j'avais lus avant de le connaître avaient préparé le terrain et facilité l'entrée d'une telle toxicité dans ma vie. Si j'avais eu des références d'amour sain (non romantique en fait !), je suis certaine que j'aurais été capable d'identifier que ma relation était anormale, et que l'amour ce n'était pas ça. Mais les quelques fois où j'ai tenté de remettre cette relation en question, tous les codes vus et entendus semblaient corroborer cette théorie de l'amour violent et douloureux. **Basma**

Le langage est si pauvre quand il s'agit d'amour !

Moi aussi j'ai grandi avec la certitude qu'un jour je trouverais le prince charmant et qu'après tout serait parfait – ma mère avait bien essayé de m'expliquer qu'à ses yeux, la famille nucléaire était une construction historique obsolète, mais elle n'avait pas beaucoup de chance de me convaincre vu que les films, les histoires, la société étaient tous d'un autre avis.

En Colombie, d'où je viens, le caissier vous dit "ma vie", "mon amour" alors que vous n'êtes là que pour acheter du pain. Je n'arrive pas à comprendre comment le langage est si pauvre quand il s'agit d'amour. Il nous faudrait une centaine de mots ! Par exemple, je sors avec un ami depuis presque deux ans et je n'ai toujours pas réussi à lui dire que je l'aime. J'ai l'impression que si je le lui disais, je ne pourrais plus justifier mes désirs de passer du temps seule, de voir des ami·es, de dormir seule, de parfois ressentir du désir pour d'autres, etc. Et puisque je continue à ressentir toutes ces choses-là, je n'arrive pas à me dire que je suis "amoureuse" de lui. Pourtant j'adore passer du temps avec lui, je l'adore, je ne veux que son bonheur, il est génial, il me rend heureuse, etc.

Et au contraire j'ai été folle "amoureuse" d'un garçon avec lequel je ne voudrais jamais sortir. La passion était là mais rien d'autre. Lui ne me rendait certainement pas heureuse. Comment ces deux expériences peuvent-elles être regroupées sous le même mot ? **Valentina**

Sources

Une autrice

L'une des plus grandes théoriciennes de l'amour romantique est l'autrice féministe espagnole Coral Herrera Gómez.
En 2009, elle a soutenu une thèse sur « La construction socioculturelle de la réalité, du genre et de l'amour romantique » à l'Université Carlos III de Madrid, en Espagne. Dans son « Laboratorio del Amor » en ligne (otrasformasdequererse.com), elle passe l'amour romantique au crible de ses analyses féministes.
À lire, en français, son essai *Révolution amoureuse* (« La collection sur la table », Binge Audio Éditions, 2021).

Sites

C'est notamment grâce à la thérapeute féministe Elisende Coladan que j'ai pu accéder aux travaux des féministes espagnoles comme Brigitte Vasallo et Coral Herrera Gómez. Vous pouvez la lire sur son blog nonmonogamie.com, ou son site Thérapie Féministe (therapie-feministe-elisende.com).

L'association En Avant Toutes (enavanttoutes.fr) propose sur commentonsaime.fr des articles et un chat en ligne pour aider à identifier les situations dangereuses et proposer des solutions alternatives.

Articles

Deux articles sur le poids des films dans l'éducation sentimentale genrée :

« Study finds romcoms teach female filmgoers to tolerate 'stalking myths' » de Ben Child, paru dans *The Guardian* en 2016.

« Look who's stalking: the new breed of creepy male film leads » de Jean Hannah Edelstein, paru dans *The Guardian* en 2016.

Chaîne YouTube

Dans ses vidéos, la chaîne Pop Culture Detective (en anglais, mais sous-titrée en français) analyse les tropes romantiques dans les films et les séries, avec de très nombreux exemples – notamment dans les vidéos *Abduction As Romance*, *Boys' Don't Cry*, *Stalking For Love*.

Ressources

Roman

Normal People, de Sally Rooney (éd. L'Olivier, 2021)

« Connell et Marianne ont grandi dans la même ville d'Irlande. Il est le garçon en vue du lycée, elle est la solitaire un peu maladroite. Pourtant, l'étincelle se produit : le fils de la femme de ménage et l'intello hautaine connaissent ensemble leur premier amour. [...] Un jour, tout est léger, irrésistible ; le lendemain, le drame pointe et les sentiments vacillent. »

Essai

Je suis une fille sans histoire, d'Alice Zeniter (éd. L'Arche, 2021)

« Une bonne histoire, aujourd'hui encore, c'est souvent l'histoire d'un mec qui fait des trucs. Et si ça peut être un peu violent, si ça peut inclure de la viande, une carabine et des lances, c'est mieux... » Une déconstruction très drôle et érudite du modèle du héros et des manières dont on façonne les grands récits depuis l'Antiquité.

Podcast

Qui est Miss Paddle ?, de Judith Duportail (Pavillon Sonore, 2020)

Une enquête qui part de réflexions sur l'impact des réseaux sociaux dans nos vies amoureuses, pour aboutir à l'analyse de la relation toxique que vit l'autrice, sous emprise de son partenaire.

Une pratique

Expérimenter les techniques un peu mystiques et ésotériques de guidance et d'introspection, pour devenir plus sensible aux signes : Yi King, Tarot, Runes, Oracle des anges...

BD

Tant pis pour l'amour, de Sophie Lambda (éd. Delcourt, 2019)

« Quand Sophie rencontre Marcus, elle tombe amoureuse en 48 h. Elle qui était si cynique en amour, cette fois, elle y croit. Sauf qu'il se révèle vite étrange. Sophie a alors besoin de comprendre ce qui ne va pas. Confronté à ses mensonges et ses incohérences, il a des réactions violentes, des excuses pour tout et arrive à se sortir de chaque impasse. Mais jusqu'à quand ? Sophie aime un manipulateur narcissique. »

Film

Lady Bird, de Greta Gerwig (2018)

Parcours initiatique d'une adolescente blanche de la classe moyenne américaine, qui s'apprête à quitter le lycée, sa ville natale et sa famille pour s'inscrire à l'université, traversant premières amours, grandes amitiés et la fin de certaines illusions romantiques.

Article

« De l'amitié comme mode de vie », entretien avec Michel Foucault, de R. de Ceccaty, J. Danet et J. Le Bitoux, revue Gai Pied (avril 1981, disponible en ligne)

On peut y lire : « Ce à quoi nous devons travailler, me semble-t-il, ce n'est pas tellement à libérer nos désirs, mais à nous rendre nous-mêmes infiniment plus susceptibles de plaisirs. »

Documentaire

Les Invisibles, de Sébastien Lifshitz (2012)

Face caméra, des hommes et des femmes homosexuel·les, né·es dans l'entre-deux-guerres, racontent une histoire commune : celle des années passées dans l'ombre, quand il leur était impossible d'assumer pleinement leur sexualité, partagé·es entre la volonté de rester des gens comme les autres et l'obligation de s'inventer de nouveaux idéaux pour s'épanouir.

Œuvre d'art

The Other Room, de Vanessa Bell (fin 1930)

Peintresse britannique, Vanessa Bell faisait partie, comme sa sœur Virginia Woolf, du groupe de Bloomsbury. Elle peint les femmes de ce groupe d'intellectuel·les dans des intérieurs cossus et colorés, femmes qui, bien que souvent en couple avec des hommes, explorent leur sexualité, ont soif de liberté et de nouveaux modèles amoureux.

Série

Sense8, de Lilly et Lana Wachowski (2015-2018)

Récit choral, mélange de science-fiction, d'action, de réflexion sociétale et de romance, la série raconte le destin de huit « sensates », des jeunes gens de tous les continents découvrant qu'iels sont capables de se connecter à distance les un·es aux autres par l'intellect, les émotions et les sens… ce qui bouleverse leurs façons de s'aimer, de faire du sexe et de se comprendre.

THE SCHOOL OF LIFE

Chaîne Youtube

The School of Life

En particulier les vidéos de la catégorie « Relationships », qui, avec un ton pédagogique, lient ensemble concepts philosophiques et savoirs psychologiques pour les appliquer à nos vies relationnelles.

Chanson

« Beaucoup de mes amis sont venus des nuages
Avec soleil et pluie comme simples bagages
Ils ont fait la saison des amitiés sincères
La plus belle saison des quatre de la terre »

L'amitié, de Françoise Hardy (1965)

le vélo,
la poupée
et la
boussole

90 % des futurs parents veulent connaître le sexe de leur enfant avant la naissance (Elfe, 2014). **Entre 1,7 et 4 % des enfants naissent intersexe (Blackless, 2000).** À 6 ans, les enfants sont déjà convaincus que les hommes sont plus intelligents que les femmes (Science, 2017). **1 Français·e sur 10 a été victime de violences sexuelles pendant son enfance, dont 77 % de femmes (Ipsos, 2020).** 96,8 % des biographies dans les manuels d'histoire sont consacrées à des hommes (Centre Hubertine-Auclert, 2011). **Une petite fille participe aux tâches domestiques 7 heures par semaine contre 3 heures pour un garçon (Insee 2010).** Les garçons reçoivent plus d'argent de poche que les filles (CSA, 2009). **63 % des hommes entre 16 et 24 ans font du sport une fois par semaine contre 33 % des femmes (Cleron, 2015).** En équivalent temps plein, les hommes touchent un salaire supérieur de 20,3 % aux femmes (Insee 2018). **80 % des femmes contre 35 % des hommes consacrent tous les jours au moins une heure au travail domestique (Insee 2010).** Pendant le confinement du printemps 2020, 43 % des mères ont passé plus de six heures par jour à s'occuper de leurs enfants, contre 30 % des pères (Insee, 2021) et 80 % des expert·es interrogé·es dans les médias étaient des hommes (CSA, 2020). **80 % des communes françaises sont dirigées par des hommes (Direction générale des collectivités locales, 2020).** 62 % des Françaises ne savent pas ce qu'est une vulve (Essity, 2018). **25 % des filles de 15 ans ignorent qu'elles ont un clitoris (HCE, 2014).** 73 % des policier·es sont des hommes, 86 % des infirmier·es des femmes.

Nous sommes toutes et tous d'anciens enfants.

Quand vient l'heure de nos premières histoires d'amour, à l'adolescence ou à l'âge adulte, nous n'arrivons pas le cœur vierge.

Nous avons déjà reçu et donné de l'amour depuis notre naissance, depuis dix, quinze, vingt ans…

Notre première source d'amour au monde, ce sont les adultes avec qui nous grandissons – le plus souvent, nos parents.

Dans les groupes de parole que j'ai organisés un peu partout en France, ce sont des questions que j'ai souvent posées : avec quels modèles de couple dans votre famille avez-vous grandi ? Quelle influence pensez-vous que cela a eu sur vos histoires d'amour par la suite ? Et je crois que l'on gagnerait à partager plus souvent ces questions autour de nous, parce que la plupart du temps, les réponses sont étonnantes. Comme le sont les réponses que j'ai entendues pendant mon enquête. Caroline, la quarantaine, m'a par exemple raconté qu'elle avait grandi entourée d'hommes, auxquels elle voulait ressembler. Elle voulait, dit-elle, « faire partie du boys' club » :

> « Je me suis construite en totale opposition avec le modèle de l'amour que j'avais de mes parents… J'ai refusé totalement d'être ma mère. Leur modèle, c'était un couple des années 1950 : mon père trouvait ses habits pliés sur la chaise tous les matins, ensuite il n'avait qu'à appuyer sur le bouton pour que le café coule, avec le sucre déjà dans son bol. C'était leur truc, ça fonctionnait pour eux, mais moi je ne voulais pas être cette femme dédiée corps et âme à son mari et ses enfants. J'avais le sentiment que c'était un grand gâchis. Moi, je voulais avoir ma vie à moi, et que ça n'inclut personne d'autre. Jusqu'au jour fatidique où j'ai rencontré quelqu'un dont je suis

tombée éperdument amoureuse... et là, j'ai abdiqué, j'ai repris le flambeau de ma mère, alors que je m'y étais opposée pendant vingt ans. Cet homme est devenu comme mon enfant, j'étais sa mère. »

Ces valeurs et les schémas relationnels qui nous sont transmis par nos premières sources d'amour, par nos parents, c'est ce que la psychologie appelle les "croyances familiales". C'est l'un des sujets d'étude de Ginevra Uguccioni, docteure en neuropsychologie, qui reçoit depuis des années des patients pour des thérapies individuelles et de couple. Dans un livre pratique et très clair, *Couple : la famille en héritage*, elle raconte son expérience de thérapeute et offre des outils pour mieux comprendre ce qui se joue, au niveau psychologique, dans nos relations amoureuses. Elle commence par expliquer ce que sont les croyances familiales, et comment s'en détacher : car ce n'est pas parce que ces croyances étaient vraies dans notre modèle familial qu'elles le seront forcément dans notre couple, ou dans la famille que nous allons former. Mais pour se détacher de ce modèle, il faut d'abord en prendre conscience. C'est d'ailleurs le premier travail qu'on fait souvent en thérapie : comprendre d'où on vient et ce qui nous a été transmis.

« Je conscientise que si je me comporte de cette façon, c'est aussi en grande partie parce que j'ai cette croyance-là. Et cette croyance-là, je l'ai parce qu'on me l'a transmise, de ma famille, je ne peux rien y faire, on me l'a transmise, c'est tout. Mais je peux y travailler pour pouvoir m'en détacher, la critiquer pour comprendre l'effet qu'elle a sur moi aujourd'hui. Me fait-elle du bien, ou non ? Si l'effet est bénéfique, c'est que la croyance est fonctionnelle. Elle peut aussi être dysfonctionnelle si elle m'empêche d'aller de l'avant, si elle me paralyse et crée des blocages dans la relation, si elle m'empêche d'être heureuse. L'important, c'est de pouvoir s'en détacher. »

Dans son ouvrage, Ginevra Uguccioni explique aussi que la première croyance avec laquelle nous grandissons toutes et tous, par nécessité, c'est que les adultes qui nous élèvent nous aiment. Si c'est une croyance, ce n'est pas nécessairement vrai. Cette nuance a été pour moi une révélation. J'ai donc posé la question : quand on est enfant, a-t-on *besoin* de croire que nos parents nous aiment, quelle que soit la façon dont ils et elles nous traitent ? Et si oui, pourquoi ? Ginevra Uguccioni m'a répondu qu'on ne peut pas vivre sans être aimé·e quand on est enfant. C'est impossible.

« On a toustes besoin d'être aimé·es. Ça fait partie des besoins. Chez un enfant qui se construit, ce besoin de se sentir aimé·e est encore plus fort que chez les adultes. C'est une base de construction d'identité, de sécurité affective. Même quand cet amour est maltraitant ou quand cet amour n'existe pas. Les enfants n'ont pas la capacité de remettre ce qui les entoure en question, et c'est bien le problème, puisque ça les conduit à développer des croyances négatives sur eux-mêmes. C'est la seule façon dont un enfant peut s'expliquer la maltraitance dont il est victime. Il pensera : "Je ne mérite pas assez, je ne suis pas assez bien, je suis quelqu'un de mauvais. Je ne mérite pas d'être aimé·e, je ne suis pas capable d'être aimé·e."

On peut être *pas aimé·e*, dans le cas d'abandon, ou *mal aimé·e*, dans le cas de maltraitances ou de négligences – physiques, mais aussi psychologiques, ou verbales. Or les enfants, contrairement aux adultes, ne peuvent pas avancer avec ça, ils ne peuvent pas se dire : "Moi je suis quelqu'un de bien, la manière dont on me traite n'a rien à voir avec moi, c'est lui ou elle, le papa ou la maman, qui est quelqu'un de *mauvais* parce qu'il ou elle n'est pas capable de m'aimer." Ça, un enfant n'est pas capable de le penser. Jamais. Les enfants ne remettent pas en question l'amour que leurs parents ont pour eux. Si bien que l'enfant confronté·e à un manque d'amour va devoir se le justifier autrement, en se disant : "C'est moi qui ne mérite pas leur amour, donc je vais essayer de faire en sorte de le mériter, donc je vais être par exemple l'enfant parfait, donc je vais réprimer qui je suis pour correspondre à ce que mes parents veulent de moi. Donc je vais accepter des abus, je ne vais rien dire, je ne vais pas les verbaliser. Je vais accepter des violences. Mais je vais démontrer que j'aime quand même mon parent. Même s'il ou elle me tape." Malheureusement, chez les enfants, c'est ça qu'il se passe. »

Autrement dit, **on apprend d'abord à reconnaître l'amour à partir de celui qu'on a reçu enfant, même si cet amour est malsain, maltraitant, violent, incomplet, insécurisant. On est tous et toutes marqué·es par ce premier amour**. Voilà qui résonne avec ce que m'a raconté Aurélie, la trentaine :

« J'ai grandi dans un milieu de mâles dominants. Tous les hommes de ma famille sont gendarmes – ce sont eux les pères de famille, les mâles de la maison. J'ai grandi dans une éducation militaire, très stricte, tout en subissant les déviances de mon père, qui était profondément alcoolique mais que son statut protégeait beaucoup. J'ai grandi dans un climat de violence physique et mentale, qui s'exerçait sur ma mère, ma sœur et moi. Mon père nous frappait régulièrement, avec divers objets, et tout ça a rendu mon adolescence assez difficile. Quand j'ai commencé à avoir des petits copains, je me suis rendu compte qu'il fallait que je rentre dans cette même violence pour me sentir vivante... Peut-être parce que c'était ce que je connaissais, que ça me rassurait ? À 21 ans, j'ai fini par tomber sur la copie conforme de mon père, et ça a été comme si je me prenais un retour de boomerang. J'étais rabaissée au rang de petite fille, en mode "tu obéis et tu te tais" ou "sois belle et tais-toi, sois sage sinon je te fous une rouste". Avec lui, la violence physique était permanente, et ça pouvait aller loin. Un jour par exemple, il m'a surprise en train de fumer en cachette (parce qu'il m'interdisait de fumer et que je planquais mes paquets comme une adolescente). Eh bien, quand il m'a découverte en train de fumer, il m'a enfoncé le paquet de cigarettes au fond de la gorge. C'était sans arrêt des violences comme ça. Sauf que quand on est prise dans ce type de rapports, c'est un peu le tourbillon et on en arrive à se dire que c'est normal. »

Je trouve ça vertigineux, de comprendre que ce qui peut nous attirer chez quelqu'un qu'on a envie d'aimer, c'est peut-être seulement qu'il ou elle nous traite de la même façon que nous traitaient les adultes qui nous entouraient quand nous étions enfants. Que l'attraction que l'on ressent (sincèrement !) peut dépendre beaucoup plus d'un sentiment de familiarité – *ah, ça, je connais !* – que d'amour. Quelle que soit la façon dont les adultes se comportaient avec nous, nous étions en quelque sorte obligé·es de reconnaître ça comme de l'amour. Et donc, quand il y a eu de la violence et de la négligence, notre boussole interne est bousillée, très tôt.

Pas étonnant, dès lors, qu'il soit si difficile de percevoir quand une relation est saine ou non. Ce que je comprends aussi, c'est qu'il est injuste de faire comme si c'était de notre seule responsabilité – je pense à ces phrases, insupportables qu'on entend parfois, comme *Pourquoi elle tombe toujours sur des connards ?* Ou encore *Elle doit aimer ça, au fond.*

Ce n'est pas notre faute quand notre boussole est bousillée. Mais je suis persuadée qu'il est parfois possible de la réparer avec l'aide, l'amour, l'écoute des autres et de professionnel·les. **Nous ne sommes pas condamné·es à la répétition.** C'est ce qu'a compris Aurélie, qui dit « s'être réveillée », et qui a réussi à prendre du recul depuis quatre ans qu'elle n'est plus avec ce compagnon violent. Elle a pris conscience que la violence qu'elle vivait, ce à quoi elle cédait, relevait entièrement de la responsabilité de son compagnon, mais que la manière dont elle avait été maltraitée dans son enfance l'avait aussi rendue plus vulnérable. Elle a compris qu'elle n'était pas condamnée à vivre cela. Qu'elle voulait autre chose. Elle sait qu'il lui faudra composer avec « toutes ces failles », elle sait que le chemin est long pour rebondir. Mais elle s'est engagée sur ce chemin.

Connaître ce fonctionnement psychique, même dans les cas où il n'y a pas eu de maltraitance à proprement parler, peut nous redonner un peu de marge de manœuvre par rapport à nos propres histoires.

Après avoir pris conscience de ce mécanisme, j'ai personnellement reconsidéré les histoires d'attraction que j'avais vécues. Par exemple, j'ai eu un père qui ne s'intéressait pas vraiment à ce que je faisais. Il était absent, distant, et très souvent moqueur. Et vous savez de qui je tombais amoureuse, jusque très récemment ? De gars qui me traitaient exactement comme mon père le faisait – cette distance, cette indifférence avaient pour moi l'odeur familière de l'amour.

Il n'y a pas que de cette vision cabossée de l'amour que nous héritons sans en avoir conscience. En regardant nos parents et les autres autour de nous, en les imitant, nous intégrons encore bien d'autres leçons, notamment celle du genre. On apprend qu'il y en a deux, et seulement deux : le féminin et le masculin. Avec des rôles bien définis pour chacun. Quand nous vivons nos premières histoires d'amour, nous avons déjà baigné au moins une dizaine d'années dans cette culture binaire.

Toi c'est le rose et toi c'est le bleu.

Toi c'est les cheveux longs, tu mettras une robe ;
toi t'as les cheveux courts, t'auras des pantalons.

Toi c'est la poupée et toi les camions.

Toi t'es gentille et toi t'es turbulent.

Toi tu dois croiser les jambes,
toi tu peux t'asseoir les jambes écartées.

Toi tu es mignonne et toi tu es costaud.

Toi tu es une vraie petite princesse, toi tu es superman.

Oh le beau chevalier ! Oh un mini-fer à repasser !
Oh un minifusil d'assaut !

Toi tu seras infirmière ! Toi tu seras policier !

Viens aider maman à faire la cuisine,
viens aider papa avec le barbecue.

Maman coud et papa fume.

Ce n'est pas notre faute quand notre boussole relationnelle est bousillée ; mais on peut la réparer avec l'aide, l'amour, l'écoute des autres. Nous ne sommes pas condamné·es à la répétition.

Cela peut prendre la forme de moqueries, d'insultes, de remarques anodines, de conseils ou de compliments : dès nos premiers jours, nous sommes sans cesse modelé·es, orienté·es, rappelé·es à l'ordre de notre genre. Toutes ces normes, nous les avons intériorisées, au point de ne plus les ressentir comme des contraintes, mais comme tout à fait naturelles. En ce sens, les stéréotypes de genre font aussi partie de nos *croyances*... et donc de nos croyances familiales.

Ces normes sont souvent ressorties au cours des entretiens que j'ai menés, quand je demandais aux personnes de me décrire les modèles avec lesquels ils avaient grandi et comment ça se passait chez eux. À cet égard, Xavier, la cinquantaine, et Sarah, 26 ans, décrivent tous les deux la même réalité, depuis deux points de vue différents. Ce que raconte Xavier, c'est l'histoire d'un petit garçon « élevé comme un petit garçon », avec une « mère qui s'occupe de tout et un père qui lit le journal » :

> « J'ai une sœur. Et je pense qu'on n'a pas été élevés pareil. Mes parents travaillaient, ils étaient agriculteurs. En plus de son travail, ma mère prenait en charge à 100 % les tâches ménagères et parentales. Je me rappelle que la table était toujours prête, avec de super plats, le linge était plié dans l'armoire, tout était propre. Tout ça, comme par magie : personne ne voyait ma mère faire ça, pourtant c'est elle qui le faisait. Non seulement mon père ne participait pas à toutes ces tâches, mais moi non plus, même en grandissant. Je n'ai jamais fait la vaisselle, préparé un repas, passé un coup de balai chez mes parents. »

Autre milieu, autre famille, mais Sarah, elle, raconte la même histoire, vue du côté des filles :

> « Mon père était un gros misogyne qui m'interdisait l'accès à plein de choses, pendant que mon frère, de son côté, pouvait faire tout ce qu'il voulait. Il avait le droit de sortir de la maison, d'aller voir ses potes, de ramener des filles à la maison, de travailler dans l'atelier, il pouvait avoir la télécommande de la télé quand on était en famille... Il pouvait faire plein de trucs. Et moi, je n'avais pas confiance en moi dans plein de domaines, et j'ai développé une maladresse exceptionnelle. C'en est devenu un cercle vicieux : on se disait que j'allais forcément tomber dans la rue et me faire écraser si on me laissait sortir... Alors que moi, ce que je voulais, c'était faire du vélo dehors, voir mes copines, faire de la danse... Mais la danse, mon père méprisait ça, alors je n'avais pas le droit d'en faire. Je voulais faire les choses qui me plaisaient, je voulais être autonome comme mon frère l'était, mais ça, je n'en avais pas le droit. »

Ces récits vous sembleront peut-être refléter des situations marginales. Beaucoup ont l'impression que l'égalité des sexes est une question réglée dans notre pays, et que les nouveaux compagnons n'ont rien à voir avec les vieux patriarches qui mettaient les pieds sous la table. Mais les chiffres sont formels : les enquêtes menées par l'INSEE montrent qu'en moyenne les femmes consacrent toujours 50 % de temps en plus que les hommes au travail domestique. Et depuis les années 1980, cela n'a presque pas bougé.

Par ailleurs, dans les familles, on demande souvent beaucoup plus aux filles qu'aux garçons de participer aux tâches ménagères. Et elles ont aussi moins le droit de sortir que les garçons. On entend souvent des parents dire, de bonne foi, qu'ils élèvent exactement de la même façon leurs fils et leurs filles. Là aussi, pourtant, des chiffres montrent que les stéréotypes, mêmes inconscients, perdurent. Un exemple ? Aux États-Unis comme en France, les parents sont deux fois plus nombreux à chercher sur Google « mon fils est-il surdoué ? » que « ma fille est-elle surdouée ? ». En revanche ils sont deux fois plus nombreux à googler « ma fille est-elle en surpoids ? » que « mon fils est-il en surpoids ? »

Je ne peux pas rendre compte ici de l'ensemble des études de genre, menées depuis des décennies par des milliers de chercheureuses, en psychologie, sociologie ou histoire, partout dans le monde, mais ce qu'il en ressort, c'est que le genre est d'abord l'apprentissage d'une différence – entre filles et garçons. Et que le genre est aussi l'apprentissage d'une hiérarchie : être un petit garçon, ce n'est pas seulement "ne pas" être une fille, c'est aussi être "mieux" qu'une fille.

Le masculin l'emporte sur le féminin.

Trois milliards de femmes et un homme sont beaux.

Tout cela, inévitablement, pèse sur nos relations amoureuses. Les garçons considèrent encore aujourd'hui qu'ils se dévaloriseraient en adoptant des activités, des attitudes, des émotions perçues comme féminines.

Tu veux porter une jupe, mettre du vernis, du rose,
des paillettes, jouer à la poupée, pleurer ?
Ah non, c'est pour les filles.

Et dans la liste de ce qui est (consciemment ou non) perçu comme très féminin, savez-vous ce qu'on trouve ?

L'amour.

Dans sa thèse de sociologie, le chercheur en sciences sociales Kevin Diter a mené une enquête approfondie sur l'apprentissage des sentiments amoureux et amicaux chez les enfants. Après les avoir observés et écoutés, il démontre que les garçons comprennent très bien et très tôt qu'ils risquent de mettre en cause leur réputation s'ils s'intéressent de trop près à l'amour – précisément parce que l'amour est vu comme un *truc de filles*.

C'est aussi sur cette ligne de partage binaire fille / garçon, que nous apprenons, dès le plus jeune âge, à faire la différence entre l'amour et l'amitié : l'amitié, c'est censé se passer avec les personnes dites "de même sexe" ; et l'amour c'est censé arriver avec les personnes de sexe dit "opposé".

Personne n'a besoin de nous le dire explicitement, mais on le comprend très vite. C'est ce qu'exprime Marie, que nous avons déjà croisée dans ces pages, et qui a réalisé il y a plusieurs années combien cette éducation a pu l'empêcher de développer de véritables amitiés avec des hommes :

> « C'est quelque chose qui nous est interdit. Dès qu'on est gamins, dès la crèche, dès l'école primaire, dès qu'un garçon parle à une fille, c'est qu'ils vont se marier. Personne n'est capable de dire qu'ils vont peut-être juste devenir amis. Et je trouve que ça joue un rôle fondamental dans la domination masculine : si on était amis, on se comprendrait, on se connaîtrait, on saurait comment marche l'autre, et le patriarcat ne fonctionnerait plus ; on serait *ensemble*. Le patriarcat repose entre autres sur le fait qu'on nous interdise d'être ami·es entre femmes et hommes. Il suffit de se poster devant une école maternelle et de voir comment les parents réagissent à la moindre interaction entre un petit garçon et une petite fille ! "Regarde, il aime déjà draguer", ou : "Tiens, elle a déjà plusieurs amoureux." On est tout de suite enfermés dans ces schémas. C'est horrible, en fait. Ça nous marque au fer rouge. »

Il y a les attitudes des adultes, et puis les histoires qu'on nous raconte dans les médias ou dans les fictions. Ou plutôt celles qu'on ne nous raconte pas. Où sont les exemples d'amitiés filles-garçons, où sont les histoires de familles et de couples non hétéros ?

Pourquoi nous semble-t-il acceptable ou mignon de faire des blagues sur l'attirance des petits garçons pour les filles, alors que ça mettrait tout le monde tellement mal à l'aise si, quand deux petits garçons s'entendent bien, on disait : *Oh, on va les marier ?* Pourquoi faut-il généralement attendre si tard pour apprendre qu'il existe d'autres manières que l'hétérosexualité pour s'aimer et faire famille ?

Tout cela fait aussi partie de l'apprentissage de ce qu'on appelle "l'hétérosexualité obligatoire", dont Juliet Drouar démonte les mécanismes dans *Sortir de l'hétérosexualité*. Car heureusement tout ce qui s'apprend peut aussi se désapprendre.

Je repense aux mots de la thérapeute Ginevra Uguccioni, qui expliquait pourquoi il était si utile, pour avancer et nouer des relations plus harmonieuses avec les autres, de se retourner sur les croyances qui nous ont été transmises dans notre enfance et de les décortiquer pour départager celles qu'on veut garder ou non. Et je me dis que parmi ces croyances, on ferait bien d'examiner celles liées au genre qui nous a été assigné à la naissance.

Parfois, on se moque des gens qui vont chez le psy et entament des thérapies. On peut considérer que c'est nombriliste, *prise de tête* : je pense au contraire que ces démarches d'introspection dépassent souvent la seule dimension personnelle – surtout quand il s'agit de réexaminer des croyances qui nous viennent de loin.

Qu'on le fasse seul·e, en couple ou en groupe, accompagné·es ou non par des professionnel·les, ce "travail sur soi" peut aussi devenir un travail politique. Et donc l'une des façons d'œuvrer à la révolution romantique.

Chœur 4

Ma partenaire pouvait élever la voix de façon agressive et ça me tétanisait. Et le fait qu'elle prenait facilement mal les choses ne me rassurait pas. En bref, elle me faisait penser à ma mère, ce qui a distordu la réalité de mes moments avec elle, et je n'ai jamais pu lui en parler car j'avais peur qu'elle me crie dessus, comme une enfant qui aurait fait quelque chose de mal et qui se ferait punir. **Anonyme**

Mon père faisait régner le silence

Le masculin l'emporte sur le féminin ? Dans ma famille, nous étions huit filles (avec ma mère et ma grand-mère qui vivait avec nous) et les trois garçons (mon père et mes deux frères) l'emportaient largement. Ma mère a jeté l'éponge et a lâché son boulot à partir de la quatrième, pour mieux retrouver l'éponge à vaisselle, le ménage, la lessive, les repas, le repassage, les devoirs des enfants, la couture, le tricot, les courses, la vidange de la fosse septique tous les ans, le nettoyage du poêle à mazout, le changement des papiers peints, des moquettes, le lessivage de la cuisine… La seule chose que mon père lessivait, lui, c'était sa voiture.

Dans cette famille, ma mère était douce, gentille, facile et mon père était froid, colérique et ne supportait pas le moindre bruit. Très tôt j'ai appris à me taire, comme nous l'avait bien fait comprendre mon père. Je n'ai jamais entendu mes parents se disputer, jamais. Mon père faisait régner le silence. Je n'ai jamais vu mes parents échanger sur un quelconque sujet.

Je dis toujours que mon père ne m'a jamais touchée, qu'il n'y a pas eu de violence physique, ou de coups. À l'adolescence je disais à mes copines que des coups, ça aurait été plus clair pour moi. La violence morale, mentale, psychique ne se voit pas, pas sur le corps. **Françoise**

La famille est pour moi le sujet à ne pas aborder, c'est douloureux. Je n'ai pas le souvenir d'avoir été aimée, et j'ai encore aujourd'hui la croyance que je ne suis pas aimable, qu'on ne peut pas m'aimer. Je me suis faite petite, gentille, sage, appliquée, douce, bref la petite chose que l'on ne voit ni n'entend. Je commence à peine à sortir de mon armure, de mon cocon. "Ma boussole interne" est détraquée, au point où je me dis que je ne sais pas ce qu'est l'amour. J'ai vraisemblablement une raison très simple à mon manque de souvenir, c'est l'alcoolisme de ma mère, et l'absence de mon père. **Anonyme**

Trouver ailleurs d'autres modèles ?

J'ai pour modèle mes parents qui forment un couple très soudé. Ils ont les mêmes goûts, font tout ensemble, et sont heureux comme ça. Je pensais que c'était ça un couple qui marche, et que si je ne faisais pas tout avec mon conjoint, si on n'avait pas les mêmes goûts, pas les mêmes amis, c'est que notre amour n'était pas si fort que ça.
Mon mari, lui, vient d'un milieu complètement différent. Il est gabonais, et de ce que j'ai pu observer au Gabon, la famille n'est pas forcément basée sur le couple. Les gens se marient peu. En général, ils ont des enfants avec plusieurs partenaires et ont leur premier enfant très jeunes. Les enfants ne grandissent donc pas forcément avec leurs parents, et c'est même rare qu'un enfant passe toute son enfance dans le même foyer. Du coup, je pense qu'ils créent des liens d'amitié très forts, dès l'école. Plus que des liens romantiques. Les amis se soutiennent entre eux en cas de coup dur et vivent des choses très fortes.
Mon mari a plusieurs amis et amies très proches qu'il considère comme sa famille. Il entretient une relation presque fusionnelle en particulier avec l'un d'eux. [...] Ils se disent tout et sont toujours là l'un pour l'autre. Mon mari n'a jamais mis cette relation de côté quand on s'est mis ensemble.
Alors que moi, j'étais prête à m'investir dans le couple au point de ne plus entretenir mes amitiés. Je ne sais pas si c'est parce qu'il est un homme et que les hommes ne sont pas éduqués à attendre la princesse charmante, ou si cela vient du contexte dans lequel il a grandi.
Hélène

Pour ma mère, être une fille célibataire, c'est être en danger, vulnérable et non accomplie. Lorsque je suis célibataire, elle m'appelle constamment de peur qu'il me soit arrivé quelque chose. Dès que je suis en couple, les appels s'espacent. Lorsque je suis célibataire, elle s'impose chez moi, me fait des reproches et me dit comment je dois agir. Lorsque je suis en couple, elle ne le fait plus, en revanche elle fait pire : quand je lui dis quelque chose, elle va demander confirmation à mon mec. **Éléonore**

Retrouver sa boussole

J'ai 50 ans et je suis universitaire, divorcée et mère de trois enfants. J'ai grandi dans une famille patriarcale typique, et toutes les femmes de ma famille ont fonctionné de la même façon : femmes au foyer consacrant toute leur vie à leur famille et, bon gré mal gré, à leur mari. Je suis la seconde d'une famille nombreuse et la première à avoir fait des études. J'ai reproduit le schéma familial après mes études, complètement conditionnée par mon éducation et ma culture catholique. Quand je rentrais du travail, je prenais en charge toutes les tâches ménagères et les responsabilités familiales pendant que mon mari se consacrait à sa carrière. J'ai passé énormément de temps seule à l'attendre. Je sentais que ce n'était pas ce à quoi j'aspirais mais je n'arrivais pas à changer le cours des choses. Rien que de très banal, c'est certain et encore plus dans ma génération.
Le "déclic" a enfin eu lieu il y a trois ans grâce à une rencontre qui a changé ma vie. Un amant (moi qui n'avais même jamais imaginé que je pouvais quitter mon mari ou le tromper – l'amour éternel, pour le meilleur et pour le pire) qui m'a ouvert les yeux sur ma situation et qui m'a confrontée à ma réalité. L'histoire n'a pas duré mais cela m'a donné l'énergie d'enfin bouger.
Je suis allée voir une psy car j'avais besoin d'être épaulée. Avec elle, j'ai compris que ce qui me torturait, c'était le fait de ne pas être libre. Et le pire, c'est que j'avais consenti à me laisser enfermer dans ma prison dorée. J'ai pris conscience des conditionnements imposés par mon mental et j'ai voulu savoir qui j'étais vraiment.
J'ai commencé par reprendre contact avec les amies que la vie avait éloignées et je les ai revues. Je sortais le soir, nous allions au restaurant ou à d'autres événements. À la maison, c'était le drame. Malgré mes explications, mon mari ne supportait pas que je parte. Il restait éveillé jusqu'à ce que je rentre et me posait des tas de questions. Il disait aux

enfants d'être gentils avec moi parce que "je n'allais pas très bien". Moi, au contraire, je me portais de mieux en mieux. Je découvrais le bonheur de l'indépendance.
Au fil du temps, mes amies sont devenues un pilier incontournable de ma vie. Nous nous aimons et nous nous soutenons dans toutes les circonstances.
J'ai ensuite décidé d'arrêter de dire "plus tard, quand j'aurai le temps, je ferai...". La vie, c'est maintenant ! J'ai pris l'avion, ma voiture... je pouvais rouler toute la journée pour m'arrêter au bord de la mer. Et c'était le bonheur. Le bonheur de faire de nouvelles rencontres et le bonheur de l'autonomie.
Je me suis immergée dans le féminisme pour bien comprendre dans quel monde je vivais et j'ai beaucoup discuté avec mes enfants devenus adultes, partageant souvent les mêmes préoccupations de justice et d'égalité.
Et je me suis rappelé qu'adolescente j'étais tombée amoureuse d'autres filles. J'ai décidé d'explorer ma sexualité et j'ai choisi la voie du libertinage. Libertiner m'a rendu confiance en moi. J'ai redécouvert mon corps autrement. J'ai appris ce que j'aimais et désirais vraiment et j'étais la seule à décider ce qui était bon pour moi. Ça a été une véritable révélation.
Avant, j'avais peur d'approcher de la ménopause, dont on nous a dressé un tableau épouvantable. Désormais, je sais que tout est possible à tous les âges, et que le plaisir et le sexe ne sont pas réservés à certaines catégories. J'ai fait de très belles rencontres et j'ai connu des gens que je n'aurais pas rencontrés autrement.
Et surtout, je me suis rencontrée moi. **Sandrine**

Un apprentissage

Je crois que le premier amour que l'on reçoit enfant est celui qui va modeler nos schémas d'amour. J'ai eu la chance, bien que tombée dans une famille foutraque, d'être aimée et chérie. J'ai eu plusieurs modèles masculins admirables, mes frères notamment, qui m'ont permis de comprendre que celui de mon père ne représentait pas forcément la norme.
J'ai détesté mon corps, mais je n'ai jamais été mal à l'aise avec mon désir, que j'ai appris à explorer seule ; j'ai appris à comprendre comment fonctionnait mon corps et à lui faire du bien, du tellement bon qu'il n'a jamais été pour moi envisageable qu'il en soit autrement, seule ou avec une autre personne. J'ai appris à me pardonner, à me réconforter

seule, à n'être dépendante de personne d'autre pour être épanouie. Tout cela a été un apprentissage, ce n'est pas venu naturellement, ou en tout cas ce qui était naturel a été broyé, on m'a désappris à m'aimer, on m'a appris que je ne valais pas d'être aimée. J'ai lutté contre tout cela, ce qui m'a valu de la solitude, du désespoir parfois, de grandes remises en question, mais j'étais bien armée.
Cet amour, qui me rend digne, est la condition qui me permet un rapport au monde et un rapport aux autres confiant, exigeant, bienveillant, empathique. L'amour appelle l'amour. Ma relation d'amour à moi-même est saine et apaisée, mais je n'en attends pas moins des relations d'amour que j'ai avec les autres. Et peut-être que ça aussi, c'est la révolution romantique. **Maëlla**

J'ai eu un père violent, assez peu physiquement, en tout cas pas en dehors de la "norme" contestable des quelques bonnes roustes, mais plutôt psychologiquement et verbalement. C'était quelqu'un d'extrêmement colérique qui hurlait tout le temps, sur ma mère, mon frère et moi. Ça se déclenchait pour n'importe quoi, une goutte de pisse à côté de la cuvette, ses ciseaux qui n'étaient plus à leur place ou le fait qu'on appelait notre mère parce qu'on avait peur la nuit. Il brandissait en permanence la menace physique tout en l'exécutant extrêmement rarement. Je faisais des cauchemars sur mon père toutes les nuits, et quand j'ai demandé à mon frère si pour lui aussi mon père avait été un vrai monstre, il me l'a confirmé. Il faisait régner la terreur. De manière socialement acceptable parce qu'il n'y avait presque jamais de coups portés, même si on l'entendait hurler dans tout le pâté de maison. Personne n'a jamais appelé les flics, ni ne s'en est inquiété alors que ça relevait clairement de la démence. **Adrien**

Sources

Ouvrages

Ginevra Uguccioni, *Couple : la famille en héritage. Sexe, argent, traditions... Comment les croyances familiales pèsent sur notre vie de couple* (éd. Larousse, 2020)

Kevin Diter, « L'enfance des sentiments. La construction et l'intériorisation des règles des sentiments affectifs et amoureux chez les enfants de 6 à 11 ans » (thèse de sociologie soutenue en février 2019 à l'Université Paris-Saclay)

Laure Bereni, Sébastien Chauvin, Alexandre Jaunait et Anne Revillard, *Introduction aux études sur le genre* (éd. Deboeck, 2020). Un ouvrage de référence sur la socialisation genrée.

Alizé Bernard et Sophie Boutboul, *Silence, on cogne* (éd. Grasset, 2019). Une enquête sur les violences conjugales subies par des femmes de gendarmes et de policiers.

Juliet Drouar, *Sortir de l'hétérosexualité* (« La collection sur la table », Binge Audio Éditions, 2021)

Étude (accessible en ligne)

Selon l'étude de l'Insee « Le temps domestique et parental des hommes et des femmes » (2015), les femmes consacrent en moyenne près de 50 % de temps en plus que les hommes au travail domestique. Depuis les années 1980, ces chiffres n'ont pratiquement pas évolué.

Articles

Dans l'article « Production du sentiment amoureux et travail des femmes », publié en 1982 (accessible sur jstor.org), la sociologue Sonia Dayan-Herzbrun montre que l'éducation donnée aux petites filles les pousse à se voir comme des êtres incomplets, et à attendre la venue d'un homme miraculeux qui complétera leur construction comme femme.

À propos des recherches en ligne des parents sur leurs enfants, lire sur le site du *New York Times* : « Google, Tell Me. Is My Son a Genius? » par Seth Stephens-Davidowitz.

Ressources

BD

Les Sentiments du prince Charles, de Liv Strömquist (éd. Rackham, 2016)

Essai dessiné, rigoureux et documenté, un plaidoyer passionné pour l'autodétermination et la libération des corps et des consciences, qui tisse des éléments de la pop culture à des thèses de sociologie.

Essai

L'Amour : un besoin vital, (éd. Sciences Humaines, 2016)

Ouvrage collectif, avec les contributions abordables d'une trentaine de chercheureuses, philosophes, sociologues, écrivain·es, historien·nes et psychologues, qui font varier les points de vue sur cet immense sujet.

Une pratique

Les thérapies qui explorent les conséquences sur nos psychés des blessures, traumatismes et vies manquées de nos ancêtres, comme la psychogénéalogie, et pour les plus aventureu·ses… les constellations familiales.

Podcast

« Guide de la parentalité queer », Camille [épisode 23], de Camille Regache (Binge Audio, 2021)

Avec la sociologue Gabrielle Richard, une exploration des approches concrètes qui existent, en termes de réflexions, d'attitudes et de vocabulaire, pour inculquer des valeurs féministes ou queer à son enfant, surtout lorsqu'on est soi-même parent cis-hétéro.

Œuvre d'art

Tirs, de Niki de Saint Phalle (1961)

Dans cette performance, les spectateurices sont invité·es à tirer sur des tableaux avec une carabine pour faire jaillir les couleurs. L'artiste dit qu'elle laisse éclater sa rage contre « Papa, tous les hommes, les petits, les grands, mon frère, la société, l'église, le couvent, l'école, ma famille, ma mère, moi-même. »

Chanson

Un violador en tu camino, du collectif Las Tesis (2020) mis en musique par le duo Iñigo Montoya dans leur titre *.E.S.*

(Le patriarcat est un juge qui nous juge à la naissance
Et notre punition, c'est la violence que vous ne voyez pas)

« El patriarcado es un juez
Que nos juzga por nacer
Y nuestro castigo
Es la violencia que no ves »

Documentaire

Petite Fille, de Sébastien Lifshitz (2020)

Sasha, assigné garçon à la naissance, est une petite fille trans. Le film nous donne à voir sa vie, ses joies et ses tristesses, le soutien de sa famille, fait d'amour et de questionnements, mais aussi le combat incessant qu'iels doivent mener contre diverses institutions et autorités, qui les ramènent à un mépris injuste, mais tenace.

Série

I May Destroy You, de Michaela Coel (2020)

Après avoir été agressée sexuellement dans une boîte de nuit, Arabella Essiuedu, jeune autrice à succès, voit sa vie changer de manière irréversible et elle est obligée de tout remettre en question : sa carrière, ses amis et même sa famille.

Instagram

@the.holistic.psychologist (en anglais)

Nicole LePera, psychologue américaine, vulgarise sur son compte les savoirs psychothérapeutiques les plus récents sur la guérison des traumatismes et les façons de nouer des relations saines.

Roman

Lignes de faille, de Nancy Huston (éd. Actes Sud, 2006)

« De l'arrière-grand-mère au petit garçon, chaque génération subit les séismes politiques ou intimes déclenchés par la génération précédente. » Le roman met en perspective quatre moments de l'existence de quatre membres d'une famille, avec un même repère fixe : la sixième année de chacun.

Film

Tomboy, de Céline Sciamma (2011)

« Laure a 10 ans. Laure est un garçon manqué. Arrivée dans un nouveau quartier, elle fait croire à Lisa et sa bande qu'elle est un garçon. [...] L'été devient un grand terrain de jeu et Laure devient Michael, un garçon comme les autres... suffisamment différent pour attirer l'attention de Lisa qui en tombe amoureuse. »

Photo

Ils s'aiment. Un siècle de photographies d'hommes amoureux 1850-1950, Collectif (éd. Les Arènes, 2020)

« Rassemblé par un couple de collectionneurs, ce fonds photographique unique d'hommes homosexuels en couple est riche de plus de 2 700 clichés, trouvés dans des marchés aux puces, des boîtes à chaussures, des archives familiales, des vieilles valises, sur Internet et lors de ventes aux enchères, et montre une grande diversité géographique et sociale. »

le cœur
de Chloé

**Aller au cinéma,
c'est bien aussi.**

Ce que j'essaie de faire dans *Le Cœur sur la table*, c'est relier le psychologique et le politique ; montrer comment nous sommes toustes pris·es dans des rapports de pouvoir auxquels la sphère intime n'échappe pas, car ces rapports de pouvoir marquent toutes nos relations affectives, sexuelles, amicales. Et je suis convaincue que c'est à partir de ces prises de conscience qu'on peut inventer des esquives, de nouvelles chorégraphies pour s'aimer mieux.

Alors, à mi-chemin de cette enquête et de la conversation collective qu'elle a suscitée, j'ai souhaité insérer un chapitre un peu à part, pour vous faire entendre une voix qui parvient à relier l'intime et le politique.

Cette voix, c'est celle de Tal* Madesta.

Son histoire est une histoire de traumatismes, de résilience, d'engagement politique et de nouvelles amours joyeuses.

Tal a été assigné femme à la naissance, mais ce genre ne correspond pas à son identité – après un comingout non binaire en septembre 2020, il se considère désormais comme une personne transmasculine et se genre aujourd'hui avec le pronom « il ». Il a 27 ans, et a connu, depuis l'adolescence, de nombreuses relations sexo-affectives. C'est un activiste, qui a beaucoup participé au mouvement de collages contre les féminicides.

* Depuis la conversation diffusée en mars 2021, Chloé a changé de prénom et s'appelle désormais Tal. Nous utilisons donc son nouveau prénom dans le texte qui suit.

Quand j'ai découvert ses écrits sur Instagram (@tal.madesta), j'ai été impressionnée par leur clarté et leur radicalité. S'il me semble important d'écouter Tal, c'est parce qu'il a longuement réfléchi à l'amour et à la violence – celle qu'il a subie enfant, celle qu'il a expérimentée dans sa vie d'adulte, et je trouve qu'il parvient à en faire une analyse d'une lucidité et d'une profondeur rares.

L'histoire de Tal montre comment les violences familiales qu'on peut vivre enfant sont à même de marquer durablement nos relations affectives. Elle montre aussi qu'il est possible de les dépasser pour créer quelque chose de plus lumineux, de plus sain, pour soi et pour les autres. L'hétérosexualité obligatoire évoquée dans le chapitre précédent, Tal a réussi à en sortir. Il n'a pas seulement mené une réflexion politique, il l'a aussi *incarnée*. Et c'est à partir de là que tant de choses ont changé dans sa vie – les façons de se séduire, de faire du sexe, et donc de s'aimer. Autrement dit : l'histoire de Tal, c'est l'histoire d'un révolutionnaire romantique.

Dans notre entretien, pour comprendre d'où venait Tal, j'ai commencé par lui demander dans quel genre de famille il avait grandi, et avec quel modèle amoureux.

> «J'ai grandi avec un modèle de couple très dysfonctionnel, un modèle de couple violent. Pendant une quinzaine d'années, mon père a été violent envers ma mère et envers moi. Si bien que pendant longtemps, ce que j'ai perçu du couple, c'était la violence constante, qui allait avec une hypervigilance.
>
> L'hypervigilance, c'est le fait de tellement anticiper la violence qu'on est constamment dans une posture où on l'attend – une sorte de charge mentale de la violence. En fait, même quand elle n'est pas là où on l'attend, on sait que la violence va arriver. C'est cette émotion qui a régi toute mon enfance et mon adolescence. Forcément, ça a provoqué une très grande difficulté à créer des liens et des relations parce qu'on ne peut jamais lâcher prise, relâcher sa vigilance et juste être soi.
>
> Mais en même temps, ça m'a donné une capacité qui m'a beaucoup servi dans la vie, celle de constamment anticiper les émotions et les réactions des autres. Comme j'attendais en permanence des moments de violence, j'essayais de trouver comment faire pour ne pas les provoquer, ou pour les retarder. Je guettais sans arrêt toutes les réactions émotionnelles, verbales et non verbales de mon père, pour repérer les choses qui provoquaient de la violence chez lui, pour essayer d'anticiper, de les désamorcer. Bon, ça ne marchait pas du tout et je ne

désamorçais jamais… mais ça m'a forcé à être très attentif aux autres, à leurs émotions, à leur langage corporel, à leur regard.

Cette espèce d'hyperattention à l'autre m'est restée. Et même si elle est née d'un contexte de violence, elle a quelque chose de positif parce qu'elle crée une très forte empathie à l'autre, une tendance à chercher toujours à comprendre ce que les autres ressentent. Ça, c'est positif, mais ça peut être aussi compliqué, parce qu'on peut s'oublier dans ce processus : comme beaucoup de personnes qui ont grandi dans la violence, j'ai toujours eu l'impression de beaucoup plus écouter les émotions des autres que les miennes. Encore une fois, parce qu'on est toujours en train d'anticiper une situation qui pourrait nous être défavorable. Si bien qu'on n'est jamais dans l'instant présent : notre esprit est constamment ailleurs, dans ce que l'autre pourrait produire comme réaction. »

Pour bien comprendre cette hypervigilance, j'ai demandé à Tal de décrire comment elle se traduisait, concrètement.

« On la ressent vraiment dans son corps, c'est comme une espèce d'hypersensorialité : j'avais l'impression d'entendre tout très finement, d'avoir une vision à 360 degrés. On est attentif aux moindres détails, aux moindres mouvements de corps, c'est presque primitif. Et au bout d'un moment, on ne se rend même plus compte qu'on a cette hyperattention au monde qui nous entoure. Tous nos sens sont constamment en éveil, ce qui peut être très beau, mais aussi épuisant. Pour donner un détail concret, je me souviens que chez mon père, qui était alcoolique, il y avait une armoire à alcool qui grinçait beaucoup. Eh bien, dès que j'entendais la clé tourner dans cette armoire, à la première seconde où j'entendais son grincement, je savais que c'était fini pour nous. Je savais que la violence allait arriver, et je me préparais. »

Cette attention constante que décrit Tal, cette hypersensibilité me fait penser à ce que la philosophe féministe Elsa Dorlin appelle « le care négatif ». Le *care* (du verbe anglais *to care*, qui signifie à la fois "prendre soin" et "faire attention") désigne des qualités comme la sollicitude, l'attention, l'écoute, l'empathie – par extension, tout le travail qui participe au maintien ou à la préservation de la vie des autres. Dans notre culture, on associe souvent le care au féminin : ce serait donc aux femmes de prendre soin, d'être attentives aux besoins physiques et émotionnels des autres. De fait, dans notre société, la plupart des professions du care sont exercées par des femmes, qu'il s'agisse du soin des enfants ou de celui des personnes dépendantes, malades ou âgées.

Ce que montre Elsa Dorlin dans son essai *Se défendre: une philosophie de la violence* (Zones, 2017), c'est que cette capacité de faire attention aux autres, on la développe aussi pour éviter qu'ils nous fassent du mal. Autrement dit, si les femmes développent plus particulièrement le care, c'est aussi parce qu'apprendre à anticiper les besoins, les sentiments, les sensations des autres, c'est une stratégie de survie.

Les femmes seraient en quelque sorte forcées de développer ces capacités pour essayer d'échapper au harcèlement, au viol, à la violence quotidienne qu'exercent sur elles les hommes. «Le souci des autres, écrit Elsa Dorlin, advient par et dans la violence. [...] La violence endurée génère une posture cognitive et émotionnelle négative qui détermine les individu·e·s qui la subissent à être constamment à l'affût, à l'écoute du monde et des autres.»

Comme une proie fait attention à son prédateur.

Ces analyses, couplées au récit de Tal, ont provoqué en moi un vrai choc. Elles m'ont permis de mettre des mots sur ce que je ressentais sans l'avoir conscientisé: cette hypervigilance, nous sommes nombreu·ses à la partager, elle modèle notre rapport au monde et nous coûte énormément en énergie psychique. Mais le choc s'est doublé d'un espoir, car cette hypervigilance, on peut aussi lui donner un sens et une portée politique. Comme Tal, on peut la transformer.

Les personnes dominées ont été obligées, pour survivre, de développer des capacités de care négatif. Elles savent, dans leur chair et dans leurs corps ce que ça fait de se sentir traquées. Et ce sont ces mêmes capacités qui peuvent – si on les travaille, si on les retourne – nous rendre plus lucides, à la fois sur nous-mêmes et sur ceux qui nous dominent.

Tal, sa mère et son petit frère ont fini par réussir à fuir loin de ce père violent (ironiquement, ce dernier a fini par être condamné, non pas pour violences familiales, malgré les plaintes déposées par sa mère et comme trop souvent restées sans suite, mais pour un cas d'escroquerie financière qui n'avait rien à voir). Pour autant, même une fois à l'abri, Tal a continué à souffrir de ce modèle affectif, qui a pesé sur ses relations amoureuses.

> «À ce moment-là, je n'avais pas encore d'amoureuses, seulement des amoureux. Et c'était compliqué parce que j'avais une telle peur de l'abandon et du rejet que je me pliais toujours en quatre pour qu'on m'aime. Ça m'a poussé dans des relations toxiques, parce que j'attendais que l'autre me sauve. Ça a toujours créé des déséquilibres dans mes

relations, et ça m'a fait beaucoup souffrir. Je faisais tout pour obtenir l'attention de l'autre, tout en recherchant le confort et la sérénité, et au final, j'avais peur tout le temps; c'était impossible de créer quelque chose de sain dans ce contexte. J'avais tant besoin qu'on me donne de l'amour qu'à chaque fois qu'un garçon me montrait un tout petit peu d'intérêt, je plongeais dans ses bras. Évidemment, je passais pour "la salope du lycée", je voyais bien le mépris dans les yeux des autres, mais je ne pouvais pas aller contre cette pulsion. L'intimité que je recherchais, ce n'était pas du "cul pour du cul": j'avais besoin d'amour, j'avais besoin qu'on me touche, qu'on me fasse des câlins. Bien sûr, ce n'était pas du tout ce que recherchaient les garçons en face. Mais je continuais quand même, c'était comme un moyen de survie: si je ne me reconnaissais pas dans le regard de l'autre, c'était que je n'existais pas.

C'était mon schéma relationnel, à l'époque: je donnais tout tellement fort, tellement vite que je me faisais jeter en trois secondes. C'est un cercle infini d'amour et de rejet. Dès que je sentais un peu d'intérêt, je plongeais, comme dans un puits sans fond plein de tout l'amour que j'avais à donner et que personne ne voulait prendre, parce que ce n'était pas ça qu'on voulait de moi. À l'époque, ce qui était pour moi de l'amour n'était jamais reçu avec respect par l'autre. Et je pense que ça vient à la fois de l'éducation patriarcale qu'on a toutes, garçons comme filles – et du fait que, n'ayant pas eu de modèle relationnel sain, je ne savais pas du tout comment le mettre en pratique.

En fait, ça ne pouvait pas marcher parce que j'abordais les relations d'une manière beaucoup trop toxique. Je ne cherchais pas l'autre, je me cherchais moi; je cherchais de l'amour, des choses beaucoup trop fortes, beaucoup trop intenses, trop rapides. Or personne ne peut donner ça, quand c'est trop d'un coup.

Quand je suis arrivé à Paris, où personne ne me connaissait, c'est devenu toxique autrement. J'avais accumulé tellement de rancœurs et de colère par rapport à tout ce que j'avais vécu dans mon environnement familial et dans mes relations, que je suis devenu un tyran avec les mecs. Comme si je me disais: "On ne m'aura plus." J'ai eu beaucoup de relations longues avec des hommes cis, mais à chaque fois, j'étais incapable de m'ouvrir: je donnais beaucoup d'ordres et je laissais jamais l'autre m'atteindre. Ça m'a poussé dans les bras de garçons qui, pour le coup, me voulaient beaucoup de bien et me respectaient; c'était mieux pour moi, mais ça ne rendait pas la situation moins toxique. Mon émotion principale, c'était le mépris. Je me disais souvent que je les trouvais cons, ou qu'ils ne me méritaient pas, que tout ce qu'ils disaient n'avait pas d'intérêt. En fait, pour contrer mon passé, je restais avec des garçons très gentils et plutôt effacés, qui avaient du mal à parler, à affirmer leurs idées... Plus je tombais sur des mecs comme ça, plus je prenais en assurance, et plus l'écart se creusait. J'avais de plus en plus de mal à leur parler, j'adoptais un ton toujours plus méprisant. Ils commençaient à avoir peur de moi, donc à s'enfoncer encore un plus dans leur chaise, ce qui renforçait mon propre comportement... J'étais dans une espèce d'aigreur constante, je me disais que les mecs m'apportaient soit de la violence, soit de la médiocrité. Mes relations, à l'époque, c'était ça : soit de la souffrance, soit de l'ennui. Et je n'arrivais pas à en sortir. J'avais un comportement toxique avec les autres, j'en suis bien conscient... »

Le sujet est sensible. Et pour dissiper toute ambiguïté, je veux réaffirmer que la violence masculine infligée aux femmes, aux hommes, aux enfants, partout dans le monde et dans tous les milieux, est sans commune mesure avec celle que les femmes peuvent parfois infliger aux hommes. Je rejette cet argument des masculinistes qui voudrait nous faire croire que si certains hommes sont violents physiquement, les femmes, elles, infligent des violences psychologiques – si bien qu'au fond tout le monde serait violent, et il n'y aurait ni dominé, ni dominant.

Voici ce que Tal m'a répondu quand je lui ai demandé ce qu'il pensait de ce genre d'argumentation :

« Je pense que les comportements violents qu'on peut avoir sont aussi une réponse aux violences qu'on a vécues. Cette violence ne sort pas de nulle part : elle vient d'énormément de souffrance, de traumatisme. C'est une violence qui est réelle, il faut la reconnaître, mais c'est une violence réactionnelle*. Moi, j'avais vraiment ce sentiment-là. Je ne suis pas quelqu'un de méprisant, et je ne dénigrais pas mes partenaires parce que ça me faisait plaisir ou que j'avais l'impression de leur être supérieur. C'est parce que les violences vécues ont créé un tel écart entre les hommes et moi qu'il n'y avait plus de communication possible. Il n'y avait plus de liens à créer. Ma violence, elle vient de là.

Et la différence avec les hommes violents, c'est que ma violence, c'est une violence de la survie. Je ne dis pas ça pour la justifier, parce que la violence est dans tous les cas injustifiable. Mais j'avais vraiment l'impression que c'était le seul moyen de m'assurer que personne ne me

* Sur le sujet, on pourra écouter le remarquable épisode d'*Un podcast à soi* que Charlotte Bienaimé a consacré aux femmes violentes, épisode 27, Arte Radio.

ferait encore du mal, le seul moyen de ne pas retomber dans la spirale de violences qui m'avaient traumatisé. Dans le cas des hommes, j'ai le sentiment que ce qui les rend aussi violents, c'est l'impunité totale dont ils jouissent. Si je prends le cas de mon père, quel qu'ait été son niveau de violence, il n'a jamais eu à en répondre.

C'est ce cycle-là de violences qu'on pourrait briser s'il y avait une vraie prise en charge des victimes et des auteurs. Avec ma mère et mon frère, pendant quinze ans, personne n'a pris nos plaintes au sérieux. Pire, on avait même l'impression d'être celleux qui dérangent. Forcément, du côté des agresseurs, ça crée un sentiment d'impunité. Peu importe ce qu'ils font, peu importe le niveau de violence qu'ils exercent sur les autres: tout le monde s'en fout, et ils ont toutes les institutions et toutes les figures d'autorité de leur côté. Pourquoi s'arrêteraient-ils? Si personne ne les arrête, si personne ne leur dit que ce qu'ils font, c'est illégal? Si personne ne les met en prison, ou au moins, ne les éloigne de leur victime? De nombreux agresseurs ne se rendent même pas compte qu'ils le sont. Mon père n'a jamais avoué qu'il a été violent dans sa vie, et je sais qu'il ne le fera pas. Toutes les fois où j'ai essayé de lui en parler – quand je lui parlais encore –, il disait qu'il n'avait jamais été violent, et je pense qu'il le pensait sincèrement. Je pense qu'il devait se dire qu'il avait une relation passionnelle, rien de plus. Les doigts tordus, les coups de poing dans la tête ou toutes les fois où il nous jetait dans l'escalier, il ne s'en souvient pas. Comme plein d'agresseurs, il est sincèrement convaincu de ne pas être un homme violent.»

La violence de survie que Tal a exercée n'est donc pas équivalente à celle de son père. Et je trouve très courageux d'être ainsi capable d'avoir ce genre d'analyse sur soi-même, de raconter la violence qui a pu nous animer: il me semble que ça permet d'aller tellement plus loin dans la compréhension et la reconnaissance de ce que sont les violences intimes et amoureuses. Pouvoir reconnaître comment, en tant que personne dominée, on peut aussi avoir infligé des maltraitances, avoir été blessant ou méprisant: voilà qui, me semble-t-il, nous donne encore plus de force pour faire en sorte que ces violences disparaissent. Pour les sortir de nos vies.

J'ai demandé à Tal ce que ça lui faisait, à lui, de s'être comporté ainsi dans ses relations précédentes:

«C'était détestable et je ne tirai absolument aucune joie de ce genre de situation. Je ne me reconnaissais pas dans ces comportements, j'avais un sentiment de décalage constant, l'impression de ne pas être moi, de ne pas être à ma place. Je me demandais pourquoi je m'imposais ça alors que je n'en avais pas envie. J'essayais juste de survivre dans mes relations au jour le jour, en cherchant des mecs gentils et respectueux, qui me respectent de A à Z, parce qu'il était hors de question de retourner dans des schémas de violence. Ça a été mon seul critère pendant très longtemps. Mais ce n'est pas un critère suffisant, ni très fonctionnel, d'ailleurs, parce qu'il crée une asymétrie dans le couple qui ne fait de bien à personne. Même moi, je n'étais pas du tout heureux dans ces relations-là. C'était une relation beaucoup trop verticale, où on ne pouvait pas s'enrichir mutuellement.

Aujourd'hui, je formule clairement ce constat, mais à l'époque, je n'étais qu'une boule de peurs et d'aigreur : ce n'était ni conscientisé, ni politisé. Je l'ai politisé plus tard, au moment de mon coming out gouine et de mon coming out trans. Quand j'ai accepté l'idée que mon rapport aux hommes ne changeait pas malgré toutes les thérapies que j'avais faites, malgré tout le temps passé à essayer de déconstruire les violences que j'avais vécues, j'ai fini par me dire qu'il fallait que je me tourne vers autre chose. C'est là que j'ai commencé à relationner avec des personnes qui n'étaient pas des mecs cis. Ça n'a pas tout réglé, en tout cas pas au début, mais j'avais vraiment le sentiment d'être à ma place, avec des gens qui me comprennent, qui comprennent ce que cela fait d'avoir peur des hommes. C'est une chose que j'ai retrouvée chez beaucoup de mes partenaires queer : qu'on peut être soi, qu'on peut être vulnérable sans avoir la peur de se faire agresser, violer, sans avoir la peur qu'on empiète sur son intégrité physique et psychologique. Enfin, je sortais du mode de l'hypervigilance. Ça a pris un peu de temps, mais ça a été une déflagration dans ma vie intime.

J'ai pris la décision d'arrêter de relationner avec des mecs cis, parce que ça n'était pas pour moi, ça ne produisait que des choses négatives. C'est une forme de séparatisme qui n'irait pas à tout le monde, et je ne dis pas du tout que c'est la seule solution. En tout cas, j'ai accepté l'idée que c'était *ma* solution, et je l'ai acceptée avec beaucoup de joie.

J'insiste beaucoup sur cette joie, parce que je vois une immense différence depuis que je relationne autrement : je ressens enfin quelque chose de l'ordre de la sérénité et de l'accomplissement. Alors qu'avant j'étais terrifié : de moi, de mes réactions, du regard qu'on pose sur moi, de l'intimité, du sexe, terrifié qu'on me réagresse. Même si l'autre avait un comportement parfait, je restais en hypervigilance. Relationner avec un mec cis reste pour moi associé à la douleur, la souffrance, la violence ou la médiocrité. Je ne dis pas que ma vision des choses est la bonne, et je pense qu'elle peut être problématique à plein d'égards, mais je dois bien reconnaître que c'est comme ça que je me sens face à eux. Et au bout d'un moment, il faut faire quelque chose de cette reconnaissance et décider que c'est terminé. Meilleure décision de ma vie ! Pour moi, en tout cas.

J'ai toujours été attiré par des personnes qui n'étaient pas des hommes, mais je ne m'autorisais pas à vivre ces relations parce que mon modèle initial était puissamment cis-hétéro. Je n'avais aucune représentation d'autre chose, et j'ai mis longtemps pour me dire que c'était possible, que je pouvais avoir ces relations-là. Les seules approches que j'en avais, c'étaient des approches hyper sexualisées, des visions de mecs cis-hétéros basiques, ou de porno, dans lesquelles j'avais beaucoup de mal à me projeter parce qu'elles ne correspondaient pas à ce que je recherchais. Ça a été compliqué, au début, parce que la sexualité, queer ou hétéro, il faut d'abord régler un truc en soi pour que ça fonctionne. Dans mes relations queer aussi, j'avais beaucoup de mal à lâcher prise. C'est venu au fur et à mesure, et en ce qui me concerne, c'est surtout venu avec mon coming out trans. Ça, ça a changé énormément de choses, et je le vois dans ma sexualité. »

J'ai demandé à Tal s'il y avait une scène, une impression ou une réalisation qu'il pouvait partager avec nous, pour qu'on comprenne concrètement ce que ça avait changé.

« La première fois que j'ai fait l'amour après mon coming out trans, j'ai été terrassé par ce que j'ai ressenti. Un vrai sentiment de lâcher-prise : j'avais l'impression que je pouvais être complètement moi et complètement vulnérable, et que c'était OK. Pour la première fois, je n'ai pas paniqué, et pour la première fois, j'ai pensé que ce que la personne désirait chez moi, c'était ce que j'étais vraiment. J'ai souvent été nu devant des gens, mais pas nu comme ça. C'était une émotion nouvelle, qui a à voir avec le regard que l'autre porte sur toi. Là, j'ai vu un regard plein de bienveillance, de douceur, et surtout aligné avec mon propre regard. On se comprenait. Sans doute parce que cette personne était trans aussi, j'avais l'impression qu'il y avait une espèce de reconnaissance : pour la première fois, le corps qu'on voyait chez moi et que je reconnaissais dans le regard de l'autre, c'était mon vrai corps, et non pas celui que je m'évertuais toujours à mettre en scène, à sexualiser à la manière des représentations cis-hétéros que j'avais dans la tête. C'est la première fois que j'ai eu l'impression qu'on me voyait réellement pour ce que j'étais.

Et puis, j'ai découvert dans le sexe queer une temporalité qui n'a rien à voir avec ce que je vivais dans mes précédentes relations. Le fait de vraiment laisser le temps à l'autre. Il n'y a pas un schéma préconçu de relations sexuelles où on se caresse trois minutes, avant de passer rapidement au sexe pénétratif. J'avais toujours vécu le sexe comme ça : trouver un moyen d'être excité, vite, d'être dans le moment, vite – comme une course contre la montre – et quand tu as le corps et la tête pleins de traumas, tu ne peux pas faire ça. Là, dans le sexe queer, on se laisse le temps du lâcher-prise. On peut se caresser, arrêter et faire autre chose. Parler. Y revenir. Il y a beaucoup de tendresse dans nos gestes. Cette tendresse peut être sexualisée, elle peut aussi ne pas l'être. Tous les champs sont possibles. Il y a beaucoup de créativité.

C'est assez difficile à décrire parce que c'est aussi assez cérébral, mais j'ai l'impression que ça me touche à un endroit où on ne me touche pas normalement. C'est beaucoup plus doux et ça me laisse tout l'espace pour être moi. Avant, le sexe était pour moi comme du théâtre. Je me disais "il faut faire ci, il faut faire ça" et ça me stressait beaucoup, comme énormément de personnes en réalité. J'avais en tête cette gradation dans le sexe, où tous les gestes vont mener à d'autres qui vont être de plus en plus sexuels – cette caresse sur l'avant-bras, c'est juste l'étape numéro 1 des 150 étapes qui vont mener à la pénétration – et ça me mettait une forte pression.

Grâce à mes partenaires, je sors progressivement de cet imaginaire, et même si les gestes en eux-mêmes changent, pour moi, c'est surtout la temporalité qui m'a permis de lâcher prise. J'ai du temps devant moi, et je crois que c'est vraiment ce dont j'avais besoin. Du temps, juste du temps.

Il s'est passé la même chose dans mon rapport à la séduction. Avant, il fallait toujours que je me grime, que je joue comme au théâtre, que j'aie l'air d'être un peu inaccessible, parce que j'avais l'impression que c'était comme ça que j'arriverais à me faire respecter. Il ne fallait surtout pas que je me montre vulnérable. Et la séduction queer n'a rien à voir, non plus. Plein de fois, j'ai eu des premiers dates où on se racontait toute notre vie, où c'était hyper profond et où on se confiait des choses qui nous rendent extrêmement vulnérables. Ça crée immédiatement une intimité, et une intimité qui n'est pas sexuelle. Ça, c'est complètement nouveau : je n'avais jamais eu cette sincérité dans le rapport à la séduction comme celui que j'ai maintenant. Me sentir vulnérable, et penser que c'est OK. »

Nous avons continué à discuter de sexe avec Tal, comme j'aimerais tant que cela se fasse plus souvent : en parlant de ce que ça nous fait, de ce qu'on ressent, du plaisir qu'on y prend, de ce que le sexe dit de notre relation à l'autre. Du fait, aussi, qu'on peut très bien ne pas avoir envie de sexe. Et il me semble que sur le sujet, son message peut être libérateur pour beaucoup…

« Pendant très longtemps, le problème qui m'a empêché de lâcher prise aussi, c'est que je n'arrêtais pas de pathologiser mon impossibilité à lâcher prise. Je cherchais tout le temps des solutions, je suis allé voir des thérapeutes, des sexologues. Je ne comprenais pas pourquoi je ne jouissais pas, pourquoi je pensais à ma liste de courses en faisant du sexe, pourquoi j'étais aussi décalé. C'est un trait classique des personnes pragmatiques : on va tout de suite chercher des solutions à une situation qui est considérée comme un problème. Cette pression-là m'a fait perdre beaucoup de temps. Aujourd'hui, je pense qu'il faut arrêter de pathologiser ces difficultés à avoir une vie sexuelle épanouie… Mais on n'y est pas aidé·es. Les communautés sex positive, par exemple, même si elles sont très importantes par ailleurs et qu'elles reposent sur des principes bienveillants, te répètent que ce n'est pas grave si tu ne jouis pas, qu'il y a plein de moyens de jouir, et qu'on va t'apprendre. Moi, j'avais juste envie qu'on me dise que c'était OK, que je jouisse ou que je ne jouisse pas. Que ça viendrait peut-être un jour, ou peut-être pas. Et que c'était OK. J'ai l'impression qu'on est passé·es de l'injonction à faire du sexe pour se reproduire à l'injonction de faire du sexe pour ressentir de la jouissance, une jouissance qui conduirait à une sorte de libération et d'émancipation.

Mais pour plein de gens, l'idée de la jouissance n'est pas du tout libératrice ; ça peut même faire peur. On se dit qu'on ne va jamais y arriver. Je me souviens m'être retrouvé devant des vidéos de sextoys ou de personnes qui expliquent comment squirter, et de me sentir tellement en décalage… Je sais qu'on est nombreu·ses à ne pas se reconnaître dans ces contenus qui sont censés apaiser notre relation au sexe et à la jouissance, et qui, en fait, nous font nous sentir super mal. Parce qu'ils créent un écart trop grand entre notre vie sexuelle et ce qui est affiché par d'autres. Je pense que parfois, il faut accepter que la sexualité ne sera peut-être pas au cœur de notre vie et que ce n'est pas forcément un problème à régler. Ce serait bien de se foutre la paix là-dessus, et de décentrer l'importance de la jouissance. Ou même de l'importance d'avoir du désir, ou juste de faire du sexe. Aller au cinéma, c'est bien aussi. »

le Chasseur
et la proie

Si vous êtes du genre à vous comporter de manière trop gentille et docile avec les femmes, si vous êtes un habitué de la friendzone et que vous en avez ras le bol, si vous peinez à sexualiser vos conversations avec les femmes qui vous excitent, si vous avez honte de vos désirs sexuels, bref si vous vous retrouvez souvent dans des relations et des interactions qui ne mènent pas au sexe avec les femmes qui vous attirent... vous êtes ici au bon endroit. Chaque mois, plus d'un million d'hommes me lisent ou regardent mes vidéos sur YouTube. J'ai déjà donné un nombre incalculable d'interviews dans les plus grands médias français. Pourtant, je n'ai pas toujours eu le succès que j'ai aujourd'hui avec les femmes. Loin de là. En fait, plus jeune, je voyais tout le temps les autres mecs qui sortaient avec les jolies filles du bahut. J'avais fini par accepter l'idée qu'ils avaient quelque chose qui les rendait sexuellement plus attirants que moi. Plus ces mecs enchaînaient les conquêtes pendant que je restais bredouille, plus je me faisais à cette idée. J'étais un jeune homme on ne peut plus normal, qui approchait la vingtaine et qui aimait les femmes et se serait coupé une main avant de faire le moindre mal à une femme. Je pouvais me flageller, commencer à me sentir inférieur et à ne plus assumer d'être né avec une bite dans ce monde hostile aux mecs. Je serais devenu l'un de ces mecs sensibles et ouverts qui pensent que respecter les femmes signifie les traiter comme si elles détestaient le sexe, le genre de mec qui rejette en force ses pulsions masculines, les considérant comme impures et anormales. Le genre de mec définitivement castré qui s'estime heureux quand il arrive à gratter une pipe par an à une femme. Pourquoi les gentils garçons se font systématiquement utiliser puis jeter par les femmes alors que d'autres mecs couchent avec elle en un claquement de doigts ? Je me suis donc levé un matin, envahi par une énergie et une motivation brûlante, prêt à accomplir ma nouvelle mission coûte que coûte. Je voulais comprendre les femmes pour pouvoir leur donner envie de coucher avec moi. J'ai fait parler nombre de mes amies féminines, notamment les plus expérimentées en la matière, pour comprendre comment elles pouvaient se lâcher complètement avec un inconnu rencontré en boîte tout en faisant poireauter le gentil garçon de base pendant des semaines avant de lui accorder sa première branlette. Voilà comment j'allais avoir ma vengeance sur cette société hypocrite et malsaine où la masculinité est vue comme une maladie nocive. Au final, pendant ces dix années, j'ai pu développer mon propre système pour coucher plus souvent et plus facilement avec les femmes. Mon objectif avec ce système était d'obtenir les meilleurs résultats possibles en produisant le moins d'efforts possible, pour donner une envie incontrôlable aux femmes de se lâcher et de coucher avec un homme grâce au pouvoir de la parole. Ce système marche avec l'immense majorité des femmes et dans toutes les situations. [Winner]

> «Dans cette vidéo, je vais vous révéler quelques secrets que les féministes qui détestent tant les hommes n'ont pas du tout envie que vous appreniez. Vous allez voir, les cuisses des femmes vont s'ouvrir beaucoup plus facilement pour vous, et vous allez enfin profiter de la myriade d'opportunités sexuelles qui, de nos jours, s'offrent aux hommes qui savent s'y prendre.»

L'homme qui prononce ces paroles se présente comme l'un des «coachs en séduction» les plus suivis de France. Appelons-le «Winner» – parce que dans son monde à lui, c'est un vrai gagnant. Son but, c'est de vendre sa méthode et ses programmes de «formation» vidéo. Il sait très bien à qui il s'adresse, son discours est adapté à sa cible: des hommes cis-hétéros. Ce qui m'intéresse dans son discours, c'est ce qu'il révèle de la vision dominante des rapports de séduction hétérosexuelle dans notre culture.

Cette vidéo promotionnelle commence par le récit d'une scène qui a marqué à jamais Winner: le jour où il s'est fait «atomiser sur place» par une jeune femme qu'il venait d'aborder à la terrasse d'un café. «Une vraie bombe, parée d'une paire de seins bonnet D certifiés 100 % naturels comme j'en avais rarement vu!» raconte-t-il. Winner décide de l'aborder… «en arborant mon sourire le plus amical et innocent, ne laissant pas paraître le moindre indice du film pornographique qu'elle faisait tourner en boucle dans mon esprit», et il ne comprend pas quand la jeune femme lui met un gros vent.

> «Pourquoi cette fille avait-elle réagi comme ça alors que je venais poliment engager une conversation? Qu'est-ce qu'il y avait de mal à ça? Était-ce un crime de la trouver sexy, de vouloir lui faire l'amour? […] J'avais honte. J'étais en colère. Je m'en voulais.»

C'est ce sentiment d'humiliation qui va lui donner l'envie de développer une méthode pour séduire à tous les coups. Mais pas avant d'en avoir tiré une fine analyse du monde dans lequel il vit :

> « Comment avais-je pu être aussi bête ? Croire que l'on pouvait aborder une jolie fille comme ça à la terrasse d'un café dans ce pays totalement émasculé. J'étais dégoûté par cette société du politiquement correct qui traite les hommes comme des chiens juste parce qu'ils se comportent comme des hommes. »

Là, ça devient vraiment intéressant. Qu'est-ce que c'est, se comporter *comme un homme*, dans le monde de Winner ? D'abord, c'est désirer des femmes, forcément. Ensuite, c'est les aborder... Et bien sûr, coucher avec elles – et si possible, je le cite : « coucher avec une femme différente tous les soirs ».

Se comporter comme un homme, quand on écoute bien le discours de Winner, c'est aussi avoir le droit aux services sexuels des femmes, ces créatures trop coincées qu'il faut libérer de leurs blocages : « Je peux vous garantir que votre femme ou copine va enfin arrêter d'être bloquée par ses tabous et ne vous privera plus de la vie sexuelle riche et épanouie que vous méritez », promet-il.

Eh oui. Dans le monde de Winner, les femmes sont des créatures faites *pour* les hommes. Pour leurs besoins, leur plaisir, leur satisfaction, leurs sollicitations. En toute logique, l'espace public devient donc le lieu d'une espèce de safari, où les femmes sont supposées être disponibles, et leurs vêtements des messages destinés aux hommes, des invitations à être séduites.

Enfin, dans le monde de Winner, les hommes et les femmes sont aussi, par nature, radicalement différent·es, tellement différent·es qu'ils et elles ne parlent pas la même langue :

> « Les femmes parlent dans un langage secret que la plupart des hommes sont biologiquement incapables de comprendre. Une sorte de langage codé dans lequel un léger basculement de tête sur le côté peut vouloir dire "j'ai envie que tu me prennes ce soir" et dans lequel certains mots bien choisis peuvent vous aider à faire ouvrir les cuisses à une femme comme par magie, alors qu'elle aura l'impression que c'est son idée. »

Ça vous paraît délirant ? Pourtant, à bien y réfléchir, on a toustes plus ou moins grandi dans le monde de Winner. On en a intériorisé les croyances et les codes. Les hommes proposent, les femmes disposent. Les hommes désirent, les femmes désirent être désirées. Les hommes sont des sujets de désir, les femmes des objets de désir. Autant de codes qui nous enferment chacun·e dans des rôles très figés. Dans le monde de Winner, les relations sexuelles sont vues comme des cadeaux que les femmes offrent aux hommes, à qui elles accordent leurs faveurs. Il suffit d'insister pour qu'elles disent oui.

Dans ce monde-là aussi, toute relation sexuelle a forcément plus de valeur que l'amitié. C'est ce que traduit le concept de "friendzone". Être "friendzoné", c'est littéralement être mis·e "dans une zone d'amitié". Une situation plutôt banale entre deux personnes, qui ne ressentent pas la même attirance l'une pour l'autre. Mais dans le monde de Winner, c'est devenu synonyme d'humiliation pour les hommes. Et on retrouve cette logique chez la plupart des coachs en séduction : à les écouter, l'amitié avec une femme n'a pas de valeur ; tout ce qui compte, c'est de "scorer". Il s'agit donc de tout faire pour ne surtout pas être friendzoné.

Je sais bien que ce n'est pas le cas général, et que tous les hommes n'adhèrent pas au discours de ces coachs en séduction. Mais ce discours-là continue de polluer nos relations, car ce sont bien ces croyances-là qui circulent, et auxquelles sont confrontés tous les jeunes hommes qui arrivent à l'âge de la puberté et se demandent comment faire avec les filles.

Il existe aussi une croyance selon laquelle l'amitié entre les hommes et les femmes ne peut pas vraiment exister, qu'il y aura toujours une ambiguïté (et qu'il est un devoir viril pour les hommes d'insister). Cette croyance, très tenace, empoisonne nos relations, comme l'illustre l'histoire que nous a racontée Sarah, lors d'un cercle de parole à Perpignan. Dans le cadre de son travail, elle avait rencontré un type qu'elle trouvait sympathique. Ils s'étaient tout de suite bien entendus, ils avaient commencé à plaisanter, à s'envoyer des textos, mais pour elle, c'était clair : il ne se passerait rien d'autre. Pourtant, quand elle le lui a écrit, il a répondu : « Je ne désespère pas de vous faire changer d'avis. » Et il a insisté encore et encore... « J'étais déçue, rapporte-t-elle, parce qu'on aurait pu devenir copains, et bien rigoler. Mais en fait ça n'arrivera jamais... parce qu'au fond je ne l'intéresse pas en tant que personne, mais en tant que paire de cuisses. » L'homme semblait d'autant moins comprendre ce refus que Sarah est célibataire. Ce qu'elle résume ainsi : « "Si tu es célibataire, pourquoi tu dis non ?" Comme si, dans leur tête, les hommes avaient cette formule : "Si tu n'appartiens à personne, je peux te prendre." »

Cet homme, selon les codes de Winner, pourrait se plaindre d'avoir

Comment peut-on
avoir confiance en
soi, sentir nos désirs,
nos envies véritables,
quand toute notre
culture hétérosexiste
nous renvoie que
ce qu'on dit,
ce qu'on est ou ce
qu'on fait ne compte
pas vraiment ?

été friendzoné par Sarah. On peut aussi voir les choses autrement. N'est-ce pas plutôt Sarah qui a été "fuckzonée", autrement dit cantonnée à une "zone de baise"? J'aime beaucoup ce concept, parce qu'il donne enfin un nom à un malaise que nous sommes nombreuses à ressentir: être fuckzonée, c'est être, de fait, réduites à une fonction sexuelle. Fuckzoner les femmes, c'est interagir avec elles en fonction de leur seul potentiel de partenaires sexuelles. C'est arrêter de leur parler quand on apprend qu'elles ne sont pas célibataires. C'est sexualiser les relations, partout, tout le temps. En fait, c'est une autre façon de refuser aux femmes de les considérer comme des personnes à part entière.

Et cela ne prend pas forcément la forme d'un harcèlement lourd. C'est aussi souvent une façon plus subtile d'interagir, qui mine les relations parce qu'elle empêche toute véritable rencontre. C'est une remarque qui revient souvent dans les groupes de parole: les femmes ont le sentiment diffus que les hommes, lorsqu'ils s'adressent à elles, ne veulent pas vraiment échanger avec elles, découvrir qui elles sont, mais seulement arriver à l'étape d'après, c'est-à-dire le sexe. Ils posent «deux trois questions pour faire genre», mais ils n'écoutent pas, ne s'intéressent pas, ne prennent pas au sérieux.

Être faussement écoutée, pas vraiment prise au sérieux; c'est une sensation si banale qu'il arrive qu'on ne la remarque plus. Et qui participe à l'auto-dévalorisation des femmes: comment peut-on avoir confiance en soi, sentir nos désirs, nos envies véritables, quand on nous renvoie que ce qu'on dit, ce qu'on est ou ce qu'on fait ne compte pas vraiment? L'existence de cette fuckzone nous impose d'être tout le temps sur nos gardes. Et cela vaut autant dans la sphère personnelle (*cet homme s'intéresse-t-il vraiment à ce que je dis ou veut-il juste coucher avec moi?*) que dans un cadre professionnel (*a-t-il vraiment un intérêt pour mon projet, ou a-t-il autre chose en tête?*).

Autrement dit, **la mentalité du prédateur impose aux femmes un rôle de proie**. Winner le dit explicitement dans ses vidéos: «Installez des cadres sexuels dans vos conversations pour briser les résistances psychologiques des femmes [...] vous apprendrez exactement quoi dire à une femme quand elle n'est pas d'humeur à coucher avec vous.» Traquer les femmes, vaincre leur non-désir, leur non-consentement, semble fondamentalement excitant, et devient même un challenge.

Tout cela participe d'une culture où les désirs des femmes n'ont, au fond, aucune importance: il suffit de les manipuler. En partant du principe que l'homme doit être fort et viril, que la séduction est inévitablement un jeu dominant / dominée, que les femmes ne savent pas vraiment (ou ne peuvent pas dire) ce qu'elles veulent, qu'il suffit d'avoir les bonnes techniques pour les plier à leurs désirs, tous les coachs en séduction ne font que perpétuer – même s'ils s'en défendent – la culture du viol. Mais Winner et tous ceux qui partagent sa vision refusent de faire le lien. Alors la seule solution qui leur reste, c'est le déni.

> « À force d'y réfléchir, j'ai eu une révélation sur un problème actuel majeur. Ce problème, c'est que de nos jours on n'apprend plus aux hommes à être sexuels. À cause de la montée du féminisme, on nous bassine tous les jours dans les médias avec un nouveau pseudo-scandale fustigeant un homme qui a osé regarder une femme avec un peu trop de désir dans les yeux. »

Ce que Winner appelle des « pseudo-scandales », ce sont des millions de témoignages de femmes qui, partout dans le monde, racontent comment leur patron, leur mari, leur collègue, leur pote, leur voisin les ont harcelées, agressées, violées. En France, 15 % des femmes adultes ont subi au moins une fois dans leur vie une agression sexuelle. Il y a près de 96 000 viols par an, commis par des hommes qui, pour 80 % d'entre eux, sont connus de leur victime.

Pour que ces violences disparaissent, il faut que toute notre culture change et qu'on cesse de valoriser cette culture qui confond séduction et harcèlement; il faut que les hommes changent. Et pour qu'ils changent, il faut qu'ils sortent du déni.

Parfois, c'est possible. Tout au long de mon enquête, j'ai rencontré des hommes qui avaient enfin pris conscience, grâce au mouvement #MeToo, du fait qu'ils s'étaient longtemps sentis autorisés à harceler des femmes, encouragés par l'impunité générale et la culture dominante. Des hommes qui parfois, disent-ils, ne se rendaient même pas compte qu'ils mettaient des femmes mal à l'aise, voire qu'ils leur faisaient peur, lorsqu'ils insistaient lourdement pour qu'elles couchent avec eux alors qu'elles n'avaient manifesté aucun signe d'intérêt pour eux, voire qu'elles leur avaient explicitement dit qu'elles n'étaient pas intéressées. Mais dans l'esprit de ces hommes, c'était normal, *c'est ce que font les hommes, non ?* Jusqu'à ce qu'éclate #MeToo, et qu'ils découvrent que leurs copines, leurs sœurs, leurs mères, leurs collègues, étaient toutes victimes du même harcèlement, et que, non, ce n'était pas normal.

Parmi les hommes qui m'ont décrit cette prise de conscience, certains ont mis en place une pratique qui me semble intéressante :

avec des amis, ils ont formé un groupe où ils réfléchissent ensemble à la manière dont ils se comportent avec les femmes, dont ils les voient, dont ils parlent d'elles ; où ils analysent comment le sexisme a infiltré leurs manières d'interagir avec les femmes. Un groupe de parole entre hommes, pour essayer de changer. Tous le disent : tant qu'ils ne verbalisent pas leurs comportements devant quelqu'un d'autre, ils peuvent toujours se faire croire que *c'est rien*, que *c'est normal*, que *c'est pas grave*. Mais dès le moment où ils en parlent dans le groupe, plus moyen d'être dans le déni.

Je ne sais pas si ce genre de groupe de parole est généralisable, ni si c'est la solution. Mais il y a là une leçon essentielle à retenir : avoir le courage de dissiper ses illusions, faire cesser les violences sexuelles, c'est la responsabilité des hommes. Je voudrais que tous s'interrogent vraiment sur le viol, sur leurs conceptions du consentement et de la séduction. Entre eux. Qu'ils osent se confronter à leurs potes, leurs collègues, leurs cousins, dont ils savent très bien que ce sont des agresseurs. C'est aussi ça qui permettra, je le crois, que la culture change. Pas que chacun y pense dans son coin, mais d'en parler ouvertement.

Abandonner cette mentalité de chasseur c'est déjà – et c'est le plus important – une façon de lutter contre les violences sexuelles. Mais j'y vois une autre vertu : celle de nous libérer des rôles figés, des chorégraphies obligées, des scripts amoureux préformatés qui ne permettent, au fond, aucune véritable rencontre.

> « Tous les week-ends, c'était la même chose : je rencontrais un type qui me plaisait et à qui je plaisais, on rentrait ensemble, je mettais ma combi de superwoman, il enfilait sa combi de superman et on faisait tout comme il fallait… mais on ne se rencontrait pas du tout.
> Je lui faisais un peu des trucs de scènes de cul, tous ces trucs de séduction qui sont hyper efficaces : tu minaudes, les cheveux lâchés, tu ralentis un peu, tu te déhanches dans l'escalier, tu passes ta langue sur tes lèvres… Il y en a plein, des trucs ! D'ailleurs, je les utilise encore maintenant, ça fait partie des outils de la séduction, et c'est rigolo si tu peux les utiliser comme un jouet. Mais si c'est ton seul moyen de communication pour entrer en contact avec un homme, ça devient triste et vide. Tu passes à côté de chouettes rencontres. »

Ce récit, c'est celui de Monica, à Perpignan. Dans le podcast, on entend les rires des autres participantes du groupe de parole – j'adore ce passage. Ce qui est beaucoup ressorti dans ces groupes de parole, c'est aussi que se libérer des rôles de genre prédéfinis permet de faire éclore des scénarios beaucoup plus joyeux et surprenants. Où les mots "salope", "fille facile", "charo", "pick-up artist", n'ont plus aucun sens. Des scripts de relation qui laissent aussi exister les garçons timides et les filles entreprenantes, celles qui aiment le sexe et ceux que ça n'intéresse pas, sans honte et sans pression… Débarrassé·es de la violence ou du ridicule, on aurait enfin la liberté absolue de refuser la sexualité, de refuser les rapports de séduction… mais aussi de les initier. Bien sûr que c'est possible. D'ailleurs, ça existe déjà. C'est aussi ça, la révolution romantique.

Ça suppose d'être vraiment à égalité.

De se parler, se dire ce qu'on aime, ce qu'on n'aime pas.

De faire en sorte que tout le monde ait les moyens de parler, et la volonté d'écouter, de respecter le désir de l'autre.

Si on parvient à l'égalité, si les rôles deviennent plus fluides, alors on peut inventer d'autres jeux, non seulement dans la séduction mais dans la sexualité, en dehors de toute violence. Et tout à coup de nouveaux horizons s'ouvrent, deviennent désirables, possibles… même si cela peut parfois être déroutant. Laurène nous a raconté comment, un soir, elle s'était retrouvée au lit avec un nouveau partenaire ; ils se plaisaient, ils se désiraient, il avait des gestes très lents, lui a demandé à plusieurs reprises comment elle se sentait, si elle était d'accord avec ce qui était en train de se passer :

> « Au début, j'ai trouvé ça hyper tarte qu'il me pose plein de questions… et ça m'a fait rire de trouver ça hyper tarte, parce qu'en y réfléchissant, le lendemain matin, je me suis dit que c'était probablement le truc le plus érotique que j'aie jamais vécu. Et on a passé la nuit comme ça, à se dire ce qu'on ressentait, et à se caresser, de façon un peu prononcée, mais sans pénétration… Et le lendemain, ça a été encore plus fort, j'étais beaucoup plus active, et c'est l'un des moments de sexe les plus oufs que j'ai jamais vécus. On s'est mis des doigts partout, on s'est caressés pendant hyper longtemps, puis à des moments, quand j'avais envie de plus, je le lui disais, ça m'a obligée à le formuler, et à d'autres moments, quand j'avais envie de moins, je lui disais aussi, et c'était génial parce qu'on était sur la même longueur d'onde. En fait, ça ressemblait pour la première fois aux rapports sexuels cool que j'ai eus avec des filles, avec des moments où oui, et des moments où non, et c'était juste très chouette… On a créé un espace que je ne connaissais pas dans la relation sexuelle hétéro. Et cet espace-là est devenu mon espace préféré. »

Passer d'une culture de la prédation et de la contrainte à la culture du consentement et du désir enthousiaste, dans nos interactions, ce n'est pas demander l'autorisation à chaque geste, ce n'est pas signer un formulaire avant de baiser, c'est trouver des moyens de rendre cool et excitant le fait de rester tout le temps connecté·e au désir de l'autre et à son propre désir. Cela peut prendre des formes très différentes, verbales ou non verbales. En pratique, ça veut dire que ça ne nous semble plus bizarre ou dérangeant, quel que soit notre genre, de prononcer des phrases comme :

Tu me plais beaucoup. Je te trouve très beau. Je crois qu'on est en train de se séduire, c'est ça non qui est en train de se passer ? **Hey... c'est hyper intense de t'embrasser, ça te va si on fait que ça ?** J'ai pas tellement envie de sexe, mais j'ai très envie que tu me caresses longtemps, ou j'ai très envie de faire des câlins en fait. **Ça fait très longtemps que personne ne m'a touché, tu veux bien ralentir ?** En ce moment j'ai des problèmes pour bander. **J'ai envie de toi.** T'as des capotes ? **Est-ce que tu as envie que je vienne à l'intérieur de toi ?** Encore ? J'arrête ? **Tu veux continuer ?** Tu me passes du lubrifiant / Tu veux du lubrifiant ? **Est-ce que je vais trop loin ?** Ça va comme ça ? **Tu te sens bien ?** Te force pas, t'es obligé de rien du tout. **Dis-moi comment te faire jouir.** Dis-moi ce qui te fait du bien. **Hey, je croyais que j'avais envie de sexe, mais en fait ce dont j'ai envie, c'est que tu me serres très fort dans tes bras.** Est-ce que tu aimerais que je te suce ? **Ça te dirait d'utiliser un jouet ?** J'ai besoin d'un peu plus de salive. **T'inquiète j'ai vu que tu bandais plus, ça va.** J'ai vu que t'avais pas eu d'orgasme, est-ce que c'était bien quand même ? **J'ai envie de t'embrasser.**

La révolution romantique est une révolution de l'empathie dans la séduction *et* dans le sexe. Et cette empathie ne se résume pas à de l'écoute. Elle s'incarne, elle s'apprend dans des pratiques concrètes. Un exemple ? Dans les cours de danses en couple, il arrive de plus en plus souvent qu'on inverse les rôles. C'est très instructif, quand tu as toujours été guidée, d'apprendre à guider à ton tour, et vice-versa : tu comprends beaucoup mieux les contraintes de ton ou ta partenaire. C'est une façon de découvrir de nouvelles choses sur soi, de se mettre à la place de l'autre. Pourquoi cette idée-là ne pourrait-elle pas se prolonger, très concrètement, dans le sexe ? C'est intéressant, par exemple, quand tu as toujours été le pénétrant, de devenir le pénétré, de voir ce que ça fait d'avoir un corps étranger à l'intérieur de ton propre corps, de constater la vulnérabilité que ça crée.

Lors de mes recherches, j'ai passé des heures sur les sites pour mecs hétéros, à faire défiler des kilomètres d'articles "sexo" du type *Comment convaincre une femme de vous faire des gorges profondes ?, Comment lui faire accepter la sodomie ?* A chaque fois, je me demandais ce que ça ferait si on inversait les rôles.

Et si tous les gars faisaient au moins une fois l'expérience dans leur corps de ce qu'ils fantasment de faire à leur partenaire ?

Ce serait forcément intéressant pour tout le monde. Après tout, tous les humains ont une bouche et un anus, ce serait une façon très concrète de développer leur empathie. Si toutes les personnes habituées à pénétrer d'autres corps prenaient un sextoy, un légume ou une banane pour l'enfoncer dans leurs propres orifices, peut-être qu'elles découvriraient de nouveaux plaisirs... ou bien prendraient conscience de choses plus dérangeantes, par exemple la peur d'être étouffée, d'avoir mal ? Et si ça leur semble insupportable, ou humiliant, alors pourquoi ces personnes voudraient-elles l'imposer à quelqu'un d'autre ?

Et puis, plus généralement, je me dis que quand on dit qu'on aime les femmes, qu'on adore les femmes, une preuve de cet amour serait de s'intéresser à ce que pensent, font, produisent les femmes. De lire des romans écrits par des autrices. De regarder des films et des séries réalisées par des femmes. De les écouter, pour de vrai.

De se penser vraiment à égalité avec elles.

Chœur 5

En écoutant l'épisode « Le chasseur et la proie », il était dur de ne pas me reconnaître dans celle qui coche toutes les cases. Naïve mais sexy, rieuse mais pas trop conne, très attentive et qui pose des questions, fine, grande, zéro poil, make up impec, lingerie inconfortable... Mais la fin de l'histoire, c'est que je n'en peux plus de jouer à la Barbie. **Lilou**

Je suis un vrai champion (et ce n'est pas tenable)

Je suis un homme cis, blanc, hétéro, valide. J'ai un physique plutôt athlétique et on me dit séduisant. J'ai un doctorat en droit et je suis avocat. Vous l'aurez compris : dans le monde dans lequel nous vivons, je suis au sommet de la chaîne alimentaire. On m'ouvre énormément de portes sans que j'aie besoin de les pousser. On trouve normal que je sois un dominant. On m'y incite même en permanence. "Je ne me fais aucun souci pour toi/vous" est une phrase que j'ai entendue des milliers de fois dans ma vie.

Les gens qui me rencontrent me parlent de la grande sérénité qui se dégage de moi. La vérité, c'est que je déteste ça. Je déteste dominer les autres et j'essaie de le faire le moins possible. Je suis sensible, fragile, anxieux. J'ai le conflit en horreur. L'idée de faire du mal à un être vivant, n'importe lequel, me donne envie de pleurer. Et pourtant, je suis une machine de compétition. Je suis un champion. Je gagne. Je n'y trouve que très peu de plaisir et très peu de reconnaissance. C'est simplement que si je ne le fais plus, je ne sais plus très bien ce qu'il reste de moi. On m'a construit comme ça, on m'a assigné ce rôle en me recollant inlassablement cette étiquette jour à après jour, année après année. En fait si je ne gagne plus pendant un moment, je n'arrive plus à m'aimer. Je suis en thérapie depuis plusieurs années maintenant. J'ai passé de longues périodes sous antidépresseurs. Pourquoi ? Sûrement parce

qu'on a voulu que je reste l'enfant prodige, le garçon parfait, le conquérant, l'homme dans toute sa splendeur. Celui qui arrangeait tout le monde en devenant très vite celui qui tient tout à bout de bras et qui remplace le papa disparu. Le miraculé social qui allait faire des études dans cette famille de routiers et de coiffeuses.
J'ai conscience de mon parcours, je travaille sur tout ça, mais je suis incapable de ne pas chercher de la reconnaissance en permanence, tout en ayant l'air de ne pas la chercher. Mes rapports professionnels et surtout amoureux sont empoisonnés par ce besoin de plaire, et pas seulement de plaire, pas seulement d'être le meilleur, mais d'être parfait. Alors je suis le meilleur avocat, le meilleur ami, le meilleur amant... évidemment, c'est intenable. **Frédéric**

Mes actions et mes pensées n'ont pas toujours été exemplaires. Le plus souvent, je n'en avais même pas conscience. Il me semblait que c'était normal d'agir ainsi. Ça ne l'était pas. J'ai fait du mal sans le savoir, parfois en le découvrant plusieurs années après. Je me suis aussi fait du mal à moi-même, en essayant de jouer des postures viriles, des jeux psychologiques à la con. Clairement, il y a mieux à faire. **Julien**

J'étais un amoureux secret

J'ai grandi dans un quartier populaire de la banlieue parisienne, avec les codes qui lui sont propres. Mes déménagements successifs m'ont déraciné et implanté dans un terreau inconnu, où créer du réseau a été très difficile pour moi. J'avais appris que se construire en tant qu'homme voulait dire parler vite et mal, être agressif et vanner sans arrêt. Dans le sud de la France, où ma famille venait d'emménager au début des années 2000, j'étais très clairement catalogué comme une racaille au lycée, et donc peu fréquentable.
J'étais un amoureux secret, le timide qui ne sait pas attraper les perches qu'on lui tend, celui qui ne comprend pas les sous-entendus. Je n'avais aucune notion sur les relations affectives. Tout ce que j'avais, c'était une puberté pressante et une société oppressante qui me poussaient à désirer les femmes, à les posséder.
Je me souviens d'une amoureuse, la première fille que j'ai embrassée, à la fin de la seconde. On est sorti·es ensemble quelques semaines, le temps qu'elle se rende compte que je ne savais vraiment pas y faire, que je ne lui apporterais pas ce qu'elle cherchait. Ce n'est que rétrospectivement que j'ai compris qu'en fait elle voulait une expérience sexuelle. Elle était très explicite, et moi très naïf.

Je suis resté naïf tout le temps de mon lycée, puis mes premières années de fac aussi. Mes copains découvraient les joies d'en bas et moi je parlais vite et mal, je taguais les murs et j'aimais en silence.
[La première fois où j'ai été en couple], je croyais que j'étais amoureux. Je pensais découvrir enfin l'amour, le vrai, celui qui dure toute la vie. En fait ça a duré trois mois.
Je découvrais à ce moment-là ce que le couple hétéro apporte socialement. Je voyais les regards jaloux des autres hommes sur notre passage, je bombais le torse, je gagnais en assurance, j'étais fier, j'étais épanoui sexuellement, j'avais de la prestance en soirée, plus besoin de boire et fumer en continu pour me donner une consistance, j'avais une copine à inviter aux repas familiaux, j'étais quelqu'un de normal, reconnu socialement, je ne dormais plus seul, je me sentais fort quand j'allais au travail, je me sentais capable de tout.
Je découvrais en même temps les crises de jalousie, le chantage, la possessivité, ma meilleure amie n'était plus la bienvenue à la maison, les filles avec qui nous étions en colocation étaient sans cesse critiquées, alors qu'elles étaient plus qu'adorables. Et j'avais en réalité plus d'affinités avec elles qu'avec ma copine. Mais je croyais être amoureux. **Marino**

J'ai l'impression d'apprendre à 23 ans des choses que j'aurais dû apprendre au collège. Que mon corps m'appartient vraiment à 100 %, sans exception, sans justification nécessaire. Que je n'ai pas à culpabiliser de ne pas vouloir être avec quelqu'un, et encore moins s'il essaie de me forcer ou de me convaincre d'être avec lui. Qu'être "sympa", ça ne veut pas dire ne pas s'exprimer quand quelqu'un me met mal à l'aise. Diane

La tentation de la haine des femmes

J'ai vécu une expérience très marquante à l'âge de 12 ans, un jour où tous les élèves de ma classe avaient décidé de me faire une blague : lors de la pause de midi, l'une des filles m'avait fait croire qu'elle était amoureuse de moi, puis l'après-midi, entre deux cours, elle m'avait révélé la supercherie devant tout le monde et ses mots avaient été suivis d'un éclat de rire collectif de presque tous les autres élèves.
Cela m'a énormément blessé, et je pense que cela a littéralement cassé quelque chose en moi. Et c'est aussi sans doute ce qui a fait naître en moi cette haine des femmes que partagent certains hommes célibataires. J'aime à penser qu'aujourd'hui j'ai déconstruit et abandonné cette haine, mais je reste extrêmement vigilant au moindre signe d'une

résurgence. Quand j'y réfléchis, je pense que j'ai glissé dans cette haine envers toutes les femmes, à l'exception de celles de mon entourage, dans une tentative de reprendre du pouvoir sur ma désirabilité. Je crois avoir eu l'impression que soit c'était ma faute, soit c'était la faute des femmes, dans un esprit binaire. Et ayant besoin de reprendre un minimum de confiance en moi, et sûrement par facilité, je suis tombé assez rapidement dans ce que j'intitulerais de façon vulgaire "toutes des salopes", jugement typique de cette communauté informelle des "incels" (célibataires involontaires). **Émile**

Tant de façons de faire l'amour

Quand j'ai rencontré cet homme, il m'a expliqué que sa précédente copine tenait énormément à la pénétration et que ça le faisait débander. Je lui ai dit que s'il était d'accord, je "mènerais les opérations", en lui demandant avant chaque geste si c'était OK, et qu'ensuite il aurait juste à me dire si ce que je faisais lui plaisait, ou si je devais arrêter et essayer autre chose, et qu'ainsi on trouverait ensemble progressivement ce qu'il aimait. C'est ce que j'ai fait cette fois-là, il a bandé très fort et a joui en quelques secondes. Moi, j'ai pris un plaisir extraordinaire tout au long de cet échange qui a bien dû durer deux heures et demie au total. Une autre fois, on était est assis sur le canapé, il a posé la tête sur mes genoux, et on a écouté des chansons qu'on adorait. Parfois on chantonnait, parfois on se taisait. En même temps, je lui caressais les cheveux et le visage, ou bien je laissais simplement ma main posée sur son front, sa joue ou ses yeux, parce qu'il m'avait confié que c'est un geste qui le rassurait. On a passé deux heures, tout habillés, à écouter de la musique qu'on aimait beaucoup, à se regarder droit dans les yeux, à sourire à certaines paroles, à échanger quelques mots de temps en temps, à faire des gestes doux et tendres – et j'étais absolument surexcitée. Je mouillais, j'étais au max du plaisir, mais je n'avais pas envie de "passer à l'acte" tel qu'on l'entend. Pour moi, comme pour lui, ce qu'on était en train de faire était sexuel, romantique. On faisait très clairement l'amour, il n'y avait aucun doute.
Aujourd'hui, on est très amoureux et je trouve qu'on a une sexualité égalitaire dans le sens où il n'y a pas vraiment de rôle genré. Je le pénètre souvent, il me pénètre très peu, le sexe dure des heures parce qu'on fait des pauses pour parler ou pour attendre le retour d'une excitation retombée, on utilise des sextoys sur lui comme sur moi, on dit à haute voix qu'on aime ou pas ce qui se passe. **Anonyme**

Sources

Études (disponibles en ligne)

Rapport d'enquête « Cadre de vie et sécurité », publié en décembre 2018 par le Service statistique ministériel de la sécurité intérieure (SSMSI).

Enquête « Cadre de vie et sécurité », réalisée par l'Insee en partenariat avec l'Observatoire national de la délinquance et de la réponse pénale (ONDRP) – 2010-2015.

Enquête « Violences et rapports de genre » (Virage), menée par l'Ined et parue en 2016. Elle révèle qu'en France, 15 % des femmes adultes ont subi une agression sexuelle au moins une fois au cours de leur vie.

Dans sa lettre de novembre 2019, l'Observatoire national des violences faites aux femmes indique que 94 000 femmes majeures déclarent avoir été victimes de viols et/ou de tentatives de viol sur une année.

Lectures

Mélanie Gourarier, *Alpha mâle. Séduire les femmes pour s'apprécier entre hommes* (éd. Seuil, 2017), un essai sur la communauté des pick-up artists.

Les billets du blog Crêpe Georgette de Valérie Rey-Robert (crepegeorgette.com), et notamment : « Pick up artists, séduction à la française et consentement des femmes » (2013) et « Qu'est-ce que le consentement féminin dans l'hétérosexualité ? » (2016).

L'article « Ces hommes incapables d'entendre un "non" féminin, ou la culture de l'insistance », par Agathe Charnet et Inès Coville (Slate.fr, 2019).

Sites

Le site de l'association #NousToutes (noustoutes.org) contient de nombreuses ressources ; on y trouve notamment les résultats d'une grande étude menée en 2020 sur le consentement dans les rapports sexuels.

Le Collectif féministe contre le viol (cfcv.asso.fr) rappelle que 80 % des coupables de viol sont des proches de leur victime.

Documentaire

Sexe sans consentement, écrit et réalisé par Delphine Dilly et coécrit par Blandine Grosjean (2018).

Podcast

Tout de suite les grands mots, écrit par Norah Benarrosh-Orsoni et produit par le collectif Transmission, Prix de la création documentaire au festival Longueur d'ondes en 2020.

Ressources

Podcast

« Victor et ses désirs », Une vie érotique. Entretien avec Victoire Tuaillon (La Compagnie du Savoir, 2018)

Victor, un homme cis-hétéro trentenaire anonyme, parle avec beaucoup de délicatesse et de subtilité de sexualité, d'amour et de non-exclusivité.

Brochure

« Apprendre le consentement en 3 semaines ! », collectif, disponible sur infokiosques.net (2014)

Contient une méthode et des exercices pratiques traduits de textes étatsuniens sur le consentement.

Instagram

@orgasme_et_moi et @jouissance.club

Deux comptes très différents, mais qui font de l'éducation sexuelle joyeuse, positive, bienveillante, inclusive.

BD

Le Vrai sexe de la vraie vie, tomes 1 et 2, de Cy (éd. Lapin, 2016 et 2018)

Le vrai sexe, c'est-à-dire, comme le dit la quatrième de couverture : le sexe « avec des maladresses et des ratés (dans les deux sens du terme), [...] celui avec un handicap, celui avec des objets, celui avec des vrais gens, hétéros, homos, bi ou transgenres, celui avec ou sans amour, bref celui qui change du porno et qui décomplexe à mort nos soubresauts maladroits et humains ».

Essai

L'Amour après #MeToo, de Fiona Schmidt (éd. Hachette, 2018)

Avec ce « traité de séduction à l'usage des hommes qui ne savent plus comment parler aux femmes », l'autrice répond avec pragmatisme et humour aux arguments antiféministes selon lesquels il serait devenu impossible de séduire et de faire l'amour.

Série

Sex Education, de Laurie Nunn (2019)

Le jeune Otis, dont la mère est sexologue, refuse les questions ou conseils de celle-ci à propos de sa propre sexualité, alors qu'il est vierge et qu'il ne parvient pas à se masturber. Par un concours de circonstances, il se retrouve, avec son amie Maeve, à créer une cellule de thérapie sexuelle clandestine au sein de leur lycée.

Une pratique

Tantrisme, slow sex, karezza… des techniques sexuelles qui mettent l'accent sur le ressenti, la lenteur, la connexion, plutôt que sur la performance.

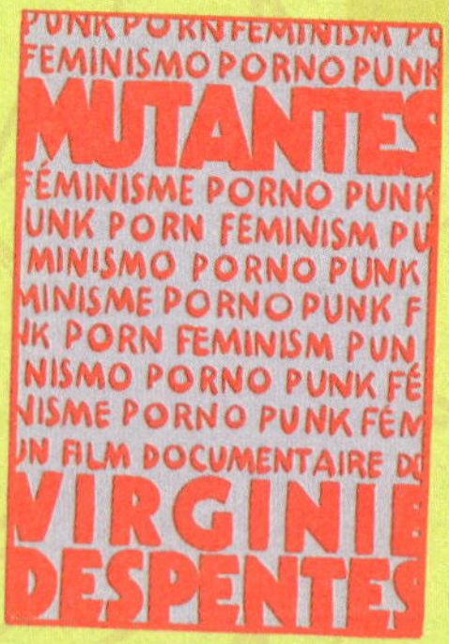

Documentaire

Mutantes. Féminisme porno punk, de Virginie Despentes (2009)

Une série d'entretiens internationaux (États-Unis, France, Espagne) avec des intellectuelles, écrivaines, théoriciennes, militantes queer sur le féminisme pro-sexe et la post-pornographie, le tout illustré par des images d'archives centrées sur l'action politique des travailleuses du sexe et par la captation de performances artistiques stupéfiantes.

Chanson

« Je voudrais jouer avec toi
je voudrais sentir ta peau et tes doigts
tu ouvrirais mes cuisses
et lentement tu immiscerais ta langue
et moi je tangue »

Je voudrais, de Perrine en Morceaux (2019)

Œuvre d'art

Look back / Look forward, de Gisela McDaniel (2020)

Artiste d'origine chamorro (peuple autochtone des îles Mariannes), Gisela McDaniel réunit souvent des femmes et personnes non binaires ayant été victimes de violences physiques ou sexuelles comme elle. Ses peintures sont lumineuses, joyeuses, colorées.

Film

Shortbus, de John Cameron Mitchell (2006)

Plusieurs personnages, en proie à des difficultés sexuelles et émotionnelles diverses, se mettent à fréquenter une fête et orgie sexuelle hebdomadaire appelée Shortbus, qui les libère, les apaise et les guérit.

Roman

Les Orageuses, de Marcia Burnier (éd. Cambourakis, 2020)

Un gang de filles, toutes ayant été victimes de violences sexuelles, décide de reprendre le contrôle de leur vie, en retrouvant leurs violeurs et en se rendant justice elles-mêmes. Elles s'entraident, se soutiennent et se reconstruisent ensemble.

le marché
du cœur

Tu ne dors plus. Les yeux fermés, tu comptes tes matchs sur Tinder : 324. Tu penses à tous les kilos que tu as réussi à perdre (un deux trois quatre cinq six... sept !!!) ; tu fais la liste de tes ami·es et tu les classes – premier, deuxième et troisième cercles –, et celle de toutes les personnes avec qui tu as couché dans ta vie (Benjamin, Camille, Matthias, Ivan, François...) et tu les comptes et tu ajoutes le nombre de compliments qu'on t'a faits cette semaine ; tu prends ce chiffre, et tu le multiplies par le nombre de followers que tu as sur Instagram (4 598), auquel tu ajoutes le nombre de fêtes auxquelles tu as été invité·e cette année (6), que tu divises par le nombre de SMS en attente de réponse sur ton smartphone (14) ; tu multiplies le tout par ton salaire annuel (30 786, bruts) ; si tu es une femme, tu divises ce chiffre par le nombre d'années d'études supérieures que tu as faites – plus tu es diplômée, moins ta valeur est élevée ; si tu es un homme, tu ajoutes ta taille, en centimètres, mais seulement si ce chiffre est supérieur à 180 ; en dessous, tu divises ; tu mets en facteur ton âge – à partir de 22 ans, si tu es une femme, tu sais que ta valeur diminue ; tu ajoutes à ce total le nombre de livres de développement personnel que tu as lus dans ta vie, pour apprendre-à-croire-en-toi-exiger-le-meilleur-devenir-toi-même-cesser-d'être-gentil-pour-être-vrai-et-pour-découvrir-comment-te-faire-des-amis-séduire-à-tous-les-coups-développer-ton-potentiel-faire-fructifier-tes-talents, que tu multiplies par la somme totale que t'ont coûtée toutes tes séances de thérapie et de coaching – 60 euros de l'heure ; et tu cherches ainsi à calculer ton score de désirabilité, le résultat de ton classement sur le marché... (89 732 ?) et le taux de probabilité qui dit si tu le mérites assez de vivre une belle, vraie, grande relation amoureuse... si tu le mérites vraiment (je sais pas)... si c'est possible, encore.

Être de retour sur le marché. Gérer quelqu'un ; jeter quelqu'un. Et puis être jeté·e à son tour. Être sur un dossier. Faire jouer la concurrence. Être remplacé·e. Savoir ce qu'on vaut. Définir ses critères. Préciser ses goûts. Les entrer dans un moteur de recherche. Optimiser les rencontres. Savoir se vendre. S'auto-évaluer.

Consommer du sexe, et de l'amour, et de l'affection. Des humains comme des produits sur les applis. Des rencontres comme des entretiens d'embauche. Des calculs de compatibilité, de risque, d'investissement – des indices de satisfaction.

Que valez-vous vraiment sur le marché ?

Vous méritez quelqu'un à votre niveau.

C'est étrange, de se rendre compte à quel point la logique marchande a infiltré nos cœurs.

Mais le reconnaître, et le déplorer, ne suffit pas. Si on pense les rencontres et les relations comme étant elles aussi soumises à la loi du marché, avec l'offre et la demande, alors il faut comprendre les lois qui régissent ce marché... pour inventer autre chose.

Dans le chapitre Le vélo, la poupée et la boussole, on a rappelé que nous vivions dans une culture hétérosexiste, qui persiste à classer les individus en deux genres, masculin et féminin, où le masculin a plus de valeur que le féminin, mais où, à cause de l'hétérosexualité obligatoire, les un·es et les autres sont censé·es se désirer. Chez les garçons, cela se traduit souvent par une pression à *devenir un homme*, à *être à la hauteur*. Quand on est élevé comme un garçon, se joue souvent à l'adolescence une sorte de validation. Il s'agit de montrer aux autres – à son père, à ses copains, à soi-même – qu'on est un homme, un vrai, c'est-à-dire hétéro. Il faut mettre en scène son attirance pour les personnes du genre pensé comme opposé et inférieur, et puis surtout le prouver : en ayant une relation sexuelle avec une fille. Je vais le dire en termes crus, mais, encore aujourd'hui, l'enjeu reste celui-ci : surtout n'être "ni pédé, ni puceau".

Cette pression, voici par exemple comment Xavier l'a vécue, lui qui nous racontait dans un précédent chapitre avoir été élevé *comme un garçon*.

> « J'étais très démuni dans mes premières relations avec les filles. J'avais très peur, et j'avais la pression de mon père mais aussi de mes copains, qui faisaient beaucoup de blagues lubriques, qui fanfaronnaient sur des conquêtes réelles ou imaginaires. Moi j'étais très mal à l'aise avec ça, et ça me mettait une énorme pression. Alors, j'ai très mal vécu mon adolescence avec les filles – et d'ailleurs aussi avec les copains... Je ne pouvais pas parler ouvertement avec eux de cette souffrance, à cause de cette espèce de compétition permanente entre garçons. Si bien que je me sentais très seul face à mes interrogations. »

La compétition qu'évoque Xavier, elle n'est pas contre les filles : elle est contre les autres garçons. Il faut être plus qu'eux. Mieux qu'eux. Avoir plus. C'est l'une des conséquences de la culture hétérosexiste : pour beaucoup d'hommes cis-hétéros, la vraie mesure de leur valeur, c'est la validation des autres hommes. Voilà ce qui compte vraiment. Dans ce contexte, les relations avec les femmes ne valent pas pour elles-mêmes. **Les femmes deviennent des objets dont la possession, la conquête ou l'utilisation servent avant tout à se valoriser auprès des autres hommes.** C'est exactement le genre de choses que revendiquent les masculinistes comme Winner : « À l'arrivée, vous serez sûrement le mec qui se balade main dans la main avec la femme qui fait rêver tous les autres mecs et vous allez devoir affronter les regards de travers d'autres hommes morts de jalousie. »

Il faut montrer qu'on a pu séduire les meilleures femmes, c'est-à-dire : celles qui sont désirées par les autres. Exhiber ses trophées. C'est ce que l'autrice Eve Kosofsky Sedgwick, pionnière des études de genre et des études queer, nomme « le triangle érotique de l'homosocialité » : pris entre l'interdiction de l'homosexualité d'un côté et la misogynie de l'autre, les hommes se servent des femmes pour s'aimer entre eux. Non qu'ils meurent d'envie de coucher les uns avec les autres – ça, on leur a bien appris que c'était mal. Pourtant, la plus grande partie de leur énergie affective, de leur attention, de leur admiration, est tournée vers les autres hommes. Alors, en se servant de leurs relations avec les femmes, ils subliment leur désir d'être aimés, admirés, par les autres. Ce sont eux, le vrai point de référence. Là encore, les paroles de Winner sont explicites: «Je voulais que les femmes s'ouvrent sexuellement à moi, qu'elles se lâchent avec moi, qu'elles fassent des trucs qu'elles n'avaient jamais osé faire avec d'autres mecs.»

Ce qui compte le plus dans cette phrase, ce n'est pas "elles", c'est "les autres mecs". L'enjeu de ces rencontres, au fond, ce n'est pas vraiment le sexe en tant que plaisir charnel, sensation physique plaisante. Ce qui compte, c'est la jouissance provoquée par le fait d'avoir eu plus, d'avoir eu mieux. Dans ce référentiel, quand on est un homme, plus on accumule, plus on est valorisé. Parfois je me dis qu'en réalité beaucoup d'hommes n'aiment pas vraiment le sexe. Ce qu'ils aiment, c'est avoir fait du sexe. C'est pouvoir se le raconter après. C'est le nombre des conquêtes, le tableau de chasse, la beauté des proies.

ce que je lui ai mis

jl'ai prise jl'ai baisée

jl'ai démontée mon gars

tu as vu cet avion de chasse ?

Pour les femmes au contraire, on sait bien que l'accumulation des relations sexuelles n'est pas un outil de valorisation: au contraire, ça peut nuire à leur réputation. Sur elles, plane toujours la menace de l'insulte.

y'a bien que le train qui lui est pas passé dessus

garage à bites

c'est une pute

fille facile

salope, chaudasse, chienne, traînée

Voilà pourquoi les hommes sont beaucoup plus nombreux que les femmes à rechercher des coups d'un soir, les *one-night stand*, les relations sans attaches: pas besoin de prolonger la relation, une fois qu'ils ont scoré, l'essentiel est fait. L'objet a rempli sa fonction – et donc perdu de sa valeur.

Pour les femmes, c'est l'impasse: qu'elles obéissent à ce que les hommes leur demandent, ou qu'elles suivent leur propre désir, elles

Si on envisage
toutes les relations
comme une lutte
de pouvoir, alors
il ne peut pas y
avoir d'amour.
Si on n'envisage
les autres que
comme des moyens,
alors on ne les
aime pas vraiment.

ne peuvent être que dévalorisées. C'est la grande arnaque de la libération sexuelle, pleine d'effets pervers parce qu'elle a eu lieu dans un monde resté sexiste.

L'enjeu de validation, pour les femmes, prend lui aussi pour référentiel le regard des hommes. Mais cette validation ne passe pas par le fait d'obtenir du sexe ; on parle plutôt d'amour, d'affection, d'estime, ou d'une admiration qu'on espère susciter. L'enjeu, c'est d'être plaisante. Le *male gaze*, le regard masculin, devient notre propre miroir. C'est une constante dans tous les récits que j'ai recueillis : à tous les âges, les femmes se demandent sans cesse si elles plaisent aux hommes qu'elles croisent, au lieu de se demander si eux, ils leur plaisent, à elles. Parce que la seule chose qui leur donne l'impression de se réaliser, c'est d'être avec un homme, d'être "validée" par un homme.

C'est ce que m'a notamment raconté Louise :

> « Longtemps ma vie n'a tourné qu'autour des mecs et de la question de savoir si je leur plaisais ou pas. Récemment, j'ai relu mes journaux intimes et c'est catastrophique : je ne parle que de mecs ! Tous les mecs que je croisais, je me demandais quelle relation ils entretenaient avec moi – est-ce que quand Romuald m'a regardée, ça voulait dire qu'il avait envie de m'embrasser ? Et si c'était le cas, comment ça se serait passé ? C'était assez effrayant de constater que tout tournait autour des mecs, et ça a continué au début de ma vie d'adulte : même si je me fixais des objectifs en faisant des études qui étaient censées me correspondre, en ayant des boulots qui étaient censés me donner un statut de femme libre, en réalité, la seule chose qui me donnait l'impression de me réaliser, c'était d'être avec un homme. »

Une fois qu'on a pris conscience de ce mécanisme, comment faire pour s'en détacher, pour regagner un peu de liberté ? Eh bien, par exemple, on peut écouter ce que racontent celles qui ont réussi à ne plus être en permanence dans cette demande de validation de la part des hommes. C'est le cas de Marie, qu'on a déjà croisée dans les chapitres précédents.

> « Il y a eu un moment où je n'ai plus eu besoin qu'un homme me dise que j'étais belle, puissante, intelligente, que je faisais bien l'amour… Tout ça, c'est moi qui le décide. Je ne vais plus questionner, chercher du regard, me remettre en jeu, faire des coups de poker de séduction, tout cela, c'est fini. Définitivement. Désormais, la validation, elle vient de moi.
> Ça a complètement changé mon rapport à la séduction. Pendant longtemps, séduire, ça voulait dire me lancer le défi d'aller voir tel ou tel mec

et le convaincre de coucher avec moi. Ce qui se jouait là-dedans, c'était une validation : revérifier que je plaisais, que je valais le coup. Aujourd'hui, je séduis parce que je trouve ça rigolo, parce que j'ai bu un coup, parce que j'ai vraiment envie de faire l'amour avec ce mec-là, ou simplement parce que c'est hyper agréable de séduire. Mais le résultat ne m'importe plus de la même façon : si on ne couche pas ensemble, ce n'est pas grave. Et ça ne veut rien dire sur ma valeur ou sur ce que je représente et ce que je pense de moi : ça s'est déconnecté. De la même façon, ce que je peux vivre avec un homme ne veut plus rien dire de moi : est-ce qu'on va recoucher ensemble une deuxième fois ? Est-ce qu'il me dit que je suis belle ? Est-ce qu'on entre dans une relation ? Tout ça, ça ne dit plus rien de ma valeur. Ça a atomisé un truc fondamental, ça a vraiment permis concrètement autre chose (et je vois bien que c'est terrifiant pour les hommes) : je n'ai vraiment plus besoin d'eux. Pour rien. J'ai l'impression d'effrayer à cause de ça, parce qu'ils sentent que je suis ailleurs, et que l'éventuelle relation qu'on va construire se joue ailleurs, pas dans une logique de validation. Or, de très nombreuses relations sont fondées sur ce principe : l'homme sait qu'il est en position de valider, la femme qu'elle est en position d'être validée. »

Beaucoup de relations affectives, amoureuses et sexuelles ne sont jamais vécues pour elles-mêmes, mais instrumentalisées, utilisées : pour mesurer sa propre valeur ou pour provoquer la jalousie de quelqu'un d'autre. Ce qui en fait des non-relations, où l'autre n'existe pas vraiment : il existe comme objet, mais n'est pas reconnu comme sujet.

J'ai fait du mal à des garçons, je me servais d'eux pour dissimuler le fait que j'étais attirée par ma meilleure amie, du coup je n'avais aucune empathie pour eux.

Je faisais tomber raide dingue tout le monde, les filles, les mecs, je voulais tout, et après, dès qu'iels s'intéressaient à moi, je n'en avais plus rien à foutre. Et ça a été comme ça pendant assez longtemps. Jusqu'à ce que ça me fasse plus de mal que de bien.

J'ai pu tomber dans une espèce d'ivresse d'enchaîner les relations, sans trop avoir d'attentions pour les personnes avec qui j'avais du sexe ou des relations.

Il n'y a presque aucune différence entre la jouissance qu'on éprouve quand on regarde tout l'argent sur notre compte et tous nos matchs sur notre compte Tinder. C'est la jouissance de posséder, d'accumuler.

J'avais besoin de prouver que j'avais une certaine valeur, et pour cela, il fallait que je sois ami des personnes populaires, que j'aie des relations avec les meufs qui étaient en vue des autres mecs. J'ai essayé d'avoir les copines les plus sexualisées, les plus enviées par les autres, parce que j'étais dans un rapport de compétitivité très fort dans mes relations.

Dans nos relations intimes se jouent aussi d'autres rapports de compétition et de domination, pas uniquement fondées sur le genre mais aussi, par exemple, sur la classe sociale. Dans un cercle de parole, c'est ce qu'a expliqué Gwen, 33 ans : venant d'un milieu populaire, il a très tôt été confronté à la domination des classes sociales supérieures, notamment à l'école. Cela l'a conduit à être sans arrêt en conflit et en compétition avec les autres, par besoin de se prouver quelque chose : « Ça m'a mis dans une position de non-partage avec les gens qui m'entouraient, dit-il. Je ne me suis ouvert à personne ou presque autour de moi, comme si je m'étais dissimulé derrière une carapace pour me défendre, avec le souci constant de faire en permanence attention à ce que je disais. » Quel lien avec l'amour ? C'est simple : si on envisage toutes les relations comme une lutte de pouvoir, alors il ne peut pas y avoir d'amour. Si on n'envisage les autres que comme des moyens, alors on ne les aime pas vraiment. **Vivre dans un monde saturé de rapports de domination nous apprend à relationner constamment sur ce mode – dominant/dominé, en conflit ou en rivalité – alors que l'amour demande qu'on renonce à exercer son pouvoir.** L'amour demande la reconnaissance de l'existence et de la vulnérabilité de l'autre. L'amour, c'est refuser de blesser les autres, alors qu'on en a le pouvoir.

Si j'ai pris comme exemple les rapports hétérosexuels, je dois préciser qu'aucun milieu n'échappe à la marchandisation des relations. Il ne suffit pas de sortir de l'hétérosexualité pour échapper à tout rapport de pouvoir. C'est ce dont m'a fait prendre conscience Costanza Spina, fondatrice du média en ligne *Manifesto XXI* – c'est sous sa plume que j'ai lu, pour la première fois, le terme de « révolution romantique intersectionnelle ». Elle se définit comme lesbienne et, pour prendre ses distances avec le milieu queer parisien qu'elle a beaucoup fréquenté, elle a décidé de déménager à Marseille, où je l'ai rencontrée.

En 2019, Costanza Spina a mené une longue enquête, publiée dans *Manifesto XXI*, qui s'attaquait au sujet très délicat des violences interpersonnelles qui peuvent aussi exister dans les milieux non hétéros, entre femmes, où elle montre, entre autres, qu'il n'existe pas de bulle où tous les rapports de pouvoir disparaîtraient comme par magie.

« Le milieu queer m'a fait grandir, m'a fait me sentir à ma place, a donné un sens à mon existence, et j'y ai fait des rencontres formidables, néanmoins, je dois le dire, c'est un milieu qui m'a fait me sentir très insécure – et je ne suis pas la seule.

C'est un milieu qui a aussi des côtés sombres, et c'est normal. Comme tout microcosme, lui aussi s'insère dans le grand tout social – les mécanismes de domination ne peuvent pas disparaître comme par magie. Il y a des êtres dominants, il y a des mécanismes de domination entre femmes, entre personnes LGBT. Une femme cis peut exercer une forme de domination sur une femme trans, par exemple. Dans le milieu queer, les mécanismes de domination entre nous se font par la classe sociale, la culture d'origine, le degré d'études, la notoriété... C'est un facteur clé.

Ce qui m'a vraiment mise mal à l'aise dans le milieu queer, pour ma part, c'est l'hypersexualisation ; le fait de ne plus pouvoir sortir et avoir une conversation avec une personne lesbienne sans que ça tourne autour des ragots sur la vie sexuelle des autres – Machine a couché avec Machine, et puis elle a piqué la copine de Machine... Il y avait beaucoup de tristesse, de rancune, beaucoup de violence symbolique, du genre : *Je te pique ta meuf juste pour te faire chier*. Tout était sexualisé. »

Peut-être vous sentez-vous loin de ce que décrit Costanza, et de ce qu'elle a observé dans ce petit milieu qu'elle a fréquenté. Si j'ai choisi de m'attarder sur cet exemple, c'est pour montrer que **ces dynamiques relationnelles de domination, d'abus, d'emprise, de violence, peuvent se reproduire partout**, absolument partout, y compris dans les milieux les plus conscientisés, les plus militants, comme dans les plus neutres, les plus banals. Parce que partout, où qu'on soit, les gens ont des traumas et des zones d'ombre. Parce que les logiques de pouvoir ne disparaissent jamais.

« Il y a des femmes plus privilégiées que d'autres, qui ne font que répéter les mécanismes d'une société capitaliste ; et le problème, ce n'est pas seulement l'homme et le patriarcat. À partir du moment où on considère que, pour survivre, on doit avoir plus d'amantes, d'argent, de biens, de *fame*, quand on veut prendre plus de place que les autres, alors on est dans le patriarcat, dans le capitalisme, et donc dans la violence. Prendre beaucoup de place, cela passe toujours par une violence symbolique ou physique sur les autres. Quand on commence à compter nos likes, nos matchs Tinder, quand on commence à faire le décompte de toutes les meufs qu'on a serrées en soirée, c'est problématique parce que c'est comme si on avait un compte en banque, et qu'on disait *OK où j'en suis ? Ah, je suis un peu dans le rouge, mais si je me tape une meuf mon compte repasse de nouveau dans le vert*. Pour moi, il y a une différence entre s'ouvrir à faire des rencontres en soirée, et le fait d'aller en soirée *pour choper*, parce que ça nous fait nous sentir exister. Comme si le capital érotique définissait la qualité de la personne qu'on est. »

Le *capital érotique*, c'est une notion qu'a notamment développée Eva Illouz, une chercheuse qui a bouleversé la conception des sentiments et de l'amour en les observant par le prisme de la sociologie plutôt que de la psychologie. Dans deux de ses ouvrages les plus importants, *Pourquoi l'amour fait mal?* et *La Fin de l'amour*, Eva Illouz montre comment la logique capitaliste a infiltré nos sentiments, au point de rendre presque impossible de véritables relations :

– parce qu'on applique, même à nos relations intimes, une mentalité de consommateurices – choisir la meilleure personne, avec des critères de plus en plus précis.

– parce qu'on s'habitue les un·es les autres à se considérer, à s'évaluer comme des marchandises (au point de finir par se sentir soi-même comme une marchandise, interchangeable, jetable, programmée pour l'obsolescence).

– parce que les relations connaissent, elles aussi, le cycle classique de la consommation : d'abord on est excité·es par l'acquisition d'une nouveauté (*tu es génial, si beau, t'avoir me rend formidable*), puis on s'habitue (*est-ce qu'au fond je n'ai pas sous-chopé ?, je crois que je mérite mieux qu'elle*), puis on se lasse car de nouvelles marchandises sont toujours disponibles (*une de perdue, dix de retrouvées*), puis on recherche à nouveau l'excitation de la nouveauté (*je suis de retour sur le marché*) – et on recommence, encore et encore.

« Dans un monde capitaliste, explique encore Costanza Spina, il y a un principe d'accumulation, qui s'appelle le capital érotique. Pour moi, à partir du moment où on se dit *je vais en soirée pour choper des meufs parce que ça va booster mon ego*, où on a besoin de tirer un coup pour se sentir belle parce qu'on a besoin de sa dose de compliments et de reconnaissance physique, ça ne va pas. Et ce n'est pas un jugement moralisateur : je trouve ça dangereux, parce qu'on rentre dans cette logique d'accumulation où on laisse la quantité définir notre qualité : ça, c'est le propre d'un système marchand.
Le problème du capital érotique, c'est qu'il instaure une forme de domination ultime par l'affection, par le capital d'affection qu'on mérite ; après, libre à chacun·e d'être opportuniste et d'épouser le capitalisme à fond et faire son propre bien-être individuel. Mais est-ce qu'on peut être heureu·se, être une personne safe envers les autres si on est déconnecté·e des émotions et de l'empathie ? »

Si les autres n'existent pas vraiment, alors on peut les traiter exactement comme des objets, les prendre et les jeter, disparaître sans justification, sans donner de nouvelles (les *ghoster*). C'est-à-dire qu'au nom de la liberté, on se permet d'être complètement irresponsables. Comme se le demande Costanza Spina : peut-on s'aimer sans dominer ?

« Qui veut une part égale d'une tarte cancérogène pourrie ? » : je pense très souvent à ce slogan écoféministe que j'adore, signé Ynestra King. Et je me dis que moi, je n'en veux pas, d'une part égale de cette tarte relationnelle pourrie. La tarte qui dit : *le seul pouvoir qu'on a, c'est un pouvoir de consommation*. Comme si la liberté, c'était consommer les rencontres et les autres. C'est le féminisme à la *Sex and The City*, c'est le girl power à la sauce capitaliste, c'est l'empowerment promis par la consommation de belles fringues, de cocktails et de coups d'un soir. Où ce qui compte, c'est être la personne la plus détachée et autonome possible – *je sens rien, je m'en fous, je n'ai besoin de personne, je suis libre...* – et où ce sont les personnes qui aiment, qui osent se montrer vulnérables, déclarer leurs sentiments, qui sont jugées comme manquant de stratégie, de maturité ou d'amour-propre.

Alors à quoi ressembleraient nos sentiments, nos relations, si on s'efforçait d'extirper de nos cœurs le poison de la marchandisation ?

Je sais combien tout cela est exigeant. Et comme Costanza Spina, j'ai peur moi aussi d'être moralisatrice. Mais s'extraire des logiques de marché peut passer par des questions simples à se poser à soi-même, dans chacune de nos relations.

Est-ce que je respecte cette personne ?

Est-ce que je la traite comme j'aimerais qu'on me traite, moi ?

Est-ce que je prends vraiment en compte ses sentiments, est-ce que je regarde en face les inégalités qui existent entre nous ?

Et suis-je prêt·e à en tirer les conséquences ?

Ce n'est pas être naïf ou naïve que se poser ces questions. Ce n'est pas non plus faire semblant d'ignorer que toute relation implique un échange, ou que nous sommes aussi des êtres intéressés, ou qu'aimer c'est choisir, donc discriminer... Mais je me dis qu'en regardant en face les rapports de domination qui existent entre tous les êtres humains, en reconnaissant le mal que nous font ces non-relations provoquées par le marché du cœur, en cessant de nous auto-évaluer en permanence, alors peut-être on a une chance de s'en sortir.

Et de faire exploser le marché.

Chœur 6

L'un comme l'autre, on se consomme

Je suis frappée par l'incroyable violence d'une rupture : j'ai tissé des liens avec un être humain qui de son côté tire un trait sur moi sans aucune vergogne, sans un seul regret. Comme si rien de ce qu'on avait vécu ne comptait. Comme si rien ne s'était passé. Tous mes efforts, mon investissement, mes sentiments, les moments partagés, la complicité, tout ça réduit à néant. Comme si je n'avais jamais existé. On efface tout et on recommence avec un(e) autre. On arrive là à un point fondamental de la relation sentimentale à mon sens : il s'agit toujours d'une consommation (en tout cas pour ma part). L'un comme l'autre, on se consomme.
C'est l'évidence même : la fameuse rencontre Tinder où on se séduit (= la négociation, le marchandage du produit), on se rencontre, on vit notre relation, qu'elle soit purement sexuelle ou sentimentale (= c'est la consommation du produit qui répond à un besoin, sexuel, affectif, narcissique)… et on se quitte (= le produit est consommé/périmé, il est jeté). Et on fonce au supermarché pour en acheter un nouveau dès que le besoin se fait ressentir. **Amandine**

> Ma manière de vivre mes amitiés a souvent été vue comme une dynamique de consommatrice compulsive et effrénée. Comme si j'étais un Pacman qui voulait manger toujours plus d'amour et d'amitié. **Anonyme**

La peur de passer à côté de mieux

J'ai longtemps recherché du sexe pour combler mon manque d'amour et d'estime. Aujourd'hui, ça s'est calmé, mais je me retrouve dans un rôle qui me met mal à l'aise. Je me lasse de mes relations amoureuses, alors que je suis avec des personnes quasiment irréprochables sur le papier. "Sur le papier" : c'est là que je vois que le capitalisme et toutes les normes qu'il implique ont totalement biaisé mon fonctionnement dans mes relations amoureuses. Je me lasse, je compare, je ne me projette pas, parce que j'espère trouver "mieux", trouver quelqu'un qui coche toutes les cases de ma liste totalement irréaliste de qualités à avoir pour relationner avec moi. Je suis passée de la fille qui se sentait mal-aimée et se rassurait avec des conquêtes sexuelles à la fille qui ne se projette plus dans une relation à long terme, de peur de la lassitude et de passer à côté de mieux, ailleurs. **Angèle**

J'étais un B, c'était un D

Lors du week-end d'intégration de mon école de commerce, il y avait un mec en mode calimero-je-veux-juste-un-bisou-sur-le-dance-floor, tellement relou que j'ai fini par le prendre à part en lui expliquant un truc du genre : "Vas-y mec, j'ai zéro pote et je voudrais me faire des copines tranquillement, alors tu sais quoi, je te tape un 'smack' et tu me laisses tranquille pour le reste du week-end." Je me rends compte que j'étais moi aussi complètement dans la dynamique du "marché", dont j'avais parfaitement adopté les codes. C'est-à-dire que, pour être cash, j'étais un B et c'était un D, donc je me sentais clairement supérieure sur le moment. Je réalise l'impossibilité des vraies rencontres quand on est imprégné·e de ça, c'est tellement naze. La blague c'est que son acolyte de l'école a monté un business de coaching en séduction. CQFD. Le business des perdants de ce triste marché. **Raphaëlle**

Comment savoir si tu veux être mon ami, mon amant ou mon amour, si tout ce qui compte, c'est de m'avoir avant même de me connaître ? **Anonyme**

Sans attaches

Oui, j'ai compté mes ex ; oui, j'ai accumulé ; oui, à un moment ça a été la seule mesure de mon existence ; oui, encore oui, je suis allée en soirée en espérant que la pêche serait bonne et que j'en tirerais quelque bénéfice. C'était mes années d'études, une vie de campus et de grand n'importe quoi à beaucoup de points de vue. Qu'ai-je fait à ces partenaires ? Beaucoup se sont attachés et il est évident que ce n'est pas ce que j'attendais d'eux : à chaque marque d'affection réelle, de tendresse, je zappais vers un autre. J'avais réussi à me convaincre que j'y avais appris la liberté, que c'étaient ces expériences qui m'avaient rendue forte et indépendante. **Camille**

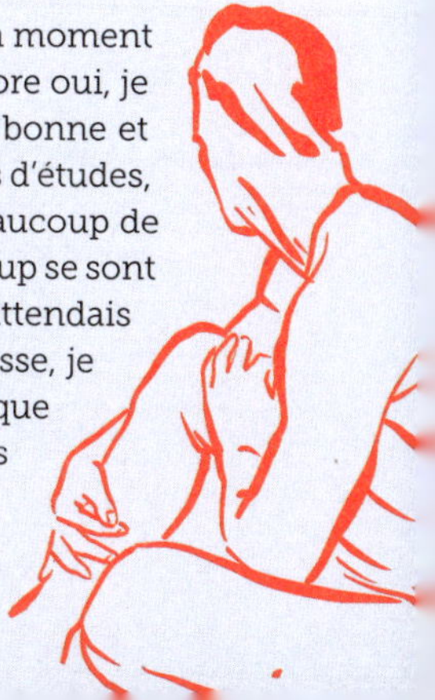

Se quitter parce qu'on s'ennuie ? Mais heureusement !

Dans l'épisode *Le marché du cœur*, cette vision des applications de rencontres et de la liberté de choisir qui l'on aime ou l'on quitte, dépeinte uniquement comme des symptômes du capitalisme et par l'inconstance propre au néolibéralisme, est d'une binarité assez déconcertante. Où est la nuance entendue dans les précédents épisodes ?
Lorsque vous parlez de cette propension qu'a notre génération à "quitter parce que l'on s'ennuie" sa compagne ou son compagnon, on entend presque un regret. Encore heureux que l'on puisse le faire ! Quel est l'intérêt de persister dans une relation amoureuse qui ne nous apporte pas d'épanouissement, qui nous fait souffrir, qui nous diminue ? Il est largement fini le temps des mariages de quarante ans malheureux, sur lesquels on "travaille" pour que cela fonctionne, et qui cache bien souvent le travail (ou le compromis) des femmes, et seulement d'elles, dans les relations hétérosexuelles. Cette liberté (qui fait peur aux nostalgiques d'un temps d'avant) n'est pas une dérive, elle est aussi une émancipation.
Lorsque vous parlez des applications de rencontres comme de simples lieux d'accumulation de capital érotique et de matches, avez-vous pensé aux fameux et fameuses personnes queer qui ne vivent pas à Paris, où se trouvent des lieux de rencontres, mais en région ? Dans ces campagnes, banlieues éloignées, villages, elles ne sont bien souvent que le seul moyen pour rencontrer quelqu'un qui nous ressemble. **Viviane**

Chez certains hommes de mon entourage, la notion de polyamour semble se présenter comme une aubaine pour pouvoir dire à leurs partenaires qu'il n'y a rien à attendre de ce lien, rien de plus qu'un petit créneau horaire, par-ci par-là, qui doit (et c'est un impératif) être consacré au plaisir, notamment au plaisir des corps. Il y a là une sorte de brèche qui peut facilement découler sur une consommation des êtres qui se joue au détriment des partenaires, et aussi sûrement de l'amour. C'est un état de fait qui finalement trouve sa cohérence dans nos structures sociales et politiques, qui érigent chaque être au rang de l'objet consommable. **Anonyme**

La course au dépucelage

J'ai beaucoup souffert à l'adolescence de la pression étouffante, au sein de mes groupes d'amis et de connaissances, à devenir actif sexuellement, le plus tôt possible et le plus possible. Je ressentais une vraie dimension malsaine, comme une forme de compétition, de "course au dépucelage" (considéré comme une honte absolue, et de plus en plus au fur et à mesure que l'on avançait vers le bac) puis à la quantité de rapports. Comme si la valeur d'un individu de sexe masculin dépendait dorénavant en premier lieu de s'il avait déjà couché, et si oui, avec combien de filles ou à quelle fréquence. **Anonyme**

Ma copine et le regard des autres

Dès l'adolescence, il y a eu de la compétition dans mes différents cercles sociaux de garçons. Je ne m'y sentais pas bien, mais je l'ai subie jusqu'à la fin du lycée. Être puceau me hantait, ce qui m'a poussé à avoir des relations sexuelles ivre, pendant tout le début de ma sexualité, qui a commencé sûrement plus tôt que je ne l'aurais fait sans la pression. Pour avoir une importance auprès des autres, il fallait ne plus être puceau et réussir à durer au lit avec les filles (je me rappelle, en classe de seconde, de mecs brandissant des : "moi j'ai baisé durant 45 minutes avec elle"). Jusqu'à tard, ces compétitions inconscientes ont influencé mes choix. À 26 ans, j'ai rencontré ma compagne actuelle (j'ai 32 ans) et, au début de notre relation, je me demandais si cette fille plairait à mes potes, en particulier à ceux que j'admirais le plus. Heureusement, la relation avec ma copine était tellement vraie et importante pour moi, que j'ai réussi à me détacher du regard des autres. Pourtant, ces mécanismes sont tellement ancrés que parfois, lorsque je présente la femme avec qui je vis à d'autres gens j'ai ces réflexes qui reviennent : est-ce qu'elle va leur plaire ? Vont-ils la trouver jolie ? **Anonyme**

Sources

À lire

Eve Kosofsky Sedgwick développe la notion de « triangle érotique de l'homosocialité » dans son ouvrage *Between Men: English Literature and Male Homosocial Desire* (éd. Columbia University Press, 2015 ; publication originale en 1985).

Dans « Violences entre femmes lesbiennes : les zones grises de la sororité » (*Manifesto XXI*, 2020), Costanza Spina décortique le sujet délicat des rapports de domination dans la sphère queer parisienne.

Costanza Spina est également l'autrice de l'article « Nous sommes à l'aube d'une révolution romantique intersectionnelle » (*Manifesto XXI*, 2020)

Eva Illouz développe la notion de « capital érotique » dans deux de ses ouvrages :
Pourquoi l'amour fait mal. L'expérience amoureuse dans la modernité (éd. Seuil, 2012) et
La Fin de l'amour. Enquête sur un désarroi contemporain (éd. Seuil, 2020)
Dans ces deux essais, la sociologue propose une approche radicalement neuve du désarroi et de la souffrance amoureuse : elle analyse l'amour comme une institution sociale de la modernité, pour sortir de la vision dépolitisante, psychologisante et néolibérale qui fait porter aux individus la responsabilité de leur misère amoureuse.

À écouter

Le texte d'introduction de ce chapitre (page 146) est un hommage, en forme de pastiche, au début du podcast « Cent façons de disparaître », une sublime fiction en cinq épisodes de Claire Richard réalisée par Arnaud Forest et produite par Arte Radio (2017).

Ressources

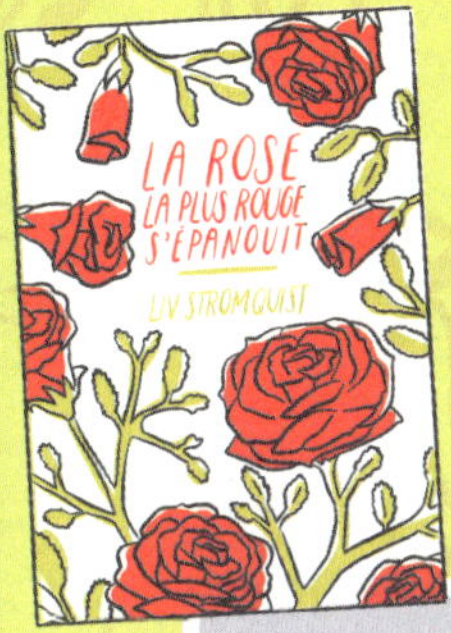

BD

La rose la plus rouge s'épanouit, de Liv Strömquist (éd. Rackham, 2019)

Une dissection des comportements amoureux à l'ère du capitalisme tardif : comment maîtriser les élans du cœur ? Que faire en cas de chagrin d'amour ? Pourquoi les histoires d'amour finissent-elles mal, en général ? Pourquoi certaines personnes papillonnent-elles sans jamais se poser ? Et comment inventer autre chose ?

Instagram

@collectif.fracas

Ce collectif queer et féministe d'aide à la gestion des conflits poste à propos de “la starification dans les milieux militants”, “le moralisme progressiste”, “la pureté militante”, le “call-out”, etc.

Une pratique

Éteindre son téléphone, se déconnecter d'Internet, ne plus regarder aucun écran (au moins quelques jours).

Chanson

« J'ai deux amis qui sont aussi mes amoureux
Mon cœur est grand, grand, grand, grand
comme le vent
et je suis douce comme l'eau »

Le temps est bon, d'Isabelle Pierre (1971)

Podcast

« Les couleurs des sentiments », Kiffe Ta Race [épisode 24], de Grace Ly et Rokhaya Diallo (Binge Audio, 2019)

Conversation avec Fatima Aït Bounoua, autrice du recueil de nouvelles *La Honte*, où il est question de fétichisation, de “black love” et de “power couple”.

Œuvre d’art

Trini, de Ghada Amer (2005)

Artiste égyptienne, Ghada Amer utilise principalement une technique féminine méprisée, la broderie, pour créer des peintures, et elle détourne des images de magazines pornographiques masculins en retirant souvent les hommes de ces scènes de sexe afin de proposer d’autres possibilités.

Film

Les choses qu’on dit, les choses qu’on fait, d’Emmanuel Mouret (2020)

Pour se remettre d’une rupture douloureuse, Maxime vient passer quelques jours chez son cousin, qui, devant s’absenter inopinément, charge Daphnée, son épouse enceinte, de divertir leur invité. Chacun·e entreprend de raconter à l’autre, dans un subtil jeu de confidences et de séduction, comment iel en est arrivé·e là. Une réflexion étourdissante sur le désir mimétique.

Roman

Dans la maison rêvée, de Carmen Maria Machado (éd. Christian Bourgois, 2021)

En courts chapitres qui manipulent les codes de tous les genres littéraires, le récit d’une relation amoureuse toxique entre deux femmes, qui interroge le tabou de la violence conjugale au sein des couples de même sexe.

Série

Black Mirror, « Hang the DJ », de Tim Van Patten et Charlie Brooker (2017)

Dans un monde de science-fiction, délimité par un grand mur, une intelligence artificielle forme des couples entre différents individus célibataires. Toustes sont en quête de leur « partenaire ultime », qui doit leur être présenté au bout d'un certain nombre de relations. Chacun·e est guidé·e par un coach virtuel qui leur donne des conseils et leur annonce la durée d'expiration de leur relation... mais deux personnes décident de déjouer le système.

Article

« Pour comprendre pourquoi le ghosting est douloureux, il faut le comparer au bail d'un appartement », d'Henri Rouillier (L'Obs, 2020)

« Des chercheurs espagnols expliquent qu'on ne souffre plus d'être ghosté parce qu'on s'y est habitué. Laisser des gens en « vu » est-il moins toxique pour autant ? »

Essai

Lutter ensemble, de Juliette Rousseau (éd. Cambourakis, 2018)

À partir d'entretiens avec des collectifs en lutte, de la ZAD à la Palestine, de la marche pour le climat de New York aux camps de réfugié·es de La Chapelle en passant par le tarmac des aéroports londoniens, l'autrice invite à « explorer des formes d'organisation et de solidarité à même de créer les conditions de nouvelles complicités politiques qui ne soient pas aveugles aux oppressions croisées ».

Documentaire

Derrière nos écrans de fumée, de Jeff Orlowski (2020)

Une exploration de la montée en puissance des médias sociaux et des dommages que ceux-ci ont causés à la société et à la psyché des individus (estime de soi, concentration...), avec de nombreux témoignages des concepteurs des algorithmes en question.

devenir
chèvre

Je m'en fous de la cellulite, j'aime me voir vieillir, j'aime mes rides, j'ai hâte d'avoir des cheveux blancs... Tout ça, ça m'est égal. Par contre, il y a une chose avec laquelle je n'arrive pas à être en paix : c'est mon ventre. Malgré tout le boulot de déconstruction que j'ai fait, je sens que ça, ça ne partira jamais, et ça me désespère. C'est un complexe que mon père a mis dans mon crâne, et que la société fait résonner en permanence. C'est comme une vis qu'on m'aurait implantée dans un coin du cerveau, qui me fait mal tout le temps et que je n'arrive pas à atteindre. Et ça me désespère.

Ma seule solution, c'est de vouloir maigrir... tout en me détestant de ne pas réussir à faire autrement, et de ne pas être capable de me dire : *C'est OK ton ventre, fais avec, et puis regarde, il y a des types ou des filles à qui visiblement il ne pose pas de problème, ton gros ventre.*

Pourtant, même quand j'ai en face de moi quelqu'un qui dit aimer mon corps, c'est compliqué. Je pense qu'on a toutes plus ou moins vécu ça au moins une fois : être désirée follement et ne même plus supporter que la main de la personne se pose sur cet endroit de ton corps que tu détestes. Parfois, la détestation de cette partie de ton corps va tellement loin que tu méprises l'autre de l'aimer. Tu le rejettes, parce que tu penses qu'il faut vraiment être complètement con pour ne pas voir à quel point cette partie de ton corps est horrible, et pour la désirer. [Laurène]

Pour Laurène, c'est le ventre; pour d'autres ce sont les cuisses, la forme des coudes, l'épaisseur des chevilles, des joues... la liste des complexes, des reproches, des tourments que l'on s'inflige est infinie. Moi, j'ai déjà pensé que si j'avais les yeux verts, les yeux bleus, les yeux en amande, les sourcils moins écartés, mieux dessinés, les jambes plus longues, plus fines, les cuisses moins grosses, le ventre plat, les cheveux bouclés, ou frisés, ou blonds, ou bruns, ou roux, ou noirs, si j'étais plus grande, si je perdais vingt, douze, deux kilos, je serais enfin heureuse, c'est sûr. C'est sans fin.

Il ne peut pas y avoir d'amour sans amour de soi.

Cet amour de soi, il passe aussi par la relation que nous avons avec notre corps. Or, nous grandissons dans des corps que toute notre culture nous pousse à détester.

Alors ce que je veux comprendre, c'est de quelles façons, précisément, cette aliénation corporelle blesse nos capacités à aimer et à être aimées. Et surtout: comment s'en sortir?

Les textes et les réflexions de la professeure de sciences politiques Camille Froidevaux-Metterie ont transformé mon regard sur le corps des femmes, et donc sur le mien. Cette chercheuse féministe dont j'admire la pensée réfléchit et écrit depuis plusieurs années sur ce que cela signifie de vivre dans un corps sexué comme féminin. Elle a ainsi mené une étude où elle a interrogé des dizaines de femmes sur la relation qu'elles avaient avec leurs seins, et a tiré de ces entretiens des analyses passionnantes publiées dans l'ouvrage *Seins. En quête d'une libération*. Je lui ai demandé pourquoi, si on veut sérieusement réfléchir à l'amour, on ne peut pas ignorer la question du corps.

« C'est très important de toujours se rappeler qu'on n'est pas un sujet de façon désincarnée. Notre subjectivité se tient de façon absolument indissoluble avec notre corporéité. Nous n'avons accès au sens des choses, à nos émotions et même à nos idées que par le biais de notre corps. Dans notre tradition occidentale, très cartésienne et dualiste, règne l'idée fantasmatique qu'il y aurait d'un côté l'esprit et de l'autre le corps. D'un côté, le transcendant ; de l'autre, l'immanent. D'un côté, la raison ; de l'autre, les émotions. C'est une proposition aberrante parce qu'elle ne correspond pas du tout à l'expérience vécue que nous faisons au quotidien de nos émotions, de nos idées, qui sont toujours nécessairement incarnées. Alors que si on accepte l'idée que, quoi que nous fassions – les choses les plus intellectuelles comme les choses les plus corporelles –, nous ne faisons qu'un, sujet et corps réunis ensemble, on s'autorise un accès à soi beaucoup plus immédiat, beaucoup plus direct et beaucoup plus simple. »

Dans le chapitre précédent, on a vu comment l'amour, le désir, le sexe étaient pris dans des logiques de marché, d'évaluation et de dévalorisation. Ce que la sociologue Eva Illouz montre aussi dans son essai *La Fin de l'amour*, c'est que le corps sexualisé des femmes n'a jamais été si marchandisé qu'aujourd'hui : c'est ce qu'elle nomme le « capitalisme scopique », fondé sur le regard. De fait, toutes sortes d'industries utilisent le corps des femmes pour en tirer une plus-value : le cinéma, la mode, la beauté, la pornographie. Ces industries ont transformé le corps des femmes en unités visuelles séduisantes et attirantes pour créer des marchés de masse.

À la télé, tu vois des potiches sexy qui s'agitent derrière l'animateur, tu vois des nanas qui cuisinent ou présentent des produits bidon au télé-achat. Mais tu ne vois pas de matchs de foot féminin, pas d'aventurières, pas de chercheuses.*

Petite fille, puis adolescente, j'ai comme nous toutes été exposée à des milliers d'images de corps féminins, toute la journée, un peu partout, à la télévision, sur les affiches dans la rue, dans les pubs pour des yaourts, des voitures ou du produit vaisselle, dans les films, dans les magazines. Partout j'ai vu, encore et encore, des images de corps de femmes, très souvent sexualisées, et presque toujours les mêmes : minces, blanches, grandes, valides, jeunes – dans notre culture dominante, on dit : "belles".

* Toutes les citations suivies d'un astérisque sont issues de *Dans la bouche d'une fille. Fragments sur le sexisme et le conditionnement du genre*, Collectif, sous la direction d'Astrid Toulon (éd. Albin Michel, 2021).

Pour de nombreuses femmes, cette surexposition produit la sensation de n'être qu'une sorte de brouillon raté, une mauvaise copie du corps idéal qu'on voit partout, tout le temps. C'est avec ça que j'ai grandi, en étant profondément insatisfaite du corps que j'avais, et angoissée de me sentir prise dans une contradiction impossible : comme femme, rien ne comptera jamais plus que mon corps, mais mon corps ne sera jamais comme il faut.

Quand tu tombes nez à nez avec une publicité pour un ensemble de lingerie que tu possèdes, mais porté sur une plastique parfaite, tu ressens un vague sentiment d'imposture. Comme si tu gâchais le travail des couturiers.*

Où voit-on représentées les femmes qui ne sont pas valides, ou qui sont grosses, ou vieilles, ou tout simplement non blanches ? Les industries scopiques ne montrent presque jamais l'infinie diversité des corps de femmes, ce qui crée des rapports absurdes à nos propres apparences. Myrlène, qui est noire et dont les cheveux sont crépus, m'a raconté que, pendant très longtemps, pour s'imaginer belle, elle s'imaginait blonde : « Je voyais une femme blonde, aux cheveux lisses, aux yeux bleus ; si je devais être jolie, je devais ressembler à ça. »

Tu ne comprends pas comment "Il faut souffrir pour être belle" est devenue une expression courante.*

Tu hallucines sur la différence de budget "soins et hygiène" entre ton copain et toi. Tu t'énerves en pensant à la parfaite cible marketing que tu as été pendant des années*.

Dans un système capitaliste, il est aussi très rentable de nous faire croire que nous avons le devoir d'améliorer nos apparences, tout en créant en même temps des modèles impossibles à atteindre. De nombreuses entreprises ont un intérêt financier à ce que les femmes soient perpétuellement insatisfaites de leur apparence. Maquillage, régimes, coaching, vêtements, coiffures : la haine et la honte de nous-mêmes nous font consommer toutes sortes de produits et de services pour corriger nos prétendus défauts.

Toutes ces industries scopiques nourrissent des normes esthétiques racistes, validistes, sexistes, et ces normes sont relayées par notre famille, notre entourage, nos amis, qui, par des remarques, des conseils, des regards, nous forcent dès le plus jeune âge à comprendre que nos corps ne nous appartiennent pas vraiment.

Tu as six ans. Ton frère de seize ans t'appelle "petit boudin" depuis des semaines, tu n'en peux plus. Ça fait rire ton père.*

Alors que tu ne lui as rien demandé, un ami commente : "Le haut de ton corps est très bien, c'est con que t'aies pas de fesses.*"

C'est ta mère qui t'a appris à vomir pour ne pas grossir.*

Dans son essai *Un corps à soi*, Camille Froidevaux-Metterie détaille et analyse toutes les étapes par lesquelles passent les femmes dans la relation qu'elles vont nouer avec leur corps, et toutes les façons dont elles en sont dépossédées. Elle met en évidence le rôle de l'hypersexualisation des corps féminins, qui commence dès la puberté, et parfois même plus jeune. C'est ce dont témoignait Françoise, la cinquantaine, dans un groupe de parole :

> « Je suis issue d'une famille où même les petites filles de 5 ans étaient hypersexualisées. À 5 ans, mon oncle m'a dit : "tu sais que tu as une bouche à pipes, toi ?" Le pire, c'est que je n'ai compris que très tard que c'était problématique, à l'époque je trouvais ça plutôt rigolo. J'avais vraiment intériorisé qu'on était là pour être "le bonbon" des hommes, ceux de la rue, et même ceux de la famille, qui peuvent s'approcher de toi et qui trouvent ça normal, limite flatteur. J'avais intériorisé que c'est toujours toi, le problème. »

Je me souviens de mes 8 ans, lors d'un mariage. J'étais assise sur les genoux de Jacky, un ami de ma mère que je connaissais bien – et que j'aimais beaucoup parce qu'il me racontait des histoires. Sauf que ce jour-là il m'a dit devant tout le monde, en rigolant : « Toi t'es une vraie petite salope, hein ? » Il l'a répété plusieurs fois, très fort. Les adultes autour trouvaient ça drôle, et moi j'étais affreusement gênée, j'avais honte, sans savoir pourquoi.

J'ai demandé à Camille Froidevaux-Metterie si ce phénomène d'hypersexualisation des petites filles était courant.

> « Il est assez minoritaire, ou, en tout cas, il n'a pas la même puissance dévastatrice que la sexualisation "tout court" qui se produit au moment de la puberté, quand les signes extérieurs de sexuation apparaissent. Car, contrairement aux garçons, les filles ne peuvent pas les dissimuler. Pour les garçons, le signe manifeste, c'est l'augmentation du volume des testicules dont personne n'a absolument aucune idée : elle se produit autour de 13 ans, mais on n'en sait rien, cela ne se voit pas. En revanche, l'apparition des seins des filles, on le voit immédiatement. Les filles dont les seins poussent constatent que leurs seins sont regardés. Elles comprennent quasi automa-

tiquement qu'elles ont un nouveau statut, aux yeux du monde et aux yeux des garçons notamment : celui d'être devenu un corps à disposition. »

Je me souviens de mes 11 ans. Cet été-là, plusieurs femmes adultes – ma tante, une amie de mon père, d'autres femmes encore – ont pincé le bout de mes seins et m'ont dit devant tout le monde : « Dis donc, ça pousse ! » À la rentrée suivante, les garçons dans ma classe ont fait circuler une liste sur laquelle ils avaient donné à chaque fille une note sur 20 : 5 points pour les fesses, 5 pour les seins, 5 pour les jambes, 5 pour la tête... Moi, je voulais une bonne note. Avec mes copines, on reprenait ce système de notation pour se moquer des autres filles, et on disait aussi des trucs comme : « Alice, c'est une crevette ; tout est bon, sauf la tête. » À une autre copine, on répétait « T'es conne, mais t'es bonne. » Ensuite, les garçons se sont mis à un nouveau *jeu* : dégrafer nos soutiens-gorges à travers nos T-shirts. Nous n'en avions pas conscience, mais nous faisions en réalité l'expérience de notre nouveau statut : ce moment, où, comme le décrit Camille Froidevaux-Metterie, devenant pubères, les filles doivent accepter comme une sorte de fatalité que ce corps sexuel devienne un objet de convoitise, de moqueries ou de critiques. Ce moment où on les dépossède de leur corps.

Tu regardes cette fille au corps "parfait". Tu te surprends à penser que si tu lui ressemblais tu serais plus heureuse.*

Avec mes copines, on a passé des heures à commenter nos corps, morceau par morceau. Nos complexes étaient infinis, nos critiques si précises, on aurait aimé tout changer – la taille de nos orteils, l'écart entre nos sourcils, la couleur de nos mamelons, la forme de nos culs.

« Ce qui est dramatique, poursuit Camille Froidevaux-Metterie, c'est que cette objectivation corporelle se traduit immédiatement pour les filles par une logique d'évaluation permanente, de comparaison et de concurrence entre filles. Puisqu'elles sont devenues des objets, c'est à celle qui sera l'objet le plus conforme, le plus appétissant, le plus adéquat, en fonction d'injonctions esthétiques qui varient sans cesse. Ce que cette objectivation produit est vraiment dramatique : les filles n'ont pas la possibilité d'entrer sereinement dans leur corps sexué, elles y entrent systématiquement par le biais de cette autoévaluation et de cette compétition perpétuelles entre filles. »

Sur un banc, avec un pote, vous analysez chaque fille qui passe devant vous. Tête, seins, cul... Tu as un avis sur tout.*

S'aimer soi-même, c'est refuser l'objectivation patriarcale et porter le projet politique de la réappropriation de nos corps.

Cette compétition, cette évaluation permanente, bien sûr que ça blesse les relations entre nous, que ça empêche souvent la sororité. Pendant longtemps, quand j'étais en présence d'autres femmes, mes yeux les découpaient en petits morceaux, comme des scalpels : je comparais, j'évaluais, je jugeais... et je savais qu'elles faisaient la même chose de leur côté. Jusqu'à récemment, dans ma famille, quand on se retrouvait avec ma mère, mes tantes, mes sœurs, la première chose qu'on commentait, c'était nos apparences, nos cheveux, nos mines, nos bijoux, nos vêtements, mais surtout : est-ce qu'on avait grossi ou maigri ?

Tu ne peux prendre du plaisir dans le sexe que si tu as un peu bu. Sinon, tu n'arrives pas à penser à autre chose qu'au jugement du mec sur ton corps.*

Tu es plus à l'aise avec les gens quand tu as le maillot épilé. Même si ces personnes ne te verront jamais à poil*.

C'est comme si on ne vivait pas dans notre corps, ou plutôt : on vit dans notre corps et, en même temps, quelqu'un d'autre à l'intérieur de nous le juge en permanence. Camille Froidevaux-Metterie parle de « dédoublement » :

> « Cela produit un dédoublement parce que les filles en viennent à intérioriser ce regard critique porté sur elles. Elles avancent ensuite dans la vie avec cet autre moi présent en elle-même en permanence, qui est en réalité cette partie d'elles qui se considère comme un corps objet. Elles développent alors une forme de narcissisme totalement aliénant, puisque ce narcissisme est à la fois soumis aux diktats esthétiques et porté par l'idée qu'elles ne sont jamais suffisamment bien. »

Vivre avec cette double conscience en permanence, être objectifiée et dépossédée : cela signifie aussi qu'on doit s'attendre à voir son corps critiqué, scruté, moqué. On sait que tout ce qu'on fait avec son corps peut être jugé, à tout instant, et quelles que soient les circonstances. À cet égard, le récit de Louise, la trentaine, est révélateur :

> « J'étais assise sur la plage, sur une petite île bretonne. J'étais toute seule – mon copain était parti chercher à boire – et j'ai soudain vu des personnes qui me regardaient en se marrant, et qui appelaient leurs potes avec des grands gestes en me pointant du doigt. Clairement, ils se foutaient de moi. À un moment, j'ai entendu le mot "poil", et ça m'a hyper énervée. En même temps je me sentais honteuse, parce que c'est ignoble quand quelqu'un se

moque de ton physique comme ça. Mais je ne voulais pas me laisser humilier, alors je suis allée leur demander s'ils avaient un problème avec mes poils, je voulais leur tenir tête. Sauf qu'au lieu de s'excuser, ils en ont rajouté en mode *C'est de ta faute, tu montres tes poils, c'est dégueulasse, assume maintenant*. C'était totalement lunaire. Ils ont fini par partir, mais un de leurs potes est revenu me voir pour me dire que lui, ça ne lui posait aucun problème, les poils – genre il voulait se taper la poilue ! »

J'adore la chute de cette histoire pour ce qu'elle révèle aussi, à mon avis, de la grande confusion qu'entretiennent beaucoup d'hommes hétérosexuels avec leur désir. S'ils se construisent comme corps désirants, ayant le droit de commenter le corps des femmes, eux aussi ont été habitués à ne voir qu'un seul type de corps, retouché, sans poils, sans gras... Cela les abîme aussi. Cela crée des attentes complètement irréalistes dans les relations hétéros ; cela entretient le dégoût des corps féminins, encourage leur agressivité, leur déception, leur mépris... ou les rend ignorants de leur propre désir.

Une des autres inégalités fondamentales qui pourrit nos relations amoureuses, c'est que les corps des femmes ne sont considérés comme désirables que durant une période très courte de nos vies. Je repense souvent à cette horrible phrase : *Les hommes vieillissent comme du vin, les femmes comme du lait.*

L'angoisse.

Là encore, l'apport des sciences sociales est précieux pour nous aider à penser cette inégalité dans sa dimension la plus politique, et l'analyse de Camille Froidevaux-Metterie me semble une nouvelle fois particulièrement éclairante :

« Après la puberté, le deuxième grand moment d'objectivation corporelle pour les femmes, c'est le moment de la ménopause qui marque une sorte de mouvement de rétropédalage dans lequel le corps cesse d'être sexué. C'est assez flagrant d'observer comment, en l'espace de quelques mois, le regard des hommes sur vous glisse plus rapidement. On n'est plus la même dans les yeux des autres, de tous les autres d'ailleurs, parce que c'est un phénomène d'invisibilisation sociale et pas seulement patriarcale. À éprouver au quotidien, c'est libérateur par bien des aspects : on cesse soudain d'être considérée comme un corps objet, et on peut enfin vivre et éprouver notre corps comme on le souhaite, sans être obsédée par la moindre de ses parties. Mais dans le même temps, puisqu'on est toujours entretenue dans l'idée qu'une femme qui a de la valeur est une femme dont l'apparence

souscrit aux normes dominantes, d'un point de vue narcissique, cela peut être aussi déstabilisant, voire franchement douloureux. Notamment quand on n'a pas réussi à faire ce travail de déconstruction et de distanciation par rapport aux normes patriarcales que l'on subit.
Pour les hommes, c'est tout l'inverse puisque les signes extérieurs de vieillissement sont valorisés : quelques rides, des cheveux en moins, même un ventre un peu bedonnant, ce sont des signes extérieurs de sagesse, d'expérience. Puisque ce qui fait la valeur des hommes, ce n'est pas leur corps, mais plutôt leur place dans la société et leur statut social, ils peuvent bénéficier très longtemps, y compris les plus repoussants, d'une forme d'attractivité et de valeur sur le marché de l'amour et du sexe qui est complètement antinomique avec ce que subissent les femmes. Cette inégalité dans l'évaluation des corps féminins et masculins qui prennent de l'âge est une des dernières grandes inégalités, et elle est immense parce qu'elle est peu pensée. »

Je me souviens de l'immense soulagement quand, dans les années 2010, sur les réseaux sociaux ou dans la rue, grâce à des associations, des artistes et des militantes, on s'est enfin mis à parler publiquement de sujets auparavant considérés comme anecdotiques, voire répugnants, qui concernaient le corps des femmes dans ses dimensions les plus intimes : les règles, le clitoris, les poils, la vulve, les seins... Et l'énorme question des violences, qu'elles soient gynécologiques, obstétricales, sexistes ou sexuelles. Ces prises de parole, qui ont culminé en 2017 avec le mouvement #MeToo, sont à la fois douloureuses *et* joyeuses.

Poil. Vestibule. **Périnée.** Règles. **Mouille.** Cervix. **Seins.** Squirting. **Épisiotomie.** Mamelons. **Vulve.** Utérus. **Ovaire.** Tube utérin. **Dicklit.** Clitoris. **Vagin.** Lèvres. **Endométriose.** Dyspareunies. **Orgasme.** Éjaculation. **Cyprine.** Prostate. **Gland.** Anus. **Corps caverneux.** Corps érectiles. **Lactation.** Transpiration. **Mammectomie.** Tétons. **Scrotum.** Circlusion.

Ce sont de ces révoltes contre les violences infligées à nos corps que sont en train de naître de nouveaux possibles, d'immenses espaces de joie, de plaisir, de jouissance. C'est ce que Camille Froidevaux-Metterie nomme « le tournant génital du féminisme » :

« En dépit de toutes les avancées qui ont suivi la révolution féministe des années 1970, le corps des femmes était jusque-là resté "à disposition", notamment dans sa dimension sexuelle. Aujourd'hui, je crois que nous vivons un second grand moment de cette révolution féministe : les femmes ont décidé de se réapproprier ce corps dont elles sont dépossédées depuis toujours, et de le faire vraiment dans toutes ses dimensions. De la même façon qu'il n'y a pas un centimètre cube du corps des femmes qui échappe aux injonctions et aux diktats, aujourd'hui il n'y a plus un centimètre du corps des femmes et des personnes sexisées qui échappe à sa réappropriation, c'est-à-dire à une forme de réflexivité. On voit surgir une volonté de repérer tous les mécanismes patriarcaux qui perpétuent la dépossession et l'objectivation corporelles, pour les déconstruire et s'en débarrasser, et leur substituer une nouvelle façon de vivre nos corps, notre sexualité, notre apparence, en nous efforçant de révéler la pluralité et la diversité infinie des corporéités féminines, mais aussi l'ampleur de notre capacité d'action sur notre propre corps. »

Je dois dire que j'ai très longtemps vécu comme si je n'avais pas de corps. Ou plus exactement, j'étais dissociée : j'étais une tête posée sur un corps, que de toute façon je détestais. Toutes les activités physiques que je m'imposais visaient d'abord à transformer mon apparence : la course pour maigrir, la nage pour dessiner mes bras, danser pour avoir un beau maintien. Et puis, à 24 ans, après avoir passé des années à Paris, à étudier dans le très chic 6e arrondissement – où tout le monde semblait beau, mince, bien habillé –, puis à travailler à la télé – ce qui n'a rien arrangé à la haine que j'avais de moi-même –, j'ai décidé que j'en avais assez d'être autant coupée de mon corps ; que je voulais apprendre à l'éprouver, que j'avais besoin de faire quelque chose de mes mains.

Alors j'ai décidé d'être bénévole, pendant quelques mois, dans une grande ferme collective. Quand je suis arrivée, c'était l'automne en Andalousie, la saison de la récolte des olives. J'ai passé plusieurs semaines à transpirer, à taper sur les branches des oliviers avec un long bâton pour en faire tomber les fruits, en comprenant peu à peu comment bouger mes bras et mon dos pour être plus efficace. Je m'endormais, les muscles douloureux, pleine d'une joie inédite pour moi : celle de me rendre compte, physiquement, peut-être pour la première fois de ma vie, que mon corps n'était pas qu'un objet destiné au regard des autres. Que mon corps était vivant, qu'il était capable de faire des choses.

Il y a tant de façons de créer de nouvelles relations à nos corps, de nous *désobjectifier*, loin du dégoût, du mépris, de la honte et de la haine de soi. Cela peut notamment passer par l'action : déplacer des choses lourdes, grimper aux arbres, planter des clous, jardiner, casser des murs. Comprendre, dans nos corps, que nous avons une prise sur le monde, et que nous sommes donc des sujets. Comme le dit Camille Froidevaux-Metterie, sortir de cette vision du corps des femmes comme objet, c'est le projet de l'émancipation de toutes les personnes sexisées. En ce sens, s'aimer soi-même, c'est refuser l'objectivation patriarcale et porter le projet politique de la réappropriation de nos corps.

S'aimer soi-même, ça veut dire: devenir des corps de plaisir, de notre propre plaisir; que nos sensations corporelles soient notre première boussole; à travers nos sens, nous reconnecter à la jouissance d'être vivantes.

manger parce que c'est bon

être massée

s'habiller pour le confort, dans des vêtements qui nous laissent enfin respirer

s'habiller pour la sensation des étoffes sur sa peau, la sensualité de la laine, de la couleur vive, des vêtements amples

se masturber

faire du sport pour éprouver ses muscles

se baigner au soleil pour le plaisir de sentir sa peau chauffer, et pas parce qu'on veut bronzer

danser, pour le plaisir du mouvement, danser sans imaginer de quoi on a l'air

Après la récolte des olives, on m'a chargée de garder un troupeau de 120 chèvres. Tous les matins à 6 heures, j'allais les traire, à la main, et puis on sortait, et je devais les suivre toute la journée, surveiller qu'elles ne s'échappent pas, déplacer des grosses pierres devant les trous que les sangliers avaient creusés sous le grillage pendant la nuit.

C'est là que j'ai découvert que j'étais capable de marcher longtemps, six ou huit heures par jour. Je me souviens de ces semaines passées à regarder les plantes et le ciel, à écouter les insectes et les oiseaux, à toucher la terre et à sentir que quelque chose changeait dans mon corps, et donc aussi dans mon rapport au monde. Que je m'y sentais un peu plus reliée. Aimer son corps, ça peut aussi être l'envisager autrement que par le prisme esthétique; s'intéresser à l'anatomie, à la physiologie, se dire que cet ensemble de nerfs, d'os, de muscles, de peau, de cellules qui tiennent toutes ensemble est miraculeux. Se dire qu'il est totalement fou que nos cœurs battent encore et encore, comme ils l'ont fait des milliards de fois depuis l'époque où nous n'étions que des fœtus de quelques semaines.

Au milieu des montagnes, sans personne pour me regarder, suante, ébouriffée, poilue, pas maquillée et sans soutif, le pantalon plein de terre, j'ai observé les chèvres pendant des heures. Je les adorais parce qu'elles avaient chacune leur caractère – timide, farceuse, belliqueuse… J'adore les chèvres parce qu'elles sont malines et têtues, et que, même à l'état sauvage, elles vivent toutes ensemble, loin des boucs. Je les regardais brouter tranquillement ou se battre à coups de cornes, en repensant à ma vie d'avant, et je me souviens de cette révélation : elles n'en avaient rien à faire, de leur apparence, elles. Ça n'avait strictement aucune importance dans leur vie. Belladonne, avec sa corne cassée, ses cicatrices, sa barbichette, elle s'en moquait, de savoir à quoi elle ressemblait. Et Topaze (oui, elles avaient toutes des noms de pierres précieuses, de fleurs ou de fleuves), elle n'était pas en train de s'insulter à cause de ses mamelles pendantes, le pis gauche largement plus bas que le pis droit.

Je me souviens m'être dit que je pourrais peut-être essayer, moi aussi, de devenir chèvre… Juste un petit peu : laisser exister mon corps, sans le juger, sans me scruter, sans le regarder. Et l'écouter : boire quand j'ai soif ; manger quand j'ai faim ; crier quand j'ai la rage.

Je me suis aimée un peu plus, non pas parce que je trouvais mon corps beau ou désirable, ou plaisant ou appétissant, mais parce que je comprenais, un peu plus profondément, que j'existais ; que je n'avais pas un corps, mais que ce corps, c'était moi ; que j'étais incarnée, donc vivante. Vivante, et donc sujet.

Après une année avec mes chèvres, je suis rentrée chez moi. J'ai remis mes talons, mon vernis à ongles, je me suis réhabituée à être scrutée, commentée, harcelée dans la rue, j'ai recommencé à m'insulter de temps en temps devant un miroir, à me sentir moche, inadéquate, insatisfaite. Mais quelque chose a changé. Désormais, dans les moments où je voudrais être plus belle, plus mince, différente, dans les moments où je me sens moche et pas comme il faut, où j'ai peur de vieillir, peur de mes rides et de mes seins qui tombent, où je me reprends à m'insulter, à mépriser mon propre corps, alors je croise mon reflet dans le miroir et je fais : « Bêêêêêê… »

déformater son regard

se rendre compte que rien n'est vraiment laid, difforme, raté aller se promener au musée, chercher des corps qui nous ressemblent

aller au hammam et voir d'autres personnes nues

s'abonner à des centaines de comptes Instagram, qui montrent des bourrelets, des vergetures, des rides, des cicatrices, et trouver ça beau

reconnaître la beauté dans des endroits de plus en plus inattendus

faire des pactes avec ses amies, sa mère, ses cousines: *jamais plus jamais on ne commente spontanément l'apparence les unes des autres, d'accord?*

jouir pour guérir; guérir des blessures, des violences, de la dissociation traumatique; tout doucement

se traiter, quoi qu'il arrive, comme une amie, une amoureuse, une gardienne protectrice une déesse

C'est la pensée politique qui me guérit de mes névroses intimes.

Parce que nous sommes nos corps, que nos émotions et nos pensées sont liées, **écouter nos corps, c'est politique**. C'est se relier à notre puissance, à notre intuition, ça bouleverse notre lien aux autres. Parce que c'est dans son ventre qu'on sent le désir, mais aussi le danger.

C'est le féminisme qui t'a libérée de tes troubles alimentaires, tu as compris que tu n'avais pas à être le plus mince possible, à prendre le moins de place possible, tu as compris que tu n'avais pas à disparaître.*

Se relier à notre corps, c'est lutter contre toutes les violences qui nous en ont coupées: c'est résister. Se défaire de l'objectification et de la haine de soi transforme nos relations. Et alors toute cette énergie dépensée à compter ses calories, à se tourmenter, à se comparer, à s'envier, on peut enfin la consacrer à autre chose.

À lutter. Et à s'aimer.

Chœur 7

Tant d'heures perdues !

Dans l'épisode "Devenir chèvre", je me suis reconnue dans tout. Dans les privations de nourriture, le sport uniquement fait pour des raisons esthétiques, la charge mentale de penser en permanence à la nourriture, les craquages quand je n'en peux plus et la culpabilité qui suit, cette façon de découper mon corps en morceaux pour savoir lequel je hais le plus, ce dégoût de moi si fort que je ne supporte pas que mon compagnon me touche... c'est à la fois rassurant et vertigineusement triste d'avoir à nouveau une preuve que je ne suis pas seule.
Et pourtant je colle à tous les critères de beauté actuels : je suis blanche, encore assez jeune (j'ai 30 ans), mince, blonde, valide, cis... La liste de mes privilèges sur ce point n'a pas de fin. Et je culpabilise de me sentir comme cela alors que mon militantisme m'a amenée à croiser des personnes qui sont réellement stigmatisées par la société car grosses, trans, handicapées, racisées...
Je suis aussi très en colère. Alors que j'ai lu, écouté, discuté de ces sujets des heures durant, que je suis féministe depuis des années, que je discute avec les personnes de mon entourage lorsqu'elles critiquent leur apparence physique, que je reprends celleux qui font des commentaires non sollicités sur la mienne, que je comprends les mécanismes sociétaux et psychologiques qui sont à l'œuvre... je tombe quand même dans le panneau ! Quelle féministe en papier mâché je fais !
Comment après toutes ces années, ce passage où vous proposez de s'habiller de façon confortable, de manger de bonnes choses, de se reconnecter à nos sensations peut-il encore me faire autant pleurer ? Comment le simple fait d'imaginer arrêter de haïr autant mon corps peut-il me sembler si insurmontable ?
Ce corps que je maltraite au quotidien par la quantité de stress que je lui impose, les produits nocifs que je lui applique pour ne pas qu'il transpire, alors même qu'il me permet de traverser la ville à vélo, et

ce temps infini qui est perdu surtout ! Avec tout ce temps, j'aurais pu apprendre trois langues, faire le tour du monde, lire toute une bibliothèque ou simplement vivre de façon plus douce. C'est peut-être ça le secret de la domination masculine, faire perdre autant de temps et d'espace mental aux personnes assignées femmes. **Auriane**

Je me suis dit : "Tu te souviendras de quoi quand tu seras sur ton lit de mort ? Du nombre de bourrelets que tu avais ou des rencontres, des voyages et projets que tu as menés ?" C.

Les seins, c'est pour plaire aux garçons

Ma fille de 8 ans et demi m'a demandé hier : "Mais au fait, ça sert à quoi les seins ?" Moi qui n'en ai pas, qui aurais rêvé d'en avoir, qui me suis construite en fonction de cette "platitude" et qui ai quand même allaité mes trois filles, j'ai meublé comme une cruche en commençant par cette fonction "animale" d'allaitement, tout en réfléchissant à une réponse... Et là, elle m'a interrompue pour me dire : "C'est pour faire plaisir aux garçons, hein ?"
Et voilà : elle a 8 ans, et tout dans la société (les films, la pub, la mode...) lui dit déjà que son corps doit et va servir au plaisir des garçons... Sa grand-mère (et les gens en général) ne commente que son physique – elle a grandi, pas grandi, elle est bien coiffée, mal coiffée, bien habillée, mal habillée, etc. Mais ce qu'elle pense, ce qu'elle fait, ce qu'elle aime, ça n'intéresse personne. **Anne**

Ça fait littéralement 25 ans que je m'observe. Que je me juge dans les moindres reflets que la ville m'offre (Abribus, vitrines, miroirs...). Et que je laisse les hommes qui disent m'aimer me jauger, me juger. Alors que moi, je ne suis même pas foutue de savoir si je les aime minces, gros, petits ou grands. Je les accueille tels qu'ils sont. Chauves, avec les dents de travers, les épaules tombantes, pas assez de pecs, trop de gras... je m'en cogne. **Charlotte**

Couper les corps en tranches

Il m'arrive de sortir la tête de l'eau, cette eau familière où je nage depuis la puberté, où le corps des femmes est objet de désir, mais selon des règles très restreintes et normatives. Je dois dire que j'ai du mal à les dépasser. Si je suis honnête avec ce qui m'excite et ce que je regarde chez une femme, je suis assez classique et banal, et de fait mon désir n'apparaît que selon des critères très restrictifs ("beau" cul, poitrine, bouche, visage, yeux, etc..).
J'avoue avec une certaine honte que des pensées me traversent quand je regarde mon amoureuse : *Dommage que son corps ne soit pas parfait, pas universellement désirable, qu'elle ne soit pas le canon qui fera tourner la tête des autres hommes, je leur serais supérieur puisque c'est avec moi qu'elle couche, etc.*
Je me suis récemment rendu compte que je n'avais absolument pas ce type de regard sur mon propre corps, alors je me le suis retourné, ce regard. Moi qui me suis toujours plutôt vu comme un bel homme dans son entièreté, je ne m'étais jamais découpé en tranches comme je le fais avec les femmes : en le faisant, j'ai découvert mes fesses plates, mon côté court sur pattes... et la liste n'en finit pas de s'allonger ! Cela rend l'exercice presque drôle, et en démontre l'inanité... Et ça augmente la gêne que j'ai de faire ça, aussi. Ne fais pas aux autres ce que tu n'aimerais pas faire à toi-même. **Julien**

Aujourd'hui, opère toujours dans un coin de ma tête l'idée insidieuse, rampante, inextirpable, que quand mon corps est "beau" (c'est-à-dire quand le sport porte ses fruits, que je m'y sens puissante), il est "dommage" qu'il ne soit pas mis à profit. Au sens de : *mis à disposition*. Comme lorsque j'étais jeune adulte et que je me jetais dans les bras de tout homme cis-hétéro qui disait me désirer : j'étais assujettie à ce regard de l'homme cis-hétéro que j'aurais tant voulu exercer moi-même. **Victoria**

Obsession du poids... et poids des regards

J'ai grandi dans une famille modeste. À table, mon père n'arrêtait pas de dire à ma sœur de faire attention à ce qu'elle mangeait parce qu'elle avait tendance à prendre du poids, plus que moi et mon frère. Alors petit à petit, j'ai compris que pour être aimable et être aimée, il fallait que je contrôle ma nourriture, que je sois fine, que je ne prenne pas un gramme.

Du coup, je n'arrêtais pas de me comparer à ma sœur et aux autres filles, puis aux femmes qui m'entouraient. Pour être le plus aimée possible, il fallait que je sois la plus maigre possible. À la fin de mon lycée, je suis devenue anorexique, puis boulimique.
Quinze ans après le début de cet épisode anorexique, je ne suis plus obsédée par la nourriture, ça ne prend plus toute la place dans ma tête, mais j'ai repéré qu'à chaque fois que je croisais une personne, la première chose que je regardais et que je jugeais intérieurement, c'était son poids, son apparence physique. Est-ce qu'elle est belle ? Est-ce que son poids est acceptable ? Ou est-elle trop grosse ?
J'ai pris conscience de ce jugement inconscient, de cette évaluation et comparaison immédiate et, de retour dans ma famille, en écoutant mes parents et grands-parents parler, je me suis aperçue que l'apparence et le poids étaient quelque chose qui revenait absolument tout le temps. **Anne-Maëlle**

Mon corps et celui des autres ont toujours été beaucoup commentés dans ma famille. Quand des ami·es repartaient de chez nous, mes parents avaient pour habitude de faire un petit bilan de leur visite, qui avait pour objet principal de commenter leur corps, leur allure, si oui ou non ils ou elles avaient pris ou perdu du poids, etc. Au collège, puis au lycée, tout le monde trouvait toujours prétexte à donner son opinion sur mon corps : les autres élèves, mes ami·es, les parents de mes ami·es (le fameux "Alors, ça pousse ?"), les profs, ma prof de danse (qui nous faisait monter sur la balance !) ou les médecins. **Cécile**

Redevenir chèvre

Moi aussi, j'ai mis très longtemps à devenir chèvre. Ou plutôt à le redevenir – car quand j'étais enfant, avant la puberté qui m'a fait devenir *une fille*, j'étais une chèvre. Je courais, je nageais, je grimpais aux arbres, je sautais à la corde, je jouais à chat. Mon corps, c'était moi, il me faisait ressentir des choses incroyables, et jamais je ne me demandais s'il était beau.
Puis j'ai commencé à avoir des seins, et le monde m'a rangée dans la case "fille". À mater, à peloter, à harceler, à noter, à empoigner. Mon corps ne m'appartenait plus puisque apparemment on avait le droit de le toucher sans que j'y consente. Alors je m'en suis détachée et j'ai commencé à vivre uniquement dans ma tête. **Marie**

Un jour, j'ai réalisé qu'un complexe en cachait toujours un autre. Si j'arrivais à perdre ces kilos en trop, mon nez serait subitement plus bossu ensuite. Et après, si je faisais une rhinoplastie, mes varices deviendraient tout à coup la chose prioritaire à corriger. Une escalade infinie de haine envers soi-même. **Mylène**

Juste me sentir bien

Il y a un message qui m'insupporte depuis plusieurs années par rapport au cancer : c'est tous ces discours "pour rester belle" ou "pour se sentir belle" pendant un cancer. Mais fuck en fait ! Moi je m'en fous de ne pas être belle, je veux juste me sentir bien avec le moins d'événements désagréables comme les nausées, les irritations, la fatigue, etc. Je ne comprends pas pourquoi on incite les femmes (et pas les hommes, ça n'existe pas, ça, pour eux) à rester belles alors qu'elles en chient et que ça devrait être le dernier de leurs soucis. Qu'il y ait des produits de beauté, du maquillage, de jolis foulards pour aider pendant cette période peu réjouissante, OK, ça peut même réconforter. Mais le message qui est renvoyé ne me convient pas. Les mecs, eux, on ne leur dit pas de rester beaux pendant leur chimio, de continuer à se sentir homme. **Éléonore**

Des années pour trouver la gratitude

Je suis danseuse. J'aime bouger pour le plaisir de sentir la sueur couler le long de mon front et mon cœur battre la chamade. J'aime la chaleur que le mouvement procure à mes muscles et j'aime la montée d'endorphine quand tout s'arrête. J'aime sentir le rythme de la musique me traverser et me faire frémir jusqu'au plus profond de mon être. Et rien que le fait que mon corps me permette de ressentir cette joie intense me donne de la gratitude. De la gratitude que j'ai mis des années à trouver, mais qui aujourd'hui me permet de me dire : j'aime mon corps car mes jambes, mes bras, mes muscles et mon cerveau me permettent de vibrer. **Laura**

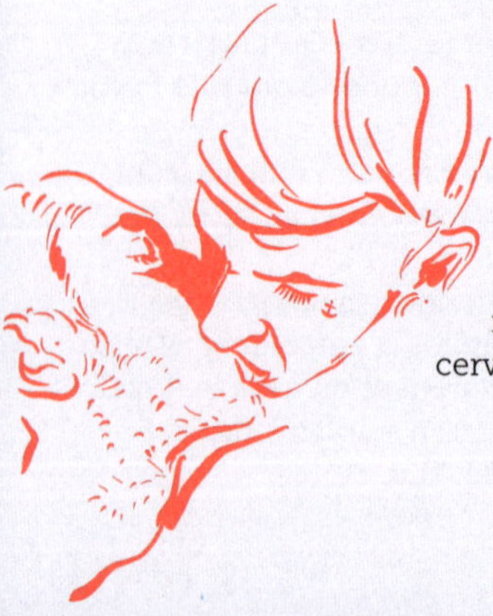

Une fois, je me suis proposé l'exercice suivant : nue devant une glace, je me suis demandé pour chaque partie du corps que je voyais en quoi cette partie était belle, ou en quoi je la remerciais pour ce qu'elle me permettait de faire, ou en quoi je voyais en elle les péripéties que cette partie avait dû traverser, en quoi ce que je voyais était un témoignage de certains moments de ma vie. Beaucoup de gratitude et de compassion sont nées de ce simple dialogue. **Sophie**

Le sport comme un jeu d'échecs avec son corps

En MMA et en lutte au sol, chaque centimètre de peau compte. Tu découvres que ta peau est vraiment un organe ! Tu sens une autre manière d'être vigilante par rapport à ton corps. En lutte, il faut être ton corps jusque dans ses moindres détails, mais aussi un peu le corps de l'autre pour sentir l'opportunité qui va te donner l'avantage. Ensuite, comme ce n'est pas vraiment un combat, mais plutôt un jeu d'échecs avec ton corps, tu dois le respecter comme une chose vivante, mais tu dois aussi respecter le corps de l'autre de la même manière. On parle très peu en cours de sport de combat, l'outil de communication principal est le corps, la peau, le mouvement. Comme l'information passe vite, il faut que la réponse soit presque un réflexe ! C'est une tension permanente entre le réflexe et la stratégie du combattant. Tu n'as plus le temps de penser à autre chose, tu es ton corps parce qu'il y a trop d'enjeux à ne pas l'être. **Liljana**

Sources

Mona Chollet, *Beauté fatale. Les nouveaux visages d'une aliénation féminine* (éd. Zones, 2012)

Camille Froidevaux-Metterie, *Seins. En quête d'une libération* (éd. Anamosa, 2020) et *Un corps à soi* (éd. Seuil, 2021)

Eva Illouz, *La Fin de l'amour. Enquête sur un désarroi contemporain* (éd. Seuil, 2020)

Susie Orbach, *Le poids est un enjeu féministe* (éd. Marabout, 2017)

Dans la bouche d'une fille. Fragments sur le sexisme et le conditionnement du genre, Collectif, sous la direction d'Astrid Toulon (éd. Albin Michel, 2021)

Ressources

Film

Laurence Anyways, de Xavier Dolan (2012)

Le jour de son trentième anniversaire, Laurence annonce à sa compagne, Fred, son besoin d'effectuer une transition du genre masculin au genre féminin. Pendant dix années, ses longues métamorphoses médicales et psychologiques vont mettre à l'épreuve leur relation amoureuse.

Chanson

« Sur toi, le temps laisse des traces
et je sens que je change aussi
Avance, ton arme à toi
c'est l'espérance
À chaque jour qui recommence,
on recommence notre vie
Carcasse, depuis longtemps
quoi qu'on y fasse
Et jusqu'à ce qu'on se défasse...
tu restes ma meilleure amie »

Carcasse, d'Anne Sylvestre (1981)

Une pratique

Yoga, wutao, biodanza, tai-chi, danse libre, qi gong, gaga dance, dao yin... toutes les disciplines qui permettent de relier le corps et l'esprit.

Essai

Notre corps, nous-mêmes, collectif (éd. Hors d'atteinte, 2019)

« Puberté, sexualité, contraception, avortement, accouchement, vieillesse, mais aussi riposte et émancipation... À travers de multiples récits d'expérience, des témoignages récoltés lors de groupes de parole et d'entretiens, ainsi que des données médicales et scientifiques, ce manuel féministe propose des outils permettant aux femmes de mieux se connaître et de se sentir plus sûres et plus fortes, ensemble. Traduit pour la première fois en France en 1977, ce livre en est une version entièrement réactualisée. »

Article

« Arrêtez de me "féliciter" d'avoir perdu du poids ! »,
d'Océane Viala (Madmoizelle, 2020)

Dans ce témoignage plein de ressources, l'autrice explique comment arrêter de cultiver la grossophobie systémique et comment comprendre certains fonctionnements des troubles du comportement alimentaire.

Roman

Les Mots pour le dire, de Marie Cardinal (éd. Grasset, 1975)

La maladie de la narratrice, qu'elle nomme « la chose », se manifeste par un écoulement ininterrompu de sang, que les médecins ne parviennent pas à soigner. C'est la psychanalyse qu'elle suivra durant sept ans, trois fois par semaine, qui la guérira, par un voyage intérieur qui lui permettra de se remémorer les événements traumatisants de son enfance – la séparation de ses parents, la mort de sa sœur et de son père, son éducation par une mère tyrannique et froide.

Documentaire

Crip Camp : la révolution des éclopés, de Jim LeBrecht et Nicole Newnham (2020)

À deux pas de Woodstock, Camp Jened a accueilli, de 1951 à 1977, des centaines de jeunes en situation de handicap. Les archives vidéo et les interviews décrivent les parties de baseball, les flirts, la vie en communauté, mais aussi les échanges nombreux autour du handicap et des difficultés rencontrées au quotidien. Peu à peu, Camp Jened se transforme en agora politique et sème les graines du mouvement pour la reconnaissance des droits des personnes handicapées, dans le sillage de la lutte des droits civiques.

Série

Dietland, de Marti Noxon (2018)

Alicia Kettle, surnommée Plum (prune) à cause de son obésité, est rédactrice fantôme pour le courrier des lectrices d'une des plus puissantes éditrices de mode de New York. Décidée à subir une intervention chirurgicale risquée pour obtenir le corps de ses rêves et être enfin heureuse (croit-elle), elle croise la route d'une mystérieuse organisation féministe terroriste, les "Jennifer", qui font disparaître des hommes accusés de violences sexuelles et jettent leurs corps du haut des gratte-ciel.

BD

Chattologie, de Klaire fait Grr et Louise Mey (éd. Hachette Pratique, 2021)

Syndrome prémenstruel, ménopause, composition douteuse des protections hygiéniques, taxe tampon, violences obstétricales, désert gynécologique dans de nombreux territoires français : *Chattologie* est un ouvrage drôle et documenté sur les menstruations, à cheval entre l'essai et la bande dessinée. « Parce que les règles, c'est un sujet à la fois grave et léger, et parce qu'un cheval, c'est toujours pratique. »

Podcast

« Politiser nos corps », La Poudre [épisode 85], avec Bertoulle Beaurebec, par Lauren Bastide (Nouvelles écoutes, 2021)

Bertoulle Beaurebec est une artiste afroféministe queer, autrice de l'essai *Balance ton corps*, manifeste pour le droit des femmes à disposer de leur corps, qui s'appuie sur son expérience de travailleuse du sexe et de performeuse pour porter un regard critique et constructif sur nos rapports à nos corps et à la sexualité.

Instagram

Ces comptes, parmi des milliers d'autres, offrent des représentations corporelles différentes des normes habituelles.

@felicityhayward @douzefevrier @i_weigh @harnaamkaur @spookyfatbabe @nonairbrushedme @mikzazon @stephaniezwicky @bonjourmoncorps @thebodyoptimist @livingwithclaireity @meganjaynecrabbe @coucoulesgirls @the.vulva.gallery @rvbyallegra @celestebarber @danaemercer @behindthescars_ @theeverymanproject @ely_killeuse @grosse_avec_frange @shelbykinsxo @lafillequiadestaches @gaelleprudencio @lizzobeeating @maryscupofteaa

Œuvre d'art

Le Réveil, d'Eva Gonzalès (1877)

Peintresse impressionniste, comme ses contemporaines Eva Gonzales n'a pas eu accès à une éducation aux Beaux-Arts ni à des modèles vivants ; elle peint donc souvent les femmes de son entourage comme ici sa sœur, Jeanne. Dans cette œuvre, la femme sur le lit n'est ni nue ni à la merci de qui que ce soit ; elle se repose, réfléchit, rêve éveillée, un livre sur sa table de nuit.
Un moment de self-care, une parenthèse durant laquelle elle est libérée du regard masculin.

l'ingénieur et l'infirmière

Elle veut toujours parler de notre relation, c'est relou · **J'ai peur de le saouler avec mes questions** · Elle est trop sensible · **J'aimerais qu'il soit plus tendre, affectueux, démonstratif** · Elle en a jamais assez · **Je ne sais même pas ce qu'il ressent** · C'est de la prise de tête tous ces trucs · **Il ne m'écoute pas** · Elle est chiante · **Je me suis occupée de tout le monde, mais qui s'occupe de moi ?** · Je n'ai besoin de personne · **S'il m'aimait il comprendrait** · On va pas y passer des plombes · **Je pense qu'il a été très blessé dans son enfance** · T'es compliquée, hein · **Enfin je dis ça, je dis rien, je sais pas** · On a pas besoin de parler · **C'est quelqu'un de secret** · Je suis tout le temps en colère · **Je suis complètement déprimée** · Elle est trop en demande · **Toute seule je suis perdue** · Y'a pas de questions à se poser · **J'ai trop de sentiments** · Je m'en fous · **Il va bien finir par comprendre... enfin je ne sais pas** ·

> «Je suis en couple depuis quatre ans, avec un homme qui est à l'opposé de moi. Il ne m'a jamais dit *je t'aime* parce que ça ne sert à rien de le dire. Il ne dit pas que je lui manque alors que je suis en déplacement trois semaines par mois, parce que c'est évident... Il pense qu'il faut être heureux tout seul pour être heureux avec quelqu'un, et je suis d'accord avec lui sur ce point. Mais c'est un énorme exercice de vivre avec quelqu'un qui peut me dire qu'il trouve cool qu'on soit ensemble mais qu'il n'a pas besoin de moi pour être heureux. Il me dit : "Tant que je rentre tous les soirs, c'est que tout va bien, il n'y a aucune raison de s'inquiéter... mais je n'ai pas besoin de toi." Moi, je ne sais pas dire ça. Moi, je pense que j'ai besoin de lui.»

Je me souviens très bien quand Julie a raconté cette histoire, dans un cercle de parole à Perpignan. Dans le groupe, on a toutes hoché la tête, on comprenait exactement ce qu'elle voulait dire. Ensuite, c'est Alba, la trentaine, qui a pris la parole pour parler de son propre couple, qu'elle venait de rompre, lassée du manque d'implication de son partenaire.

> «Il y a quelques années, parce qu'on n'arrivait pas à communiquer avec mon mec, j'ai voulu qu'on fasse une thérapie. Ça a été un échec total. Je ne sais pas à quoi il s'attendait, mais il a été très vexé, et après la première séance il n'a plus voulu y retourner. Au bout d'un moment, j'ai arrêté d'essayer d'arranger les choses, de provoquer des discussions. J'ai fini par lui dire que je n'irais pas plus loin, que j'avais déjà tout donné. On ne peut pas porter un couple seule. Les hommes en parlent moins avec leurs amis, ils se posent moins de questions, alors que nous, ça tourne toute la journée dans notre tête. *Est-ce que ça va, est-ce que je devrais faire ça pour arranger les choses ?* etc. Mes copines se posent ces questions en permanence. Les hommes, ils se disent juste *Je suis en couple.*».

Les propos d'Alba et de Julie illustrent ici un concept crucial quand on réfléchit à ce qu'est l'amour en pratique : le travail émotionnel. La façon dont on s'écoute, dont on se parle, dont on se préoccupe des autres. Ou dont on s'en fout.

Je le constate dans ma vie : la base de toutes mes amitiés féminines, ce sont de longues conversations intimes, des confidences et des conseils, avec beaucoup de détails. On se raconte comment se sont passées les discussions, on élabore des théories psychologiques, et certaines lisent même des livres sur les relations, on s'échange des trucs et astuces pour "bien se parler", "bien se comprendre", et même "bien se disputer". Bref : on fait du travail émotionnel.

Pas seulement avec nos amies d'ailleurs. Avec des inconnues aussi : j'ai souvent remarqué la facilité avec laquelle des femmes peuvent se mettre très vite à se raconter des choses assez intimes. On sait que ce sont aussi les femmes qui le plus souvent font la démarche de consulter un·e thérapeute de couple quand ça va mal, qui s'inscrivent le plus à des stages, des formations, des conférences de développement personnel, qui lisent des livres sur le sujet.

Irène Jonas est photographe, sociologue et militante féministe depuis les années 1970, et elle a analysé les outils couramment proposés pour résoudre les difficultés relationnelles au sein des couples. Elle évoque notamment un livre, dont elle a découvert l'existence au cours d'un dîner entre femmes, qui prétendait permettre de comprendre les relations entre les hommes et les femmes, *Pourquoi les hommes n'écoutent jamais rien et les femmes ne savent pas lire les cartes routières*, d'Allan et Barbara Pease. Un best-seller vendu à des millions d'exemplaires dans le monde entier depuis les années 1990, auquel leurs auteurices ont donné plusieurs suites : *Pourquoi les hommes mentent et les femmes pleurent ?*, *Pourquoi les hommes veulent du sexe et les femmes de l'amour ?* ou encore : *Pourquoi les femmes se grattent l'oreille et les hommes tournent leurs alliances ?* Tous ces livres proposent des explications liées à la génétique, à l'évolution, à un mythique passé préhistorique. Ils véhiculent l'idée que les hommes et les femmes sont par nature totalement différents, comme s'ils venaient de deux planètes éloignées, et qu'il faut *faire avec*. Un discours qualifié de « différentialiste » par Irène Jonas, qu'elle a retrouvé dans tous les livres de développement personnel qu'elle a analysés pour ses recherches.

Les hommes viennent de Mars, les femmes de Vénus

Mars et Vénus au travail

Mars et Vénus se rencontrent
Mars et Vénus sous la couette
Femme cherche homme qui fuit
Attirer l'amour par les lois de l'attraction
Guérir de ses blessures affectives
Apprendre à mettre un homme dans sa poche
Comment faire rimer amour avec toujours ?
Les cinq langages de l'amour

Je ne méprise aucunement ces ouvrages. J'en ai lu plusieurs, et je pense qu'ils répondent à une quête bien compréhensible que je partage : celle de vivre en paix et en harmonie avec la personne qu'on aime. En revanche, je m'interroge sur les méthodes qu'ils préconisent, sur les grilles de lecture qu'ils utilisent pour expliquer les conflits dans les couples hétéros. Je m'interroge aussi sur cette réalité implacable : les lecteurs de ces livres, et donc de leurs théories différentialistes, sont dans leur écrasante majorité des... lectrices. Pourquoi ? Irène Jonas s'est penchée sur la question avec ses lunettes de sociologue féministe :

> « Le piège de ces livres, c'est qu'ils partent d'une réalité : il y a des femmes qui se plaignent et il y a des hommes qui s'agacent. Et à partir de cette réalité, ils proposent des analyses et des conseils en termes de comportements individuels, sans jamais interroger les raisons qui ont conduit à telle ou telle situation. Puisqu'ils partent du présupposé que les hommes et les femmes sont comme ça depuis la nuit des temps, on ne peut donc pas agir sur la société. Ils partent aussi du présupposé que l'égalité est déjà là [entre hommes et femmes], et que continuer à être féministe alors que l'égalité est déjà là, ça peut détruire le couple. D'emblée, ils brisent toute velléité d'analyse sociale ou sociologique des situations, pour s'en tenir à des analyses de type comportementaliste de la manière dont on devrait se comporter l'un et l'autre. »

Irène Jonas pointe deux difficultés supplémentaires. La première, c'est que les hommes ne lisent pas ces ouvrages. La seconde, c'est que les auteurs de ces livres caractérisent les hommes en posant pour acquis, par exemple, qu'*ils sont incapables de communiquer dans l'intimité, alors que les femmes le sont*. Pour qu'il y ait une bonne communication au sein du couple, il faudrait donc que *celle qui sait communiquer* puisse apprendre à celui qui ne sait pas...

> « On en revient donc à un nouveau travail féminin dans le couple, qui ne consiste plus seulement à faire des bons petits plats, mais à être capable d'amener l'autre à s'exprimer, à communiquer dans l'intimité. Et ce travail, tel qu'il est formulé, est à mon avis impossible et inutile, parce que les racines du mal sont bien plus profondes qu'un simple apprentissage de la communication : c'est tout le poids du patriarcat et des représentations qu'on a reçu de ses propres parents qui pèse depuis l'enfance sur des manières de fonctionner, de s'exprimer, de parler, de se taire. Ce n'est pas avec un petit déclic de développement personnel que ces choses vont changer.
> Vouloir faciliter la communication entre les personnes n'est pas une mauvaise idée en soi, ça peut pacifier les relations, mais est-ce que ça les modifie pour autant ? Effectivement on évite la crise qui se termine en claquant la porte, mais est-ce qu'on génère un véritable changement ? Je n'en suis pas certaine. »

Il se trouve que je suis passionnée par toutes ces techniques d'écoute, de communication non violente, de résolution de conflits et d'introspection. Ces propos d'Irène Jonas m'ont donc un peu déstabilisée. Bien sûr, je suis d'accord avec elle : ce n'est pas parce qu'on aura trouvé dans des livres de développement personnel le meilleur moyen de dire à Jules, Karim ou Fred qu'on voudrait qu'ils fassent plus souvent la vaisselle que ça modifiera fondamentalement le système inégalitaire de notre société (dans laquelle, rappelons-le, les hommes disposent chaque semaine de 3,5 heures de temps libre de plus que les femmes, parce qu'ils ne prennent pas leur part du travail domestique, parental et ménager). Mais faut-il pour autant renoncer à vouloir faciliter la communication entre les personnes ? Faut-il jeter toute analyse psychologique à la poubelle ?

Ce qui nous manque, me semble-t-il, ce sont des ouvrages de développement personnel qui soient aussi collectifs et politiques. Je pense qu'il faut politiser la psychologie, faire des liens entre les théories féministes et l'analyse sociale d'une part, et les théories psychologiques, l'analyse intime des individus d'autre part. Voilà pourquoi j'admire tant la chercheuse et psychologue Carol Gilligan, qui a passé toute sa vie à combiner ces deux types d'approche de façon remarquable.

En 2019, cette pionnière des études de genre (qu'elle a longtemps enseignées à Harvard) a publié *Pourquoi le patriarcat ?* Dans cet ouvrage majeur, que j'ai beaucoup relu, Carol Gilligan tisse des liens entre les théories de l'attachement – développées par le psychologue John Bowlby dans les années 1950 –, et les analyses féministes.

Voici les grandes lignes de ses observations : les théories de l'attachement montrent que, dès la naissance, nous avons toustes de grandes capacités d'empathie et un besoin vital d'être en lien profond les un·es avec les autres, et que nous développons notre style d'attachement aux autres en fonction de la façon dont les adultes autour de nous répondent à nos besoins et à nos émotions. Quand nos besoins ne sont pas pris en compte, quand nos émotions ne sont pas reconnues, notre première réaction, enfant, c'est de protester contre cette perte de connexion : on crie, on pleure, on réclame de l'attention, où on se met en colère, pour se reconnecter avec l'autre – et c'est une réaction très saine. Mais à force de voir ces tentatives rejetées, ignorées ou dénigrées, on se blinde, on perd notre confiance dans la relation, et on finit par chercher des moyens pour ne plus ressentir le chagrin et la colère provoquée par cette rupture de connexion.

Il y a alors plusieurs façons de se protéger. On peut développer un style d'attachement qu'on appelle "évitant" : on apprend peu à peu à ne plus ressentir grand-chose, à se convaincre qu'on n'a besoin de personne ; on compense alors la pauvreté relationnelle par l'accumulation de biens matériels, parce que c'est plus sûr, moins compliqué, moins douloureux. À l'opposé, on peut développer un style d'attachement dit "anxieux", où on compense la perte de connexion en surenchérissant dans le lien, en se préoccupant à l'excès des autres – on désigne cette attitude par le terme "overcare", le sur-soin. Carol Gilligan arrive à la conclusion que ce premier style d'attachement (le style évitant) correspond à la socialisation masculine type, et le style anxieux à la socialisation féminine type. Et dans les deux cas, cela constitue une mutilation.

Les garçons, démontre Carol Gilligan, deviennent beaucoup moins sensibles émotionnellement entre 5 et 7 ans, ce que l'on prend à tort pour un signe de maturité. C'est le moment où ils apprennent à se comporter "comme des petits mecs", à faire semblant de ne pas comprendre les émotions des autres, à se tenir à distance des qualités codées comme "féminines" – la gentillesse, l'empathie, l'écoute, la sollicitude... C'est en faisant la démonstration qu'ils *n'ont pas* ces dispositions qu'ils peuvent prouver leur masculinité, et donc faire partie du "club des mecs". Mais la tragédie, c'est que, sans ces qualités-là, ils se privent de la possibilité de maintenir des relations authentiques et profondes avec les autres.

Pour les filles, cette initiation au patriarcat implique une blessure relationnelle tout aussi intense : on nous apprend à être des filles comme il faut, à sans cesse nous soucier des autres, à être gentilles ; mais on nous apprend aussi à ne pas protester, à ne pas être en colère, à nous taire, jusqu'à ne plus savoir ce que l'on ressent, ce que l'on veut.

Ce que perdent les filles à l'adolescence, c'est l'affirmation d'elles-mêmes, leur assertivité.

Pour les garçons comme pour les filles, les carcans du genre entravent donc nos capacités à nouer des relations authentiques les un·es avec les autres, c'est-à-dire des relations où l'on peut se montrer tel·le que l'on est, sans se dissimuler; des relations où être à la fois en confiance et vulnérable. **Les filles se censurent, font semblant de ne pas savoir ce qu'elles ressentent. Les garçons se détachent, font semblant de ne rien ressentir. Alors forcément, dans une relation amoureuse, c'est souvent un désastre.**

Ynaée Benaben, de l'association féministe En avant toutes, explique que le même type de récit revient souvent dans les milliers de conversations qu'elle a vues passer sur le chat commentonsaime.fr. Des jeunes femmes écrivent pour dire que leur copain est colérique – d'après elles, il les aime et les soutient, mais il leur reproche tout ce qu'elles font, et malgré leurs efforts, leurs renoncements et leurs sacrifices pour essayer de faire en sorte qu'il aille mieux, ça ne va jamais mieux. Quand Ynaée leur demande ce qu'elles souhaiteraient, elles répondent toujours des choses sur lesquelles elles n'ont pas de prise: elles voudraient qu'il change, qu'il leur fasse confiance, qu'il soit moins stressé, qu'il les écoute… « Elles passent leur vie de couple à essayer de faire en sorte que leurs copains fassent ce qui ne peut venir que d'eux. Elles disent "je veux qu'il change", mais si lui ne veut pas changer, il ne changera pas ! »

L'hétéropatriarcat, c'est ça: d'un côté, des humains fabriqués pour faire semblant de s'en foutre, pour être persuadés qu'ils sont autonomes et rationnels – c'est le loup solitaire, le mec stoïque, le self made-man, l'ingénieur –, de l'autre, des humaines qui s'occupent compulsivement des autres, dans l'espoir qu'un jour on s'occupera un peu d'elles – c'est la mère sacrificielle, la petite amie dévouée, la collègue toujours adorable, l'infirmière.

> « Pour les femmes, poursuit Ynaée Benaben, être quelqu'un qui "aime" bien, c'est être quelqu'un qui prend soin, qui aide son conjoint à être lui-même. Mieux: qui l'aide à sortir de ses difficultés à lui, au risque – voire au devoir de s'oublier elle-même. C'est un prérequis qu'on retrouve dans toute la culture populaire, qui fait que les femmes sont persuadées que c'est ce qu'elles doivent faire. Elles ont même du mal à trouver une satisfaction en faisant autre chose, parce que c'est ce qu'on leur a toujours dit de faire, et il est difficile de se projeter dans des espaces qui ne nous ont jamais été dédiés.

> Dans les conversations, on s'efforce de ramener ça à l'amour. Puisque, elles, elles aiment leur homme en prenant soin de lui, on leur demande si, lui, il prend soin d'elles. Puisque, elles, c'est leur manière d'aimer que prendre soin de l'autre, pourquoi est-ce que l'autre ne pourrait pas aussi les aimer de la même manière ? Est-ce que ce n'est pas ça l'amour qu'elles veulent, elles aussi ? C'est un moyen de remettre beaucoup de choses à la bonne place.

On nous oblige à apprendre à faire la fille, à faire le garçon, mais d'une certaine façon, ça nous arrange aussi, parce qu'on sait bien que, sinon, on risque l'exclusion, la moquerie, le rejet. Alors on apprend à parler avec cette voix, à faire semblant d'être une fille ou un garçon *comme il faut*.

Pour désigner cette voix, Carol Gilligan parle de « *cover voice* » (voix de camouflage), par opposition à une « *authentic voice* » (voix authentique).

> « Nous sommes toustes né·es avec une voix authentique et le désir d'interagir avec d'autres ; pour les garçons, cette voix se transforme en violence, pour les filles en silence. La violence des hommes et le silence des femmes sont maintenus par l'ordre patriarcal. »

Ça ne veut pourtant pas dire qu'il n'y a jamais aucune liberté, ou aucun espoir. Il n'y a pas de Mars, pas de Vénus ; ça n'est pas inscrit dans nos gènes. Ce que la socialisation genrée a fait, on peut le défaire, en recherchant notre voix authentique, la seule qui nous permette de nouer des relations riches et profondes avec les autres :

> « La voix du patriarcat nous apprend comment naviguer dans des institutions ou un environnement patriarcaux. Et puis il y a notre voix humaine, juste en dessous. Alors, quand nous entendons cette voix-là, cette voix apprise, cette voix patriarcale, demandons-nous : où est la voix humaine ? »

Carol Gilligan parle de voix, et je l'entends au sens littéral : pour retrouver notre voix authentique, on peut s'inspirer de ce que nous fait la voix des autres femmes – ces femmes dont la voix est assurée et sensible, celles qui parlent avec leurs tripes et leur tête, celles qui s'expriment avec tout leur corps, celles qui refusent la déconnexion forcée entre l'émotion et la raison.

How dare you ? · Si vous voulez, les monstres ça n'existe pas · **I tell you what freedom is to me : no fear !** · La différence n'est pas un prétexte pour l'inégalité des droits · **Justice is about the water we drink, justice is about the air we breathe, justice is about how much the ladies get paid !**

On peut décider,
en conscience,
des raisons,
des moments
et des limites
dans lesquelles
on accepte de faire
bénéficier les autres
de nos capacités
d'écoute, d'empathie
et d'intelligence
émotionnelle.

Ces voix qui portent, je les entends chez Greta Thunberg, chez Adèle Haenel, chez Nina Simone, chez Alexandria Ocasio-Cortez, chez Christiane Taubira et chez tant d'autres. Je les entends, et cela me remplit de gratitude, non seulement pour les idées qu'elles expriment, mais aussi parce que ce sont des voix qui chantent juste, qui vibrent, qui résonnent.

Pour retrouver notre voix, on peut aussi reconnaître tout le travail émotionnel et tout le soin que l'on prodigue aux autres – ou celui qu'on reçoit –, reconnaître la valeur des petites attentions, ainsi que les compétences et l'énergie que cela demande. C'est du travail, par exemple, que d'écouter pendant des heures un·e proche qui ne va pas bien, donner des conseils, servir de médiatrice dans les conflits; de s'efforcer que tout le monde se sente à l'aise dans les réunions, de penser aux cartes de vœux pour la famille ou la belle-famille, d'organiser les anniversaires de tout le monde, de se creuser la tête pour trouver des cadeaux personnalisés qui feront vraiment plaisir. On peut donc décider, en conscience, des raisons, des moments et des limites dans lesquelles on accepte de faire bénéficier les autres de nos capacités d'écoute, d'empathie et d'intelligence émotionnelle. Autrement dit, faire la différence entre l'empathie et la soumission. On n'est pas obligées d'être les psys de l'autre, ni le déversoir de leur décharge émotionnelle, comme l'a réalisé Émilie:

> «Je pense que le travail à faire, c'est la différence entre l'empathie et la soumission. Et moi, j'ai longtemps cru que j'étais empathique alors qu'en fait j'étais soumise...
> Mon ex, je lui ai demandé d'aller voir le psy trois mois après le début de notre relation. Il ne voulait pas y aller. J'aurais dû m'arrêter là. Qu'il manque d'empathie, de respect, d'écoute, que ses comportements soient parfois effrayants, qu'il n'arrive pas à gérer sa colère : en fait, tout ça, c'était pas mon taf.»

Mais alors, de qui est-ce le travail? De plusieurs personnes, sûrement, et notamment des professionnel·les quand les problèmes deviennent envahissants. Mais pour cela, il faudrait déjà être capable de reconnaître qu'il y a du travail à faire: admettre qu'on a des problèmes, qu'on se comprend mal, qu'on souffre, qu'on fait souffrir les autres. C'est ce dont a par exemple pris conscience Antoine, 33 ans. Après un échec amoureux, il a décidé de faire une thérapie, de travailler sur lui-même et de réexaminer ce qui se passait, en pratique, dans ses relations avec les femmes. Il s'est alors rendu compte qu'il avait toujours trouvé normal, jusqu'ici, de déverser toutes ses émotions sur ses amoureuses, et surtout ses émotions les plus négatives : sa colère, ses angoisses… Comme si ça lui était dû, dans la relation, et que c'était normal que ses copines l'écoutent s'épancher, puisque c'était leur rôle de fille. « Ma relation amoureuse devenait le réceptacle de toutes mes décharges émotionnelles », explique-t-il.

De nombreux hommes se servent ainsi des femmes autour d'eux comme de psys ou de coachs gratuites. Ce n'est pas étonnant : sur qui d'autres que leurs femmes les hommes pourraient-ils déverser leurs émotions quand elles deviennent trop envahissantes ? Pas sur leurs amis, en tout cas, car du point de vue de l'intimité, les amitiés masculines paraissent souvent sous-développées : les hommes sont souvent dans la rétention d'affection, le refus de la vulnérabilité et la réticence face aux conversations profondes et intimes. Entre eux, la plupart des hommes ne se confient pas, ne se parlent que très rarement de leurs sentiments, de ce qui les préoccupe vraiment – et ils parlent même assez peu de sexualité, à part sur le mode de la vantardise. Alors qu'ils ont besoin de ces liens intimes, comme tout le monde, parce qu'ils sont humains. Toute la manœuvre consistera donc à dissimuler ces demandes émotionnelles, et à faire en sorte que les femmes y répondent d'elles-mêmes, sans prendre la peine de les en remercier, et surtout sans se soucier de réciprocité.

Pour changer ce rapport d'exploitation émotionnelle, il faut changer son rapport à la parole et à l'écoute, comme essaient de le faire Antoine et d'autres hommes qui s'intéressent au féminisme et que j'ai interrogés dans mon enquête. C'est le but d'une technique qui me semble très prometteuse et dont ils m'ont parlé : **la co-écoute**. Le principe ? Deux personnes se mettent d'accord pour s'offrir à tour de rôle un espace confidentiel d'écoute active, qui permet à l'un puis à l'autre de décharger des émotions qu'ils ne veulent pas ou ne peuvent pas toujours exprimer dans d'autres cadres – des émotions anciennes, effrayantes, dérangeantes… Comment ? En les exprimant physiquement, en pleurant, en criant, en tapant sur des objets… Cela permet de se lâcher, de se laisser aller, de dire même des choses fausses, injustes ou outrancières. En face, la personne qui écoute ne juge pas, ne fait pas d'analyse, mais elle est totalement présente. Après une petite formation, on peut le faire avec des gens qu'on ne connaît pas – ou même avec ses amis. Ça ressemble un peu à ce qui peut se passer en thérapie, sauf que dans la co-écoute, les deux personnes apprennent à jouer le rôle de thérapeute... et donc à écouter. Gwen, en particulier, m'a raconté que cette technique avait complètement changé sa manière de communiquer, et donc ses relations. Auparavant, lorsqu'il était engagé dans une conversation, c'était comme s'il participait à un combat : il coupait beaucoup la parole à ses interlocuteurices ; il était en permanence en train de réfléchir à ce qu'il allait répondre, à préparer le contre-argument, plutôt que d'écouter vraiment ce qu'on lui disait. Puis ses amies féministes lui ont fait découvrir la co-écoute :

> « Au début, j'étais sur la défensive. J'avais l'impression que c'était un truc de hippies et je n'y arrivais pas : j'étais mal à l'aise, alors je faisais des analyses à deux balles au lieu de lâcher mes émotions. Et puis un jour ça s'est ouvert, et je me suis mis à pleurer pendant des heures... Ça a été une incroyable décharge émotionnelle, mais au-delà de ça, je me suis retrouvé pour la première fois à écouter quelqu'un pendant 15 ou 20 minutes sans l'interrompre, et sans réfléchir à une réponse. C'était révolutionnaire, pour moi, de comprendre que l'écoute n'est pas quelque chose de passif. Passer 20 minutes à vraiment écouter quelqu'un et à essayer d'entrer en empathie et en compréhension, ça m'a fait comprendre à quel point l'écoute est quelque chose d'actif, qui demande à être travaillé. L'attention portée à l'autre, ce n'est pas juste une question d'ouvrir ses oreilles : c'est une question d'attitude, de manière de mettre l'autre à l'aise pour qu'il se livre, de façon de lui répondre. Une fois que j'ai compris ça, je me suis mis à le faire avec plein de gens, et ça a changé mes relations amicales. J'ai l'impression que tout est plus profond. Et en même temps, je me rends compte du temps que ça prend de faire ça quand on n'en a pas l'habitude ; je me rends compte de tout le travail émotionnel porté par les femmes, et qui n'est pas du tout reconnu comme une activité, comme un travail. »

Il n'y a pas que dans nos relations intimes, amoureuses ou familiales que ce travail de care est invisibilisé : c'est toute notre société qui repose sur ce principe. Les métiers du care, qui consistent à prendre soin des autres ou qui demandent beaucoup de travail émotionnel – enseignantes, infirmières, travailleuses du sexe, aides à domicile, assistantes maternelles... – sont exercés en majorité par des femmes. Ce sont des métiers difficiles, indispensables, mais très mal rémunérés. Sans doute parce qu'on estime, socialement, que ces métiers font appel à des qualités "naturelles" chez les femmes, qui ne méritent donc pas d'être récompensées. À l'inverse, on valorise la rationalité, la technique, le calcul, des compétences qu'on encourage les hommes à développer.

Ce lien entre ce qui se passe dans les couples et ce qui se passe dans la société est au cœur des travaux de la chercheuse québécoise Stéphanie Mayer – dont je conseille de lire la thèse de sciences politiques sur les regards féministes sur l'hétérosexualité, extrêmement éclairante. Lors d'une interview, je lui ai demandé ce qu'on devrait, à son avis, répondre aux hommes qui croient sincèrement n'avoir pas besoin qu'on s'occupe d'eux, et qui disent que toutes ces discussions les agacent.

> «Je pense qu'ils ont un regard biaisé sur leurs besoins, et la satisfaction de ces besoins; c'est le propre d'une position de privilégiés de ne pas être à l'écoute ou de ne pas être attentifs à ce qui est fait pour soi. Tout le monde a besoin d'écoute, de soutien, d'attention de la part des autres, d'une manière plus ou moins forte – et c'est en partie pour cette raison qu'on est en relation avec les autres. Nous sommes tous interdépendants, mais les privilégiés, par leur position sociale, ont l'illusion qu'ils n'ont pas besoin des autres parce que d'autres personnes effectuent pour eux un travail invisible – du travail émotionnel, domestique, sexuel. Ce qui leur donne une impression d'indépendance, d'autonomie, et beaucoup de force.
> Je pense qu'on devrait tendre vers une société qui accorde plus d'attention au soin qu'on porte aux autres. Notre plus grand problème politique aujourd'hui, ce n'est pas qu'il y ait trop de travail de "care", mais qu'il y ait une disparité importante entre ceux qui effectuent ce travail et ceux qui en bénéficient, disparités qui reproduisent les inégalités de genre, de classe et de race à l'œuvre dans nos sociétés.»

Valoriser, rémunérer et partager le travail émotionnel, c'est une question de justice. Je pense que cela a aussi un sens existentiel: la vie est moins absurde, moins hostile, et on est infiniment plus heureu·ses, quand on prend toustes soin les un·es des autres.

C'est ce qui me plaît tant dans les formes de vie collectives, comme celle de la ferme andalouse où j'ai élevé des chèvres pendant un an. C'est une des façons de construire un autre monde, de vivre avec des gens qui prennent le temps de soigner leurs relations, de les approfondir, parce qu'ils savent que c'est important. Même s'ils ou elles ne se sentent pas particulièrement doué·es pour la communication au départ.

C'est un sujet dont on a beaucoup discuté, dans des cercles de parole à la ZAD de Notre-Dame-des-Landes. De nombreuses personnes soulignaient à quel point ça pouvait sembler difficile, au départ, d'aller vers quelqu'un pour lui demander comment ça allait, mais que ça s'apprenait, et qu'une fois qu'on avait appris à prendre soin des autres, ça changeait complètement les relations. Cela changeait aussi la manière de faire société : on n'avait plus besoin de demander de l'aide, puisque les besoins étaient pris en charge par la société, par le collectif. Est souvent revenue l'idée que **pour changer vraiment la société, il faudrait que l'attention aux autres et l'intelligence émotionnelle fassent partie des apprentissages à l'école**. Je crois aussi que ce serait révolutionnaire. Que se passerait-il si on apprenait à l'école à prendre soin des autres ? Si on avait des ateliers de co-écoute, de communication non violente, de résolution de conflits, ou de toutes sortes de techniques ? Vous imaginez à quel point cela pourrait transformer les familles, les entreprises, les associations, les couples, les bandes d'ami·es ?

En attendant, dans nos vies, on peut déjà se poser des questions simples : qui fait-on bénéficier de notre travail émotionnel ? De qui en reçoit-on ? Est-ce équilibré ?

Les hommes, par exemple, peuvent se demander depuis quand ils n'ont pas appelé leurs ami·es, leurs sœurs, leur mère, pour leur demander : *Comment ça va, vraiment ?* En écoutant leur réponse, sans les interrompre, sans parler d'eux. En écoutant leur voix.

Et pour toustes celleux qui réalisent que leurs capacités de care sont surexploitées : comme nous avons vu, dans tout ce chapitre, que ce n'était pas qu'un problème psychologique individuel, qui se résoudrait avec des trucs et astuces de développement personnel, mais que cette inégalité était systémique, alors les moyens de transformation et de lutte doivent être psycho-politiques. Avec des groupes, des alliances, des revendications, et même… des grèves. Comme les grèves féministes qui ont eu lieu en Espagne en 2018, en Suisse en 2019, et dans bien d'autres pays. Où nous relions ensemble nos cœurs, nos corps, nos têtes, les analyses rationnelles et les sentiments explosifs.

Parce qu'être ensemble, c'est ce qui nous donnera la force et la légitimité d'exiger que le travail émotionnel soit enfin justement partagé, de façon égalitaire, dans toutes nos relations.

Pour que nous puissions, toustes, sous la voix patriarcale, la voix de camouflage, retrouver nos voix authentiques. Et donc nos capacités à aimer et à être aimé·es.

Chœur 8

Il n'y a rien de valorisant à devoir compter sur sa mère ou sa femme pour s'occuper de soi. **Anonyme**

De petits arrangements en explosion de violence

Je suis féministe, mariée à un homme pas du tout connecté à ses émotions, et mère de deux garçons de 10 ans et 13 ans et demi. L'éducation de garçons dans un monde où la domination masculine est extrêmement présente me pose question.

Je me rends compte que je suis dans le care négatif, toujours à vérifier que chacun des membres de la famille va bien, dans l'angoisse de revivre les explosions de colère de mes parents ou de mon mari qui, de très calme s'est mis depuis la naissance des enfants à piquer des crises, à hurler et à cogner contre les murs. Je fais tout pour que tout le monde soit content, jusqu'à ce que, à bout, je finisse par exploser moi aussi. Le plus drôle et le plus dramatique est quand mon fils aîné, après avoir asticoté son frère par des phrases blessantes, se défend de l'attaque furieuse du petit et risque, avec sa force, de lui faire mal : ça m'est tellement insupportable que je frappe le grand ! L'horreur intégrale. De petits arrangements en petits arrangements pour éviter les conflits et faire plaisir à tout le monde, je me suis laissé mener par le schéma du "on se marie/on fait des enfants et comme ça tout le monde est content : mari, grands-parents, moi". J'avais coché toutes les cases, j'aurais dû être récompensée en étant contente, non ? Non. La violence est arrivée : je ne supportais pas que tout ne soit pas comme je l'avais décidé. Mon mari non plus. Et les enfants ont subi notre perfectionnisme, notre incapacité à nous adapter à eux, à l'imprévu. **Marie**

Mon mec, je ne serai pas sa secrétaire. Je ne prendrai aucun de ses rendez-vous, ni n'écrirai les cartes postales pour qu'il y appose sa signature à la fin, comme mon père. **Anonyme**

Le comité des fêtes de mon couple

J'aime beaucoup nous faire à manger (lui aussi mais il anticipe un peu moins), c'est moi qui potasse les bouquins et podcasts sur le sexe pour éviter la routine, et moi qui assure le minimum réglementaire de fantaisie pour ne pas tomber dans *la routine* qu'il abhorre. Ironiquement parfois, je me baptise "comité des fêtes" de mon couple. On en a parlé et – je ne l'aime pas pour rien – il a entendu et y fait maintenant attention. Simplement, on partage ce constat : c'est plus facile pour moi. Question d'éducation ? De caractère ? Ai-je choisi quelqu'un à égayer ? Un restant de syndrome de l'infirmière que je croyais pourtant avoir épuisé, peut-être ? **Mélanie**

Un garçon, ça ne pleure pas

Je me souviens d'un ami que je m'étais fait, à la fin de l'école primaire. C'était un ami qui me rendait assez heureux, parce qu'il était populaire, à l'aise avec les autres de la classe, et ça me flattait d'être son ami. Mais quand nous sommes arrivés au collège, à la rentrée, il ne voulait plus de moi. Fini, quoi ! Je crois que j'ai passé toute la récré à pleurer tout en essayant de retenir mes larmes de toutes mes forces, pour que les gens ne voient pas ma détresse, et surtout pour que lui ne la voie pas. Je me souviens de ces efforts intenses pour stopper mes larmes, jusqu'à ce que finalement, il me grille en train de pleurer et me dise : "Mais tu pleures à cause de moi ?" Et moi, j'ai répondu : "Mais non, je pleure parce que je viens de tomber." **Anonyme**

En général, j'ai un peu tendance à intellectualiser les choses, mais quand ça déborde, je ne sais pas quoi faire de ce que je ressens, je n'arrive pas à l'expliquer, voire j'ai honte de mes émotions. Comme si, parce que je suis un homme, que j'ai fait des études, etc., je ne devais pas me laisser emporter par des émotions. Comme si ce n'était pas rationnel, pas propre, ou que ça allait me faire faire des bêtises. **Gabriel**

Rien de plus important que notre relation

De mes 17 à mes 21 ans, j'ai placé ma première relation sérieuse au centre de ma vie. Il s'agissait de tout envisager avec mon copain, de considérer que rien n'était plus important que lui, que notre relation. Au bout d'un an d'amour fusionnel, nous avons pris un appartement ensemble. Évidemment, ça n'a pas bien marché. Il n'y avait pas de place pour les doutes avec une telle idéalisation de la vie amoureuse. Pas de place pour *J'ai moins de désir que lui, J'ai du désir pour d'autres, J'aimerais parfois avoir plus de temps pour moi*, ce qui a déclenché des montagnes d'angoisse. **Géraldine**

Je vois bien que j'ai une posture d'attente sur plein de choses. Par exemple, je ne pense jamais à prendre du temps pour moi ou à m'acheter mon plat à emporter préféré, alors que lui n'hésite pas à me demander s'il peut partir en week-end de survie (ça ne s'invente pas), ou à commander son plat thaï préféré sans concertation... Je dis que je voudrais qu'il pense à moi, mais en fait je suis surtout jalouse de toute cette disponibilité mentale qu'il a à penser à lui... Je me rends bien compte que je dois apprendre à répondre à mes propres besoins toute seule, parce que ce n'est pas ça le but d'une relation – personne ne doit le faire à ma place. Je trouve que c'est le plus dur dans le rapport quotidien à l'autre : qu'est-ce qui relève de mon taf à moi, et qu'est-ce qui doit être pensé ensemble, et comment ? **Raphaëlle**

Marre de tout faire ? Faisons vraiment tout !

J'ai toujours vécu en coloc ou collectif, et si je fais le tour de ces quelques questions :
- qui fait la machine de torchons et de draps ?
- qui gère les outils d'organisation collectifs ?
- qui anticipe et rappelle les événements ?
- qui enclenche les temps de réunions et de discussions ?
- qui aménage un espace pratique, confortable et joli pour que le groupe se sente bien ?

La réponse est presque toujours : les femmes du groupe !
Alors, parce que je faisais tous ces choses et que je voyais bien que ces schémas se répétaient, j'ai choisi de vivre dans un espace non mixte. Et j'apprends à être autonome sur d'autres activités indispensables : faire un jardin, couper du bois, utiliser des machines, bricoler, fabriquer des choses, entreprendre... Et qu'est-ce que ça fait du bien ! **Zoé**

Lorsque je suis seule, dans mon appart, c'est le bordel, je ne fais pas la vaisselle tout de suite, je me sens plus libre. Et lorsque mon conjoint vient me rendre visite, je me retrouve à vouloir que tout soit clean, rangé ; je lui fais à manger, prends soin de lui et dans les extrêmes, je surveille lorsqu'il fait la cuisine, je lui dis comment s'y prendre pour faire telle ou telle chose. Bref, je suis dans mon rôle de chiante ! **Chloé**

Plus rien ne comptait que l'appréciation du regard des hommes

Comme la plupart des petites filles, je me suis construite dans une société où l'homme est légitime, est l'exemple à suivre et a le dernier mot.
Je suis musicienne, j'ai commencé le violon à l'âge de 4 ans. Je n'ai pas une famille lambda. Mon père est Asperger, ma maman est chinoise. Petite fille, dans mon village, entourée de voisins si français, si fermés, j'ai rêvé d'être "normale", de passer inaperçue, d'être la jolie petite caucasienne de ma classe. Je me trouvais moche, car je ne ressemblais en rien aux standards de beauté
On m'a toujours dit que j'étais spéciale. Intelligente. Surdouée. Je passais mes journées dans ma chambre à dessiner, lire, écrire, travailler mon instrument. Puis à l'adolescence, élève dans un beau collège parisien, j'ai perdu confiance. Toutes mes copines danseuses étaient si parfaites, leurs corps, leurs visages, leurs cheveux. Les années 2000 ne parlaient que de ça, de filles jolies. Je m'étais résignée. Je me disais : "Tu n'es pas jolie, mais au moins, tu es intelligente, tu es forte." Mais j'étais triste.
Puis l'âge ingrat est passé, j'ai fini par devenir pas si moche, puis jolie, puis j'ai réalisé que je pouvais être belle. Et à ce moment-là, plus rien n'existait. Mon don pour la musique, mon travail, mes dessins, mes lectures. Mon imagination... Plus rien n'avait d'importance, puisque j'avais l'appréciation du regard des hommes. Je ne vivais que pour ça. J'ai eu des copains. J'étais obsédée par mon poids, mes boutons, mes cheveux. Mes premiers amours sont teintés d'une jalousie violente, de haine pour la femme, pour l'autre femme.
Et puis, à 22 ans, j'ai rencontré Blanchard. Blanchard est un magnifique musicien, qui fait une belle carrière. Il est doux, gentil, bienveillant, attentionné, beau gosse, riche, connu. Mes copines me disaient : "Ton copain est l'homme parfait." Mais Blanchard est d'abord un artiste. Il ne pense qu'à ça. Il a la place de ne penser qu'à ça. Depuis qu'il est en âge de marcher, ses parents lui ont laissé l'espace d'exister. Il n'a jamais douté de son apparence sur scène, ni de ses capacités. Et puis il a toujours raison.

J'étais amoureuse, alors j'ai délibérément refusé de voir. Il avait besoin de mon soutien. Moi, plus jeune, encore au conservatoire de Paris, à la toute fin de mes études, j'avais besoin de développer ma lumière, j'avais besoin de briller aussi, car je suis musicienne. Mais je n'étais que la copine de Blanchard. La muse de Blanchard. Le directeur d'une fondation a même dit que j'étais la petite "Tahitienne" de Blanchard. Parce qu'il est sensible, qu'il a besoin d'amour, je passais mes journées à penser à SA carrière. Je m'oubliais. Je ne travaillais presque plus, j'oubliais mes rêves. J'étais malheureuse, mais refusais de l'admettre. **Yaoré**

Garder le gouvernail de nos propres horizons

Je vis en collectif, dans un éco-hameau en Gaspésie, depuis presque toute ma vie adulte. Ce collectif, que j'ai contribué à fonder, fêtera l'an prochain ses 15 chandelles. Quelle aventure, que de projets, infrastructures, relations, récoltes, apprentissages, frustrations, dépassement de soi, moments de gratitude, etc. On se voit évoluer, on s'entraide à travers la roue des saisons. L'hiver étant ce qu'il est dans le Québec lointain, c'est une période très féconde pour méditer, faire avancer ses dossiers, prendre du temps pour décanter les sujets chauds et se poser au bord du poêle à bois !

Et je constate de plus en plus fortement que, malgré nos modes de vie alternatifs, beaucoup de personnes autour de moi se questionnent sur les différentes façons de vivre les relations intimes afin de se sortir d'un modèle révolu, anxiogène et passéiste. Je vois des gens expérimenter avec toute la bonne volonté humaine le polyamour, la coparentalité, le fait d'avoir enfants en solo mais avec un grand réseau de marraines, des communes en partage de revenus, etc. Je vois plein de frontières poreuses, de réciprocité, d'essais et erreurs, de gens heurtés, de gens exaltés, et ça tourne et ça roule. Je lis sur les modèles d'autres cultures organisées différemment : je pense aux modes matrilinéaires d'organisation clanique chez plusieurs peuples des Premières nations d'Amérique ; je pense aussi à la population de Canhabaque en Guinée-Bissau, etc. Ces autres modèles m'inspirent et me donnent confiance...

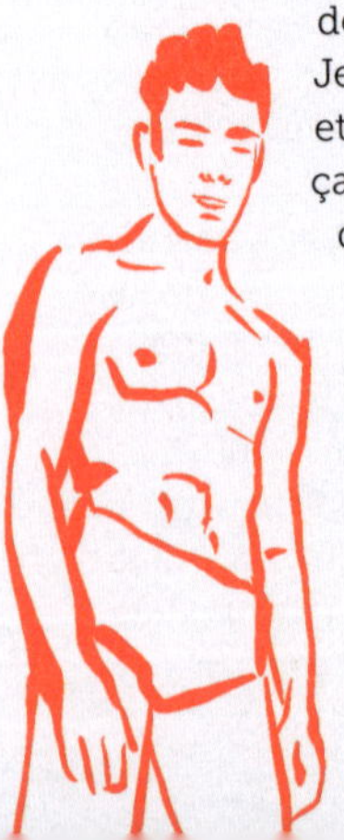

Pour avoir élevé mes kids dans un contexte vraiment différent de la norme, où les aventures, les voyages, les projets collectifs ont été notre terreau de base, j'ai toujours eu une perspective un peu plus large sur la famille. Et c'est rafraîchissant de voir que plusieurs d'entre nous sont dans une sorte de laboratoire d'expérimentations et que la recherche est toujours en cours. Plusieurs sont arrivé·es au bout de ces binarités (en couple, pas en couple, ou hétéro homo ou homme et femme) et sont à la recherche de biodiversité, comme j'aime à la nommer. Pourtant, il demeure une pression gigantesque sur celles et ceux qui n'empruntent pas les sentiers déjà abondamment battus... Vivre la ruralité, l'agriculture paysanne, les constructions écolo en collectif implique énormément de travail physique. On a appris à visser nos premières vis, à clouer, à scier, à mettre un plancher de niveau, à faire un peu de carrosserie, à utiliser des engins à moteur, et ce, selon nos intérêts, et non en fonction de nos identités de genre et de nos sexes. Mais la vie rurale est difficile ; et bien que nous soyons organisé·es en collectif, je constate qu'une majorité s'associe encore en duo, en couple. Il s'en dégage une force pour affronter les épreuves du vivre-ensemble, du quotidien, pour construire des habitations ou des serres notamment, c'est hyper pratique. Je suis et je demeure critique du couple. Je connais une majorité de gens en couple exclusif qui sont cocu·es, et une autre majorité qui sont insatisfait·es de leur vie intime. Toutefois, j'observe aussi la force et le blocus que forme l'entité couple. Et parfois ça me fait envie, de vivre cette complicité, de pouvoir compter à 100 % sur l'autre ou les autres...

J'ai beaucoup de grandes amitiés fortes, et j'aimerais m'unir à ces personnes à long terme, même lorsque l'amour romantique frappe à nos portes. Comment ? Ce n'est pas clair... J'ai fait le constat que je ne veux pas vieillir seule. Mais je ne vais pas non plus me mettre en relation intime juste pour cette raison ; ça risque de me rendre malheureuse. Or, j'ai beau être une amie loyale, présente, créative et aimante, j'ai l'impression de rester le Plan B de ces amies alliées. Comme si, malgré les discussions et le laboratoire des relations en cours, la pression sociale à vivre à deux était encore dure à ignorer. Il nous faudra sûrement quelques générations d'expérimentations pour trouver d'autres modèles, qui seront vastes, sans frontières et nombreux. On ne remplacera pas une hégémonie par une autre. Souhaitons-le ! Et quand je regarde d'un œil amusé mes deux enfants qui sont en couple exclusif, je me dis qu'on n'est pas sorti·es de l'auberge ! **Valoutre**

Sources

Ouvrages

Carol Gilligan, Naomi Snider, *Pourquoi le patriarcat ?* (éd. Climats, 2019)

Thierry Jobard, *Contre le développement personnel* (éd. Rue de l'Échiquier, 2021)

Sandra Laugier, Pascale Molinier, Patricia Paperman, *Qu'est-ce que le care ? Souci des autres, sensibilité, responsabilité* (éd. Payot, 2021)

Pascale Molinier, *L'Énigme de la femme active : égoïsme, sexe et compassion* (éd. Payot, 2006)

Stéphanie Mayer, « Regards féministes sur l'hétérosexualité contemporaine occidentale. Essai sur le dispositif hétérosexuel et ses limites pour l'égalité et la liberté des femmes », thèse soutenue à l'Université d'Ottawa (2018)

Marie-Cécile Naves, *La Démocratie féministe. Réinventer le pouvoir* (éd. Calmann-Lévy, 2020)

Articles

« Pourquoi les femmes consultent plus facilement un psy que les hommes », par Hélène Bourelle (Slate.fr, 2021).
Longtemps, certains troubles mentaux, comme la dépression ou l'anxiété, étaient majoritairement attribués aux femmes. Plusieurs enquêtes suggèrent que parmi les 4 millions de Français·es étant amené·es à fréquenter un·e psychologue, un·e psychiatre ou un·e psychanalyste au cours de leur vie, la majorité sont des femmes.

« Devenir lesbienne par conviction : "Quand je suis en couple avec un mec, je me dissous" », par Alice Maruani, sur le site de *L'Obs* (2017)

Sur le manque d'intimité dans les relations amicales entre mecs cis-hétéros : « Men Have No Friends and Women Bear the Burden », de Melanie Hamlett, sur le site du *Harper's Bazaar* (2019).

Trois articles d'Irène Jonas sur les outils couramment proposés pour résoudre les difficultés relationnelles :

« L'antiféminisme des nouveaux "traités de savoir-vivre à l'usage des femmes" », *Nouvelles Questions Féministes*, vol. 25 (2006)
« Le nouveau travail féminin dans "l'entreprise-couple" », *Cahiers du Genre*, n° 41 (2006)
« Un nouveau travail de "care" conjugal : la femme "thérapeute" du couple », *Recherches familiales*, n° 3 (2006)

Site

Pour en savoir plus sur la co-écoute : cocreer.wordpress.com

Podcast

Pour retrouver la voix de Carol Gilligan : « Ce que le patriarcat fait à l'amour », *Les Couilles sur la table* [épisode 52], (Binge Audio, 2019).

Ressources

Article

« Paul B. Preciado, un grand coup féministe dans la psychanalyse », entretien avec Paul B. Preciado, de Renée Greusard (L'Obs, 2021)

« Dans un entretien foisonnant, le philosophe [...] invite à s'affranchir de la psychanalyse, à "décoloniser nos inconscients", mais aussi à pratiquer "des exercices de joie politique". »

Podcast

Grand-amour, de Mathilde Guermonprez (Arte Radio, 2006)

« À 82 ans, Marguerite a retrouvé son premier amour. Les deux vieux amants vivent une passion physique intense, délicieuse. Marguerite en parle à ses petites-nièces, dont l'une, à 26 ans, cherche encore l'âme sœur. »

Documentaire

Premières solitudes, de Claire Simon (2018)

En se filmant, en se posant des questions et en s'écoutant, des lycéen·nes découvrent leurs histoires personnelles et leurs soucis familiaux, iels échangent leurs secrets, leurs peines et leurs passions – et donc apprennent à prendre soin les un·es des autres.

BD

Un autre regard, tomes 1, 2 et 3, d'Emma (éd. Massot, 2018)

Ces tomes incluent, entre autres sujets passionnants qu'Emma remet toujours dans une perspective anticapitaliste, les deux bandes dessinées à succès sur la charge mentale (c'est grâce à elle si le terme s'est popularisé !) et la charge émotionnelle.

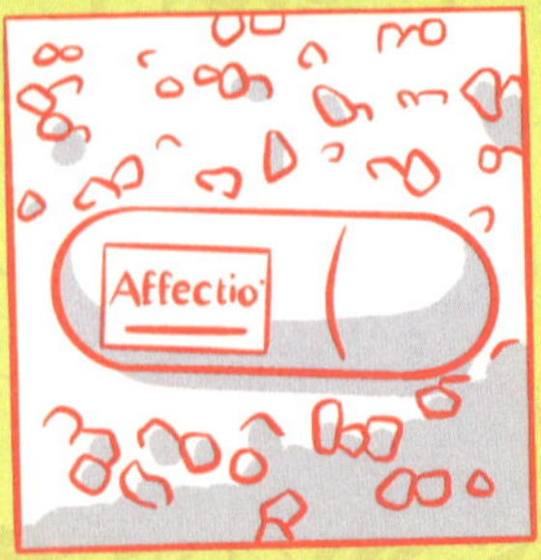

Court-métrage

Affectio, d'Emma Koenig (2014)

Une jeune femme en proie à des crises d'anxiété et d'émotions envahissantes va, pour s'en prémunir, télécharger une application, Affectio, qui permet de contrôler ses émotions à la demande… jusqu'à la catastrophe. Par l'autrice du Tumblr « FUCK!, I'm In My Twenties ». En accès libre sur YouTube.

Œuvre d'art

Prenez soin de vous, de Sophie Calle (2007)

Quand elle se fait larguer via un email qui finissait par la fameuse phrase « Prenez soin de vous », Sophie Calle décide d'engager 107 femmes, choisies pour leurs métiers et leurs talents différents, afin d'interpréter la lettre sous un angle professionnel. Pour la commenter, l'analyser, la jouer, la danser ou la décortiquer, pour la comprendre, pour elle qui ne se sent pas être la destinataire de cette lettre. Elle veut qu'on porte cette charge pour elle, afin qu'elle puisse prendre soin d'elle.

Série

Crazy Ex-Girlfriend, de Rachel Bloom (2015-2019)

Rebecca est une brillante avocate new-yorkaise trentenaire ; quand elle tombe par hasard dans la rue sur Josh, son premier crush d'adolescence, elle décide de tout plaquer pour le suivre à l'autre bout du pays (sans qu'il soit au courant). Hilarante, cette comédie musicale en quatre saisons explore très intelligemment des thèmes comme la santé mentale, la bisexualité, l'infidélité…

Instagram

@taspensea

Ce collectif, créé par Coline Charpentier, compile, analyse et met en perspective des centaines de témoignages sur la charge mentale et émotionnelle portée par les femmes dans les couples.

Une pratique

La CNV (Communication non violente), un processus mis au point par Marshall B. Rosenberg, docteur en psychologie, dont le cheminement peut être résumé dans ces étapes : observation / sentiments et attitudes / besoin / demande.

Chanson

« sebben che siamo donne
paura non abbiamo,
abbiam delle belle buone lingue
e ben ci difendiamo »

La lega, chanson de grève de travailleuses italiennes (fin du XIXe siècle)

(« Bien que nous soyons des femmes, nous n'avons pas peur, nous avons de bonnes langues, et nous nous défendons bien »)

Roman

Fille, femme, autre, de Bernardine Evaristo (éd. Globe, 2020)

Douze femmes noires vivant en Angleterre, « dont les destins s'entremêlent, se répondent, riment et raisonnent. Chacune d'entre elles est en quête et en conquête, de place, de classe, de traces, d'elle-même, des autres, de cet autrui en elle qui a déjà traversé maintes frontières, et a le front de vouloir encore exploser celles qui restent. »

Essai

Être écoféministe, théories et pratiques, de Jeanne Burgart Goutal (éd. L'Échappée, 2020)

Ce road trip philosophique, mêlant reportage et analyse, restitue la richesse et la diversité des théories développées par la mouvance écoféministe née il y a plus de 40 ans : critique radicale du capitalisme et de la technoscience, redécouverte des sagesses et savoir-faire traditionnels, réappropriation par les femmes de leur corps, apprentissage d'un rapport intime au cosmos et revalorisation du care.

romance
et
soumission

Nous aimons les femmes à proportion qu'elles nous sont plus étrangères. Aimer les femmes intelligentes est un plaisir de pédéraste.

Journaux intimes, de Charles Baudelaire, 1887

Et je ne vous en aime que davantage. Je suis votre épagneul et, Démétrius, plus vous me maltraiterez, plus je vous caresserai. Traitez-moi seulement comme votre épagneul : repoussez-moi, frappez-moi, négligez-moi, égarez-moi ; mais du moins, accordez-moi, quelque indigne que je sois, la permission de vous suivre. Quelle place plus modeste puis-je occuper dans vos sentiments que celle de votre chien !

Le Songe d'une nuit d'été, de William Shakespeare, 1594

C'est pas Simone de Beauvoir qui serait dans cet état à cause d'un mec. Si j'étais une vraie intellectuelle, une femme forte et indépendante, je serais pas là en train de crever… En fait je voudrais être lui ! Je voudrais être à sa place, je voudrais être convaincue que ma vie a un sens, que ce que je fais c'est hyperimportant, mais je suis vide vide vide… Lui, il s'accomplit, il se transcende, et moi je suis engluée dans l'immanence… Tu peux me passer le foulard qu'il m'a offert s'il te plaît ? S'il te plaît ?

Pauline asservie, court-métrage de Charline Bourgeois-Tacquet, 2020

- Hardin est compliqué, il va te briser le cœur.
- Il n'est pas pareil avec moi.
- Méfie-toi.

After, film de 2019

Ce serait tellement simple si on pouvait contrôler tous ses désirs. Qui on aime, qui on n'aime pas, avec qui on veut faire du sexe... Ce serait tellement simple si nous pouvions mettre nos actes en cohérence parfaite avec nos principes. Mais il faut bien le reconnaître : la plupart du temps, on se retrouve à se débattre avec nos contradictions – entre ce que nous racontent nos têtes, nos cœurs et nos corps.

Une contradiction classique, c'est celle qui existe entre l'amour et la liberté. Contradiction ? La liberté, c'est l'émancipation. Alors que la passion amoureuse, elle, implique une part d'aliénation.

Une autre contradiction, très souvent pointée dans les courriers que j'ai pu recevoir depuis *Les Couilles sur la table*, oppose nos convictions à la réalité de nos vies amoureuses. On peut la résumer par cette question : **comment peut-on être hétérosexuelle et féministe ?**

Pour ma part, j'aime profondément les femmes. Les personnes que j'écoute, que je lis, que je soutiens, que j'aime, dont le travail m'intéresse, sont quasiment toujours des femmes. Très souvent, d'ailleurs, des femmes lesbiennes ou queer, ou des personnes trans. Dans ma vie la plus intime, pourtant, les personnes avec qui je fais du sexe, ou dont je tombe amoureuse, restent toujours des hommes cis. Je saisis bien le paradoxe : d'un côté, vouloir la fin du patriarcat, comprendre que l'hétérosexualité n'est pas une simple orientation sexuelle, mais un système de domination social et politique, comprendre dans sa chair à quel point le sexisme nous blesse... et de l'autre, constater que l'on continue à désirer des hommes, à vivre avec des hommes, dans des relations qui finissent par ressembler au schéma le plus en accord avec les attentes patriarcales du masculin dominant et du féminin soumis.

On peut poser la question en d'autres termes: comment l'hétérosexualité, codée une comme asymétrie de pouvoir, s'infiltre-t-elle jusque dans nos cœurs? Comment colore-t-elle nos manières d'aimer, jusqu'à diriger la forme même de nos élans amoureux? Pourquoi le script éculé du *bad boy* et de la fille fragile est-il encore si répandu? Qu'est-ce qui se cache derrière ce scénario tant de fois répété, et de quoi a-t-on besoin pour réussir à en imaginer d'autres?

La première qui a abordé frontalement la question, lors de nos groupes de parole, c'est Agnès, la vingtaine, qui constate que le travail de déconstruction qu'elle a entrepris ne l'empêche pas de continuer à être attirée par des hommes excessivement virils.

> «Je me dirige toujours vers le mec qui va me faire sentir en sécurité, qui va me rassurer... Tous les clichés machos! Ensuite, quand les discours ou les actes deviennent insupportables, la rupture arrive plus vite qu'avant – même s'il me faut encore du temps avant de réagir. Plus question d'accepter de vivre avec un type qui trouve que les règles sont un truc impur, par exemple. J'ai l'impression d'avoir parcouru du chemin dans ma vie, et de me déconstruire tous les jours, mais je dois bien le reconnaître: je désire ce genre de mecs. Donc je me dis: soit je sors avec un mec qui va me faire vibrer, mais avec qui je sais qu'à un moment ça va clasher parce qu'on a des convictions trop opposées... Soit je me mets avec un mec féministe, mais qui va pas vraiment me faire vibrer, kiffer: la vie ne sera pas très compliquée, mais en même temps elle ne sera pas folle.»

En écoutant Agnès, je me demandais: faut-il vraiment choisir entre la passion et l'amour tendre? Et pourquoi la domination serait-elle toujours excitante, et l'égalité forcément ennuyeuse?

Si j'étais misogyne, je dirais que les femmes sont des créatures hypocrites qui prétendent vouloir l'égalité alors qu'en fait elles rêvent de vrais machos. Ou encore que les femmes sont par nature masochistes et qu'elles aiment souffrir. Ce serait l'analyse la plus facile, mais évidemment, tout est plus complexe.

Pour commencer, je dois reconnaître que je comprends cette attirance que décrit Agnès pour les hommes très virils. On peut toustes la comprendre, d'ailleurs, puisque tel est le modèle dans lequel nous avons été socialisé·es. La majorité des couples hétérosexuels, encore aujourd'hui, suivent ce schéma: un homme plus âgé et une femme plus jeune; un homme plus riche et une femme qui gagne moins d'argent; les hommes en surplomb, les femmes en dessous. C'est la dynamique du genre: plus tu domines, plus tu te sens homme; plus t'es soumise, plus tu te sens femme. Chacun et chacune bien à sa place, bien dans son rôle.

Et quand l'inégalité n'existe pas on la recrée, jusqu'au ridicule – je pense à ce petit tabouret sur lequel se perchait le prince Charles pour avoir l'air plus grand que la princesse Diana sur les portraits officiels, alors que tous deux avaient exactement la même taille (1,78 mètre).

Ces inégalités, de toutes sortes, ne sont pas sans conséquences sur la façon dont on se perçoit, dont on se construit en tant que personne, comme le raconte Louise, aujourd'hui trentenaire :

> « Pendant un moment j'étais avec des hommes plus vieux, sans réaliser que c'était très normal. J'avais 19 ans, j'étais avec des hommes qui en avaient plus de 30. Je n'entendais aucun discours public qui permette d'avoir du recul sur ce que je vivais. Tout ce qu'on me renvoyait, c'est que c'était cool d'être avec un mec plus âgé. Le problème, c'est que sur plein d'aspects, l'autre avait déjà vécu ce qu'on était en train de vivre ensemble. Il était déjà installé dans l'existence, je n'avais plus qu'à suivre. Mais quand on est une très jeune femme avec un homme beaucoup plus vieux, on se fond dans ce qu'est l'autre. »

On pourrait dire que cette attirance des femmes pour les hommes plus âgés est une simple histoire de goût. Mais il faudrait aussi interroger la réciproque : que cache donc cette attirance des hommes pour des femmes plus jeunes – voire exclusivement pour des femmes plus jeunes ? Pour ma part, je n'ai jamais autant été draguée par des trentenaires que quand j'avais 14 ou 15 ans – soi-disant que j'étais mature pour mon âge…

Tout cela obéit à une logique et renforce une dynamique : **l'hétérosexualité, c'est l'érotisation de l'inégalité**. On trouve ça hot, ces différences d'âge, de taille, ou de statut social. On trouve que c'est dans l'ordre des choses ; on y est encouragées. Et on apprend à se laisser devancer, à se plier aux désirs de l'autre, jusque dans la sexualité – qu'on découvre souvent avec un homme (ou un garçon) qui a plus d'expérience. C'est une soumission pour laquelle nous sommes en quelque sorte programmées. Et pas besoin pour cela d'un homme de type *macho* ! Même quand on est avec un garçon gentil et bien intentionné, il reste difficile de s'affirmer pleinement.

Clara, la vingtaine, est restée plusieurs années en couple, et elle avait cette impression de se dissoudre dans la relation, de s'autocensurer, d'être empêchée d'exister – une sensation diffuse, subtile, qui lui est devenue insupportable :

« Faire passer ses désirs avant les miens, ça a fini par me ronger de l'intérieur. Je me souviens, au début de notre relation, je n'osais même pas affirmer mes goûts musicaux… et mes goûts de manière générale, d'ailleurs ! Parce que ses goûts à lui étaient forcément supérieurs. Lui était serein, mais pour moi c'était un poids d'être avec lui, parce que je surveillais ce que je disais, et en même temps je devais m'occuper de lui. C'est mon éducation, je le sais, qui m'a toujours poussée à m'occuper des mecs, à les soigner, à prendre soin, vraiment. Lui aussi, il a pris soin de moi, hein : mais il réussissait quand même à s'imposer, à rester lui-même. »

Cette soumission normalisée, cette façon de se tordre pour les désirs de l'autre, de suivre le programme : tout cela est ancré en nous, et se manifeste dès nos premières amours, ça s'incorpore dans les petits gestes du quotidien – dans les tâches domestiques, par exemple. Ça nous apparaît tellement normal, habituel, que personne n'y trouve à redire ; ça peut même sembler équilibré. Or, les statistiques le montrent bien : au moment de la mise en ménage, le temps de travail domestique des femmes augmente, et celui des hommes diminue. Même quand ils n'ont pas d'enfants. Et même quand ils avaient l'air de partir à égalité – c'est ce qu'a vécu Émilie, qu'on a déjà croisée dans ces pages, et qui semblait filer un parfait amour avec Bidulo :

« J'étais très jeune quand on est sortis ensemble, puis nos études nous ont séparés, et on s'est retrouvés. Je l'ai suivi dans sa ville. Chez nous, je faisais tout – j'ai même acheté un robot de cuisine pour avoir à moins cuisiner, j'étais tellement fatiguée… Franchement, m'acheter un robot de cuisine à 25 ans parce que j'étais déjà fatiguée de la vie quotidienne avec mon mec ! Cela dit, je ne faisais pas tout. Quand il y avait des invités, ce n'était pas moi qui cuisinais. Quand il fallait conduire longtemps, ce n'était pas moi non plus, car il me répétait que je ne savais pas bien conduire… Quand il fallait monter des meubles, pareil… Je ne passais pas l'aspirateur non plus, car il aimait bien ça. Mais je faisais tout le reste, et ça m'allait, j'étais heureuse. Je me souviens qu'on se disait : "Tout ce bonheur, on ne le mérite pas, on est tellement heureux." Maintenant je me dis qu'on a le droit d'être un peu plus exigeante, quand même. »

Cette soumission ordinaire qui vient se loger dans les tout petits gestes, dans les détails qu'on remarque à peine, porte un nom : « les micromachismes ». On doit ce concept au psychologue espagnol Luis Bonino, qui l'a forgé au début des années 1990 à force de voir défiler dans son cabinet des femmes épuisées, un peu désorientées, confuses, alors qu'en apparence tout allait parfaitement bien dans leur vie de couple. **Les micromachismes, ce sont des oppressions invisibles mais aux effets bien réels.** C'est les petites mesquineries, le mec qui dit : *les tâches ménagères c'est pas vraiment mon truc*, ou qui fait plus ou moins exprès de mal les faire. C'est aussi le fait, pour les hommes, de ne pas laisser leur compagne exister : leur couper la parole, se moquer d'elles, les faire douter en permanence de leurs compétences, ne pas valoriser leurs succès, être avare de mots tendres et de compliments, se murer dans le silence... Toutes ces petites saloperies qui viennent te casser les pattes quand tu aurais surtout besoin de soutien. Ces micromachismes font partie du continuum de la domination masculine, du « banal pouvoir violent hétérosexuel » pour reprendre l'expression de la chercheuse Stéphanie Mayer.

Ce que Luis Bonino met également en évidence, c'est que toute remise en question de l'ordre de la domination dans les couples, y compris minime, est souvent vécue comme un affront par les hommes : ça peut même les rendre agressifs. Beaucoup d'hommes, par exemple, n'aiment pas que leur épouse gagne plus d'argent qu'eux ; d'autres vivent mal les réussites professionnelles de leurs conjointes. Alors qu'elles se croyaient soutenues, leur succès déstabilise leur partenaire, jusqu'à la rupture.

Ces micromachismes, les militantes d'En avant toutes les connaissent bien : elles repèrent cette dynamique ordinaire de domination-soumission dans les milliers de conversations qui arrivent sur le chat de l'association. Elles ont donc mis en place des outils en ligne qui aident à nommer, à identifier les comportements problématiques. Et parce que ces comportements peuvent se manifester chez des couples très jeunes, elles interviennent dans les collèges et les lycées pour faire de l'éducation affective et sexuelle, et déconstruire les stéréotypes sexistes. Ynaée Benaben, cofondatrice de l'association, se souvient de l'une de ces interventions qui parlait des relations garçons-filles au quotidien :

> « Après deux heures d'échanges, une minute avant la sonnerie, une jeune fille qui avait beaucoup participé lève la main et demande : "Franchement madame, en vrai, comment on fait, parce que nous... on est attirées par les bad boys."
> En une seule phrase, elle a résumé l'éducation amenée par les stéréotypes genrés. La société et la culture populaire amènent les femmes dans des rôles qui vont les mettre en danger ; et elles conduisent les hommes vers des rôles qui vont être dangereux. C'est si profond, si puissant : cette jeune

fille sait qu'elle n'a pas envie de ce rôle, dans toute la discussion elle a parlé de l'importance de la gentillesse et de l'écoute, et en même temps, elle est rattrapée par tout ce que l'imaginaire collectif lui a créé d'émotions. Et elle dit : mais moi ce qui m'excite, là où mon désir se réveille, c'est les bad boys… Alors, je fais quoi ? »

Ah, le fameux *bad boy*, ce trope incontournable de la culture populaire. On le retrouve dans des récits comme *After*, *Cinquante nuances de Grey*, *Twilight*… et dans toutes les fictions classées au rayon *romance*, très majoritairement ciblées pour un public féminin, à l'image des célèbres romans Harlequin.

Le script classique d'une romance, on le connaît.

Elle est fragile. Il est riche, ou puissant, ou les deux, mais toujours ténébreux. Il a le cœur dur et pourtant quelque chose en elle le touche. Il la séduit, elle a peur et s'enfuit. Mais il insiste, et elle finit par revenir, et elle se dit que oui, avec elle, il peut changer. Avec elle, il va changer.

On peut s'en moquer. Trouver que c'est ridicule, mal écrit, simpliste. On peut aussi prendre acte du fait que ces histoires émeuvent beaucoup de femmes, de tous les âges, et chercher à comprendre pourquoi. Encore une fois, il y a une explication politique à cela : dans un contexte où les femmes sont encore, de très nombreuses manières, soumises, **la romance représente un fantasme de reprise de pouvoir** – à ce titre, elle constitue l'équivalent des histoires de sport ou de guerre pour les hommes.

C'est extraordinairement puissant comme tentation, de *transformer un homme*. Comme si telle était notre vocation profonde, comme si c'était ainsi que les femmes pouvaient *se réaliser* – du bad boy, on va faire un grand gars au cœur tendre. Voilà pourquoi la romance est si addictive : c'est une solution symbolique à cette dynamique infernale de domination / soumission – un dépassement par l'amour. Parce que la femme reprend le pouvoir sur les sentiments de l'homme, sa souffrance se trouve justifiée : il est maître de sa vie, elle est maîtresse de son cœur. Elle s'est distinguée des autres femmes, elle est une déesse, elle a été choisie par le maître. Elle devient dominante tout en restant soumise.

Romance et soumission : malheureusement, ce cocktail empoisonné contribue aussi à ce que les violences au sein du couple soient si fréquentes – 213 000 femmes chaque année en sont victimes en France. Je mets ici de côté les explications structurelles et matérielles qui contribuent à ce que cette violence perdure, c'est-à-dire l'indigence des politiques publiques contre les violences de genre (nombre insuffisant d'hébergements pour les victimes, sous-dotation chronique des associations, manque de formation au sein de la justice et de la police, etc.) pour me concentrer sur le rôle que joue notre culture amoureuse.

On ne tombe pas amoureu·ses de personnes parce qu'elles nous frappent. Au début il y a de l'amour; puis vient la violence. Jusqu'à ce que tout soit mélangé. Et on ne comprend rien à ces violences si on ne comprend pas ça, comme l'explique Ynaée Benaben :

> « Ce qui est difficile dans les violences conjugales, c'est qu'on a toutes envie d'y croire. On l'a aimé à un moment donné, cet homme. Il y avait quelque chose qui donnait envie, au début de la relation. Quand les femmes se retrouvent dans une situation violente, elles se raccrochent souvent à ce moment-là, où l'amour était beau. On a envie que la personne qu'on a aimée un jour soit comme on l'avait imaginée, on a envie de croire que c'est possible. C'est souvent le fantasme qui fait qu'on reste, l'idée de *ce qui pourrait être* – qu'il y ait des violences ou non.
>
> Dans notre société, les femmes sont éduquées à se satisfaire d'un potentiel, et pas du réel. Beaucoup de femmes aiment les hommes pour ce qu'ils pourraient devenir si elles les y aidaient, plutôt que pour ce qu'ils sont. Ce sont elles, le plus souvent, qui proposent que le couple aille plus loin, se réinvente, trouve d'autres manières ; ce sont elles qui proposent de contourner les obstacles amoureux – ce ne sont pas les hommes qui arrivent avec des solutions. Elles disent : *on pourrait peut-être faire ça, si tu te rends disponible, si on prend du temps ensemble, si on part en vacances, si on emménage ensemble...* Elles vont trouver plein de solutions pour que l'amour ressemble plus à ce qu'elles veulent et à ce qu'elles imaginent. Tout cet imaginaire de la femme infirmière enferme les femmes dans des situations qui sont extrêmement néfastes, toxiques, violentes. Et c'est un attendu de l'amour, de l'imaginaire amoureux : la femme qui est là pour aider à réaliser le potentiel masculin. »

Que faire de tout ça ? On ne se débarrasse pas en claquant des doigts de tout cet imaginaire amoureux. Pour autant, je pense qu'on peut jouer avec. En commençant par reconnaître qu'il y a quelque chose de délicieux et d'exaltant dans la romance.

Je connais très bien cette tentation de se fondre entièrement dans l'autre. Moi aussi, je suis accro à la romance. Aux crushs. Je connais régulièrement des passions fulgurantes – presque chaque année, pour des hommes très différents. Ce peut être un amant de passage, un mec rencontré dans une soirée, quelqu'un avec qui je travaille et avec qui ça s'enflamme d'un coup. C'est irrésistible.

J'ai un radar ; je le repère à dix mètres de dos à contre-jour dans un couloir.

On a dû s'échanger quatre phrases, mais sa peau, ses cheveux, son allure, ça me rend dingue.

Je ne peux plus manger, j'y pense tout le temps, tout le temps, je rêvasse, j'arrive plus à rien.

On ne s'est même pas embrassé·es.

Je me repasse en boucle les scènes et les dialogues dans ma tête, c'est délicieux.

Je relis les textos et les lettres échangés... jusqu'à les connaître par cœur. Je les recopie dans des carnets ou des documents Word.

Tout ce qui le concerne me passionne.

Je le google jusqu'à la page 14 et je lis ses obscurs articles de blogs publiés en 1999.

J'écoute tous les groupes de musique qu'il aime.

Si sa passion, c'est les figurines Warhammer, bah d'accord ça va m'intéresser aussi.

Tout à coup, le moindre petit détail devient un signe...

Oh 44 % de batterie... 44... comme le numéro de son département.

Et je me sens vivante tellement vivante.
Tout est tellement intense.

Personnellement, je n'ai pas lu beaucoup de romans Harlequin. Néanmoins, je me rends compte que mes romans préférés comportent beaucoup de romance.

Adolescente, puis jeune adulte, j'ai plusieurs fois relu *Belle du Seigneur*, un roman d'Albert Cohen, publié en 1968 et devenu un classique de la littérature française. C'était pour moi ce qui pouvait s'écrire de plus beau sur l'amour et sur la passion.

Je m'identifiais à Ariane, qui tombe éperdument amoureuse de Solal, cet homme fascinant qui la traite comme une reine. Solal court le monde, il a d'importantes missions, il sauve des vies. Ariane? Elle prend des bains, et elle l'attend. Il est devenu son seul projet.

Ils s'aiment à la folie, elle quitte son mari (Adrien, une sorte de *nice guy* qui se croit gentil, alors qu'il n'est que lâche et mou). Ariane et Solal s'installent ensemble, mais leur amour ne survivra pas au quotidien. Ils se vouent un culte mais ne parlent de rien, ils passent leurs journées à tenter de revivre leur passion, mais en réalité ils s'ennuient, inauthentiques et bloqués dans leur rôle de seigneur et de belle. Ils finissent par se suicider tous les deux.

Je me souviens comme j'étais happée par le récit de cette grande passion sublime et tragique. Mais en le relisant cette année, des détails que j'avais occultés m'ont sauté aux yeux. J'ai été frappée de voir à quel point Solal, dès le départ, méprise Ariane. Sa façon de se placer au-dessus d'elle, tout le temps – dès le début du roman, par exemple, quand il se permet de lire son journal intime. Il ne lui raconte jamais rien de sa vie. Tandis qu'il a plein d'autres maîtresses, il ne supporte pas qu'elle ait connu un autre homme que lui. Il la gifle. Ils s'entraînent tous les deux vers le gouffre.

Et pourtant, quand je lis les passages d'Ariane exaltée qui s'en va retrouver son aimé, je la comprends, et j'adore, et ça me touche toujours autant.

> *Marche triomphale de l'amour. Elle allait rapidement, riche et calme, puissante et pas moins heureuse que la reine de Saba. Ô ce soir, ô lui plaire et l'écouter, et soudain il ne dirait plus rien et elle serait folle de crainte parce qu'il serait impassible, mais après il sourirait et elle mourrait de tendresse devant cette joliesse qui était au-dessus de sa beauté. Ô son sourire, ô ses dents, ô le meilleur des fils de l'homme ! Un peu méchant aussi parfois, ce qui ne gâtait rien. Tu seras toujours mon amour, lui dit-elle. La mort ? Connais pas ! Marche triomphale de la haute nymphe allant à larges enjambées, sûre de ce soir, orgueilleuse de sa servitude […] Elle était la femme d'un homme, sa propriété. Ô merveille d'être la femme d'un homme et sa proie, la fragile d'un homme. […] Marche triomphale de l'amour. Ariane solennelle, à peine souriante, accompagnée par quelle céleste musique, l'amour, l'amour en ses débuts.*
>
> ***Albert Cohen*, Belle du Seigneur**

Ah, « l'amour en ses débuts »… J'aimerais dire qu'après des années passées à discuter, réfléchir, analyser les mécanismes de la romance,

Conquérir
un homme
et tout faire
pour le rendre
heureux ne peut
pas constituer
l'intégralité
de ton projet
existentiel.

j'ai appris à en éviter les pièges. Ce serait mentir : quand arrive la romance, j'ai beau en reconnaître tous les signes, je ne peux faire autrement que d'y plonger.

Peut-être est-ce mon tempérament addictif. Peut-être n'ai-je pas assez travaillé sur moi. Je crois surtout que cet état de romance – crushs dévorants, amours non réciproques, passions impossibles – est (au moins pour moi) incontrôlable.

À force, j'ai tout de même trouvé des techniques pour que les romances que je vis soient plus joyeuses qu'aliénantes.

#1 : La technique de la défonce

D'un point de vue chimique, la passion amoureuse fonctionne comme une drogue. Elle joue sur les mêmes mécanismes : grosse libération de sérotonine et de dopamine d'un coup, explosion de neurotransmetteurs dans la cervelle, état de conscience modifié. Cela peut se révéler absolument délicieux. Perturbant, aussi. C'est simplement que c'est pas notre état normal.

Et puis il y a la "descente". Voilà pourquoi, en cas de passion non réciproque ou de chagrin d'amour, ça peut être bien de se traiter soi-même (ou de traiter ses proches) comme on peut le faire avec un·e amie·e dont l'état de conscience a été modifié. Un *bad trip* ? Il faut lâcher prise. Rappelle-toi bien que les effets ne durent jamais éternellement. Tâche de profiter un peu, pense à quelque chose de beau. Tu as l'impression de perdre le contrôle, mais je te promets que ça passe. Tout passe. Les obsessions amoureuses aussi.

#2 : La technique du miroir

Celle qui m'a indiqué cette voie, c'est la féministe américaine Gloria Steinem, dans un essai génial où elle fait la distinction entre la romance et l'amour (*Revolution From Within*). Elle y explique que **l'état de romance, qu'il soit désagréable ou exaltant, nous parle toujours plus de nous que de l'autre**. Souvent, on devient obsédé·e par quelqu'un qui a des qualités qu'on n'a pas su ou pas pu développer soi-même : l'humour, l'aisance en société, la brillance, l'indépendance, l'assertivité...

Je me souviens de cet homme que j'adorais pour son côté bruyant, drôle, festif, malin. J'étais très amoureuse de lui mais ce n'était pas réciproque, et c'est en lisant Steinem que j'ai compris que cette obsession amoureuse indiquait en réalité ce qui criait famine chez moi – toutes ces parties de moi qui avaient besoin d'être nourries, encouragées, développées. Que c'était ça qui devait retenir mon attention.

J'adore cette théorie parce qu'elle permet aussi d'expliquer pourquoi les femmes sont beaucoup plus sujettes à la romance et à l'obsession amoureuse que les hommes. Puisqu'on nous a dénié la possibilité de développer bon nombre de qualités qui sont codées comme masculines, nous avons un plus grand besoin de projeter ces parties réprimées sur un autre être humain. Comme si c'était le seul moyen de les récupérer.

Ainsi donc, cette attirance pour des hommes puissants serait surtout le signe que cette puissance nous manque. À l'inverse, une attirance pour quelqu'un de doux peut indiquer qu'on aurait besoin d'être plus douces avec nous-mêmes.

Steinem donne ce conseil génial : pour essayer de comprendre ce qui vous manque, ce dont vous avez vraiment besoin, écrivez, sans trop réfléchir, toutes les qualités que vous recherchez chez un partenaire idéal : bravo, vous venez juste de décrire la partie de vous-même qui cherche à grandir.

Ce qui fait aussi écho à ce slogan féministe des années 1970, qui disait : « Nous sommes devenues les hommes que nos parents rêvaient qu'on épouse. »

#3 : La centrale hydraulique

Cette technique aussi vient d'une métaphore. On peut considérer le désir comme de l'eau : on peut s'y noyer… ou apprendre à diriger le courant. On peut bricoler ses propres barrages, ses canaux, ses digues. La romance libère toujours une extraordinaire force vitale : cette énergie peut nous submerger, mais on peut aussi l'utiliser pour propulser nos propres projets : écrire, courir, préparer des examens… Peu importe le but, pourvu qu'il nous profite.

Bien sûr, tout semble simple, dit comme ça. Et je sais bien que ça ne l'est pas.

Qu'est-ce qui fait qu'on a tellement de mal à prendre cette liberté-là, cette autonomie ?

Il y a toutes les raisons qu'on a déjà décortiquées. Et il y en a une dernière, plus sombre : c'est que cette soumission, cette addiction à la romance, remplissent aussi une fonction existentielle, qu'a mise au jour Simone de Beauvoir dans le chapitre du *Deuxième Sexe* intitulé « L'amoureuse » – ouvrage qui, bien qu'écrit en 1949, demeure bouleversant de pertinence.

Ce qu'explique Beauvoir, comme l'a analysé Manon Garcia dans son essai *On ne naît pas soumise, on le devient*, c'est qu'il est toujours angoissant d'assumer sa liberté. Se soumettre, c'est une façon de se décharger de cette angoisse en trouvant dans l'existence de quelqu'un d'autre une justification à la sienne. Parce que les femmes sont socialisées comme des inférieures, elles pensent trouver en l'homme un maître et un dieu, dont l'amour pourra justifier leur existence. Mais ce faisant, elles se condamnent à la déception, parce que nul ne peut jamais être à la hauteur de leur sacrifice.

J'ajoute que cette mécanique vaut aussi pour les hommes. Mais ils se soumettent autrement : pas à l'amour, mais à un parti, un chef ou un patron.

Pour échapper à la tentation de se soumettre, la seule solution serait donc d'accepter la responsabilité de sa propre liberté... et l'angoisse qui va avec. D'accepter notre solitude fondamentale. C'est ce qui terrifiait Émilie, avant qu'elle ne décide de sacrifier sa romance, en repartant avec son robot-mixeur sous le bras :

> « Je pensais que je n'allais pas survivre – sur un plan psychique, on n'est pas fait pour vivre cette violence. Je me suis dit : *si je me sépare de lui, ça va me casser, et personne ne pourra me réparer*. Mais en réalité, non : je suis auto-suffisante, donc si je me sépare, ça va me rendre très malheureuse, mais à la fin je serai entière. Cette solidité me donne le droit d'avoir des émotions et des exigences – et si l'autre n'est pas content, c'est qu'il ne me convient pas... Bien sûr, tu fais des petits compromis, mais savoir qui tu es, ce que tu veux et comment tu le veux, ça permet d'être beaucoup plus au clair pendant la relation. Et en cas de rupture. »

Ce qu'Émilie a fini par comprendre, dit-elle, c'est que les valeurs qui lui tiennent vraiment à cœur ne pouvaient plus être sacrifiées sur l'autel d'une relation amoureuse. « Je ne veux plus que le fait d'être en couple avec quelqu'un me fasse renoncer à une partie importante de qui je suis », conclut-elle aujourd'hui.

Je crois qu'il est vraiment important de comprendre comment il marche, cet attelage complexe de romance et soumission. Je crois qu'il est salvateur de comprendre que nous ne sommes pas par nature tarées, faibles, immorales ou masochistes – mais que nous avons été *construites comme ça* : voilà qui devrait nous autoriser plus d'empathie envers nous-mêmes, et envers les autres femmes. Nous permettre aussi de relire avec plus de bienveillance les histoires de nos vies, nos biographies amoureuses et nos histoires de famille.

Dans un groupe de parole, j'ai demandé aux femmes présentes comment les réflexions féministes avaient changé leurs relations avec les autres femmes. Louise s'est mise à parler de son arrière-grand-mère, qui avait toujours été dure avec elle, et qui lui lançait régulièrement des remarques misogynes.

> « Je me suis rendu compte qu'elle avait grandi dans une époque où la seule reconnaissance qu'elle pouvait avoir de la part de sa famille, c'était de se marier. Elle valorisait toujours les hommes, elle s'intéressait à eux, et beaucoup moins aux femmes – moi ou d'autres. C'est le féminisme qui m'a permis de ne plus être en colère contre cette haine qu'elle avait des femmes. J'ai compris qu'elle avait été éduquée à penser comme ça, et qu'il était difficile de s'en échapper. Elle a grandi dans un monde où les hommes étaient valorisés et où les femmes étaient en compétition les unes avec les autres. J'ai pu être en colère aussi contre des amies qui vivaient des histoires d'amour absolument désastreuses : elles se faisaient prendre pour des connes par des mecs totalement abrutis, et je ne comprenais pas pourquoi elles restaient – et je leur disais sans beaucoup d'empathie. Jusqu'au jour où j'ai rencontré le féminisme : là, j'ai compris que j'en rajoutais à la charge qu'elles étaient déjà en train de porter. Que c'était toute leur construction qui les conduisait à rester empêtrées dans ces relations, sans voir comment s'échapper ou prendre soin d'elles. J'ai compris qu'il était de mon devoir d'être dans une grande sororité avec toutes les femmes. Et que, en réalité, le patriarcat permet aussi d'expliquer nos histoires intimes. »

Si le patriarcat permet d'expliquer l'histoire intime de toutes les femmes, c'est-à-dire l'histoire de la soumission normalisée, alors c'est en se dépatriarcalisant de l'intérieur qu'on peut réussir à la dépasser.

Qu'on peut faire que l'égalité devienne vraiment excitante.

Qu'on peut ne plus inévitablement tomber amoureuses du plus grand, du plus fort, de celui qui prend le plus de place.

Alors nous n'aurons plus besoin d'être autant éblouies, nous ne nous laisserons plus impressionner par les machos, les bad boys ou les mentors. Ils nous deviendront indifférents et nous pourrons enfin nous mettre à aimer quelqu'un qui nous traite bien, vraiment. C'est en nous dépatriarcalisant de l'intérieur que nous ne nous sommerons plus nous-mêmes d'être des princesses, des filles fragiles, des muses ou des égéries.

Tout cela, je crois, nous demande de passer du temps en mixité choisie. De renforcer encore les liens les unes avec les autres, de nous parler, de nous soutenir, de nous répéter, autant de fois que nécessaire :

Tu as le droit. Tu as le droit à du temps libre, à du silence,
tu as le droit d'être écoutée, tu as le droit de t'exprimer, tu as

le droit de jouir, tu as le droit d'être soutenue, tu as le droit à un amour beau et sain et soutenant, et conquérir un homme et tout faire pour le rendre heureux ne peut pas constituer l'intégralité de ton projet existentiel, parce que ça ne va jamais te rendre vraiment heureuse. Et tu as le droit d'être aimée.

Et cela nous demande donc, aussi, de repenser l'amour à partir de l'amitié, et de la liberté. À la fin du *Deuxième Sexe*, Simone de Beauvoir écrit :

> « L'amour authentique devrait être fondé sur la reconnaissance réciproque de deux libertés ; chacun des amants s'éprouverait alors comme soi-même et comme l'autre ; aucun n'abdiquerait sa transcendance, aucun ne se mutilerait ; tous deux dévoileraient ensemble dans le monde des valeurs et des fins. Pour l'un et l'autre, l'amour serait révélation de soi-même par le don de soi… et l'enrichissement de l'univers. »

C'est beau, non ? Mais cela peut encore sembler abstrait.

Voilà pourquoi j'ai souhaité terminer ce chapitre avec l'histoire que m'a racontée Monica, et qui me semble un bel exemple de ce que peut être, dans la vie réelle, un amour fondé sur la reconnaissance réciproque de deux libertés.

À l'adolescence, Monica s'était beaucoup laissé guider par le désir de garçons plus expérimentés. Mais à 20 ans, elle vit une belle histoire avec un garçon de son âge. Il est intelligent, sensible – « un arbre », comme elle appelle ces gars bien plantés et connectés aux autres. Mais Monica n'aime pas son travail, elle veut bouger, faire ses propres expériences, éprouver sa liberté…

> « À la fin de mes études de théâtre, je suis partie au Guatemala pendant un mois. Là-bas, sans l'avoir particulièrement cherché, j'ai rencontré un gars, un Américain… Tout de suite ça a été l'étincelle, on a fait l'amour sur le toit de l'hôtel où on logeait. Quand je suis revenue, tout soleil, mon amoureux m'a dit : "Wow, t'es tellement magnifique." À ce moment, j'ai décidé de m'installer au Québec. Je lui ai dit que je voulais aller danser au Canada, il m'a regardée droit dans les yeux et m'a dit : "Mais oui, vas-y." Il m'a serrée dans ses bras. Je savais qu'on s'aimait énormément, il savait que je vivais ce que j'avais besoin de vivre… Donc je suis partie au Canada… Et il m'a rejointe là-bas. Finalement nos chemins se sont séparés, mais ça a été un amour extrêmement constructif, et jamais quelqu'un ne m'a aimée aussi entièrement. Il m'a permis de m'asseoir dans un moi plus solide, et moi je lui ai permis de "s'expandre". On s'est nourris l'un de l'autre, très fort, c'était une très belle relation. »

Il n'existe pas de recette miracle pour vivre de très belles relations. Mais peut-être pourrions-nous nous répéter ces mantras :

désérotiser l'inégalité

déshétérosexualiser l'hétérosexualité (en tant que rapport asymétrique de pouvoir)

renoncer aux princes charmants qui viendraient justifier notre vie

Et pour les hommes cis-hétéros, encore une fois, aimer *vraiment* les femmes. Vouloir qu'elles soient libres, les soutenir, les écouter, désirer leur épanouissement, leur bonheur, leur plaisir ; avoir le courage de désirer des égales.

Voilà l'horizon qui me semble profondément désirable maintenant : aimer l'autre à égalité, aimer la liberté de l'autre.

Alors l'amour ne se confondra plus avec l'aliénation, ni la romance avec la soumission. Alors il n'y aura plus de bad boys, ni de filles fragiles.

Chœur 9

J'ai commencé ma sexualité avec un type de 16 ans, j'en avais à peine 13. Je n'étais pas du tout là-dedans, j'étais encore petite fille dans ma tête, et on a fait l'amour très vite parce qu'il en avait envie. J'ai commencé ma sexualité sans même me laisser le temps d'avoir du désir, et je crois que c'est encore le cas maintenant… Je pense vraiment que tout repose sur le désir de l'autre. **Monica**

Ce problème insoluble du romantisme

Avant A., il y avait M. Je l'avais rencontré pendant mon Erasmus, les débuts avaient été faciles, idylliques, puis il avait eu peur. Ma voix ironique dit aujourd'hui : encore un homme qui n'avait pas de mots, qui avait mal soigné sa dernière rupture, mal coupé le cordon côté famille… Une voix plus douce ajoute : plein de cette virilité qui fragilise et qui me bouleversait. Pendant trois ans, nous avons failli nous mettre en couple. J'ai pris de nombreux avions pour le rejoindre, attendu des heures des messages qui venaient au compte-gouttes, guetté sans cesse le moment où il se laisserait tomber amoureux. Quand on était ensemble, l'air entre nous était épais, le désir comme une lave sous la peau. Il avait l'art de m'emmener dans des lieux qui faisaient rêver, de donner aux chapitres de notre histoire des décors romantiquissimes. Mais il angoissait dès que j'approchais son cœur de trop près. Aujourd'hui encore, je suis persuadée qu'il m'aimait – mal, je sais, mais quand même. On a rompu plusieurs fois, ce qui était étrange parce que nous ne nous étions jamais déclarés en couple. Chacune de ces ruptures m'a emplie de détresse, jusqu'à la dernière où, enfin, je me suis sentie libre. Libre de pouvoir aimer quelqu'un d'autre (ou juste de vivre ma vie). Quand j'ai rencontré A., quelques mois plus

tard, j'ai eu si peur d'avoir mal que dès qu'il a exprimé son attachement, je n'ai plus rien ressenti. Les angoisses sont montées comme des marées incessantes, avec une ritournelle en boucle : "Je ne suis pas amoureuse, je n'ai pas de papillons dans le ventre." J'ai laissé mon intellect prendre le lead : il y avait quelque chose chez A. que j'avais perçu avant de tomber dans la peur, des indices d'une belle relation que je voulais vivre. J'ai revu un psy. Je me suis accrochée. Et j'ai bien fait. J'ai dû réviser à fond ma vision de l'amour. J'ai mis du temps à comprendre qu'on pouvait aimer sans être amoureuse. Ou qu'il me manquait quelques définitions alternatives à "amoureuse". Quelle était la différence fondamentale entre A. et M. ? A. ne me faisait pas souffrir, voilà tout. A. ne me faisait pas languir en attendant ses messages, A. était là et prêt à rester, A. disait qu'il m'aimait et me désirait. Or, je m'en étais fait la promesse après M. : je veux un homme présent. J'ai vraiment l'impression d'avoir eu un deuil à faire, celui d'une passion dont le prix à payer était trop cher.
Aujourd'hui, j'ai l'impression de récolter les fruits de cette bataille contre moi-même et contre tous les mythes romantiques qu'on nous inculque ou dont on hérite. Je me sens aimée, j'ai trouvé un vrai complice de vie, j'aime aussi et je savoure le quotidien. Ce n'est pas toujours facile. Un certain romantisme, né de l'attente, voire de la souffrance souvent, me manque. Il y a tout un pan de l'homme que j'aime à ré-érotiser : désirer quelqu'un qui vous fait du bien, ce n'est paradoxalement pas si évident. **Mélanie**

J'ai lu beaucoup de livres qui m'ont appris à rêver l'amour d'une manière malsaine. À 12 ans, je voulais des relations torturées, passionnées, un peu à la façon des romans Harlequin (entre amour et haine), tout en professant un désir absolu d'indépendance. J'avais intégré qu'aimer un garçon, c'était peu, mais qu'aimer un homme et être aimée d'un homme, c'était beaucoup plus. Il fallait trouver quelqu'un qui puisse m'apprendre quelque chose et j'avais l'impression de m'émanciper par ce biais, de me rendre plus vieille, plus assurée dans la vie, plus "valable", d'une certaine manière. J'ai donc appris à désirer mon infériorité et je ne me suis pas rendu compte de la position que j'acceptais de prendre, et surtout des gestes de séduction que je faisais. **Clara**

Ça ne fait pas mal... C'est normal ?

Je suis actuellement dans une relation où nous n'avons jamais de disputes et je me suis demandé si on s'aimait vraiment. J'ai entendu tellement de fois ma famille ou mes ami·es dire "C'est parce qu'on s'aime qu'on se dispute" ou "Si on ne s'aimait pas on ne se disputerait pas" que j'en viens à me demander si on est normaux et si on se voile pas la face... et je suis horrifiée par ce sentiment de culpabilité complètement illégitime et stupide. J'ai grandi avec une figure parentale assez violente (on casse des trucs contre les murs en se hurlant dessus et le lendemain on s'embrasse à outrance devant tout le monde) alors la relation passion-destruction me semblait être tout à fait normale et même souhaitée, comme preuve d'une relation "saine". **Émilie**

Pour être honnête, je n'avais pas vraiment conscience qu'une femme avait le droit de dire non, de s'affirmer ou de prendre de la place (je me rends compte en l'écrivant que c'est très violent). J'ai donc plus ou moins laissé plusieurs garçons voler mon consentement à des soirées alcoolisées pendant mon adolescence. Ces violences m'ont accompagnée pendant longtemps dans ma vie sexuelle. En fait, ce n'est que très récemment que j'ai appris les termes "viol conjugal" et "viol par surprise", ça a été une belle claque ! Élodie

J'aurais adoré pouvoir me passer des hommes

Divorcée depuis neuf ans, j'élève seule mes trois enfants.
J'ai reçu une éducation ouverte mais traditionnelle. Être en couple et avoir des enfants était une évidence et le plus tôt serait le mieux. Avec le recul, je réalise que j'ai passé quasiment toute ma vie accompagnée : un mari, un compagnon, un plan cul... Chacun des moments passés en tant que célibataire a été un supplice. Être en couple était un critère de réussite et de qualité. Tant que je n'étais pas en couple, cela signifiait qu'il restait un problème à régler. Tant qu'il n'y avait pas un homme pour m'aimer, cela signifiait que je n'étais pas "aimable", apte à être aimée. J'ai tout réussi dans ma vie, pourtant ce statut de célibataire était une preuve accablante de mon échec, de mon incompétence. Sans compter que tant que je ne me remarierai pas, tant que je ne vivrai pas en concubinage, je conserverai ce statut de "divorcée" à vie, sur tout document administratif : comme si cela définissait mon identité pour toujours. Aujourd'hui je tente une autre expérience. J'ai pu définir que je suis

heureuse et autonome ; il ne me manque que peu de choses pour être comblée et j'ai enfin pu mettre le doigt dessus : qu'un homme me fasse rire, qu'il me désire et me donne du plaisir. Il n'est plus question alors d'engagement, de projet, de quotidien, d'obligation, de rapport de force, de finance ni de famille. Il n'est question que de bien-être.
Je suis souvent en colère contre les hommes : leur capacité à se déresponsabiliser, leur détachement hautain, leur manière de faire passer notre rigueur pour de la névrose, et notre passion pour une faiblesse. J'aurais adoré pouvoir me passer d'eux. Mais j'ai fini par admettre que le désir qu'un homme peut avoir pour moi me donne des ailes. Quand on a 44 ans, qu'on élève seule trois enfants et qu'on est infirmière comme moi, il n'y a pas beaucoup de choses qui donnent des ailes. Or le regard gourmand d'un homme respectueux et drôle agit sur moi comme une drogue dure ! Je regrette parfois ce pouvoir que l'homme a sur moi et qu'il ne mérite pas. Mais c'est ainsi. Malgré tout, j'aime les hommes. Ils me touchent. Leur fragilité, leur sensibilité, leur émerveillement, leurs passions enfantines…
Alors que j'ai la chance d'avoir tout ce dont j'ai besoin dans ma vie, je continue d'avoir besoin de l'homme. **Caroline**

J'ai succombé au mythe du "bad boy" et suis restée en couple pendant plus de trois ans avec un homme torturé, égocentrique, prétentieux et irrespectueux. Rétrospectivement, je n'arrive pas à citer une seule bonne raison à cette histoire, nous n'avions aucun point commun et ne nous entendions pas spécialement bien. Anonyme

Le droit d'aimer coûte que coûte

Voici mon modèle : l'amour passion. L'amour qui fait mal, qui prend aux tripes et que je reproduis encore et encore même quand je veux le fuir, surtout quand je veux le fuir.
Ça commence toujours de la même façon, par un état de sidération, comme un viol. On n'a pas le choix. On le subit. On ne peut que se jeter dans ses bras à corps et à cœur perdus. Perdus d'avance.
Et pourtant, je déteste la femme que je deviens dans cet amour passion, dans l'attente de l'autre, toujours à l'affût, à guetter. Dans le doute, la peur au ventre. Chaque fois, je me jure que plus jamais ! Et puis, la sidération finit toujours par se reproduire et m'enchaîner. Et puis je me dis merde, quitte à souffrir, autant la vivre cette passion parce que le souffle que ça insuffle dans mes veines, rien d'autre ne réussit à le

faire avec autant de puissance. C'est beau, c'est fort et c'est unique. Chaque amour passion est unique. Je viens d'en vivre un. Encore une fois, je m'étais dit plus jamais, et je multipliais les plans cul pour ne pas m'attacher. Ça n'a pas fonctionné : il m'a sidérée au moment même ou il a posé ses mains sur ma peau. Trois mois de fol amour en cachette de sa femme... La douleur de l'absence est devenue insupportable, pour lui comme pour moi. Aujourd'hui, on s'aime sans se voir. On crève de ne pas se voir. On crève de s'aimer. Je ne sais plus trop bien. Ce que je sais, c'est que j'ai 46 ans et que le sexe me paraît fade sans cette étincelle passionnelle. Je suis accro, je ne peux plus m'en passer. La vie est courte, je ne veux plus m'en passer.

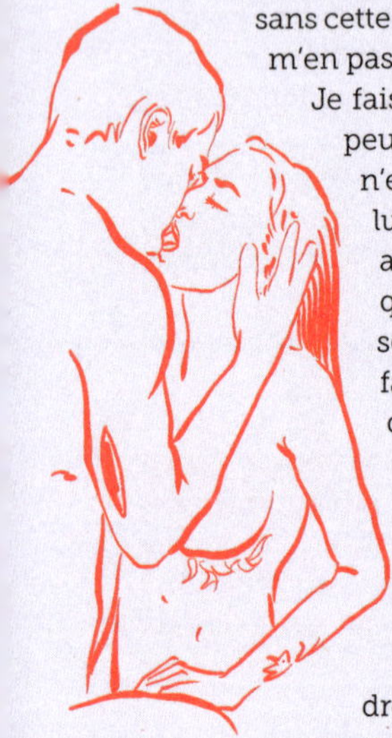

Je fais mon chemin, ma révolution comme vous dites, peu à peu je me pose les bonnes questions. Y répondre n'est finalement peut-être pas si important. Ma révolution amoureuse est en route. Je veux aimer, je veux aimer même si ça fait mal. Je n'ose encore espérer que ça puisse en être autrement. Aimer autant sans souffrir ? Impossible encore ne serait-ce que de le fantasmer... Et alors ? Ne devrions-nous pas accepter d'avoir mal pour vivre pleinement, pour aimer vraiment ? Pourquoi ne ressentir que des émotions qui font du bien ? Les autres n'ont-elles pas aussi leur droit de cité ? La douleur ça donnerait beaucoup aussi je crois si on apprenait juste à la recevoir. Pourquoi toujours se cacher pour pleurer ?

Ma révolution amoureuse, c'est revendiquer le droit d'aimer coûte que coûte. Aimer vraiment, c'est empreint de violence. Je ne sais pas si on peut aimer dans la douceur. **Dominique**

Ma "première fois" ayant été un viol, j'ai longtemps trouvé ça normal d'être dominée et objectifiée, et je me suis toujours comportée au lit comme je croyais que les mecs l'attendaient : avec soumission, sans penser à mon propre plaisir (dont j'ignorais en réalité la possibilité même), et en acceptant tout "volontiers", toutes les pratiques, tous les fantasmes, toute la violence. Matilda

Trouver sa propre lumière

J'ai été (comme toutes et tous) depuis l'enfance abreuvée de récits hétéronormés et de scénarios "pyramidaux" (famille à la base, amitiés au milieu et amour au sommet) qui me laissaient entrevoir que la route à emprunter était à une seule voie, et à sens unique. J'avais aussi intégré nombre de récits où le féminin se trouvait, systématiquement, sans valeur propre si isolé (le mythe de la célibataire superficielle / dépravée / malheureuse / sans but / aigrie / [insérer ici la malédiction de votre choix]) puis subitement sublimé par la validation du regard masculin (le mythe de l'âme sœur, de la complétude, de l'harmonie enfin trouvée dans l'autre, *I belong to you*).

Comme beaucoup, j'ai donc passé une énorme partie de mon temps à me demander comment je pouvais devenir, être et rester désirable pour obtenir cette validation des hommes (sans laquelle je pensais n'avoir pas la moindre valeur intrinsèque) : je me suis adaptée physiquement, mentalement, idéologiquement, oralement, sexuellement. Je me suis mise à rire à des blagues de caserne, à boire de l'alcool à outrance (même quand je trouvais certains alcools dégueulasses), à porter des jeans trop serrés jusqu'à en avoir des cystites, à coucher avec n'importe qui sans en avoir franchement envie, à critiquer abondamment les autres femmes, à chercher, toujours, en tout lieu, l'approbation du quota de mecs présents (même ceux que je n'estimais pas), à taire mes idées ou à adopter des discours sans les questionner, etc. En définitive, j'ai passé des années à chercher à construire cette identité "désirable" jusqu'à ne plus avoir la moindre idée de qui j'étais réellement – juste un vague catalogue de hobbies et de qualificatifs consensuels.

J'ai ensuite souffert, été sous emprise, été abusée (sans en avoir encore conscience) par quantité d'hommes cis entre mes 16 et mes 21 ans. Mais je continuais ma quête effrénée de validation et j'espérais tomber, ce faisant, sur "l'âme sœur", d'autant plus que je voyais autour de moi toutes mes amies trouver "leur moitié" et se "poser". Je ne voulais pas être la dernière, la marginale, la freak dont personne ne veut et dont tout le monde a franchement pitié. Et puis je me suis "mise en couple" avec un garçon fraîchement rencontré vers mes 22 ans. Une personne dont je ne savais rien et qui ne savait rien de moi – comme quoi, sur un malentendu, ça peut vraiment marcher. Et j'ai été soulagée. Enfin ! je me suis dit.

J'ai vécu avec cette personne des années abominables. Violences psychologiques, sexuelles. Viols. Dénigrement. Isolement social. J'ai découvert qu'il était misogyne, raciste, violent – je n'en avais aucune idée, mais il faut dire qu'on n'avait jamais pris le temps de réellement se connaître. Notre relation s'était fondée sur des non-dits et des projections. On n'avait, en définitive, pratiquement rien en commun. Mais on m'avait toujours dit que c'était cela être en couple : accepter l'autre dans son entièreté, se fondre avec lui, faire des compromis, être patiente, faire des efforts pour que les choses finissent par aller mieux, aimer inconditionnellement. Il fallait à tout couple son lot de douleur, car la douleur signifiait la passion et la passion signifiait l'amour et l'amour était une chose bien trop sacrée pour lui préférer l'absence de souffrance.

Il me traitait d'égoïste (ma carrière était-elle plus importante que l'Amour ?), d'allumeuse (mes amis voulaient tous me baiser, et soit j'en étais consciente, soit j'étais terriblement naïve), de cruelle (vouloir vivre séparément, c'était désavouer notre relation). Je ne voulais pas perdre sa validation car on m'avait appris que, sans elle, je n'existerais plus. Alors j'ai tenu trois ans, malheureuse comme une pierre.

Longtemps, j'ai attendu "la" rencontre comme on attendrait une lumière dans l'obscurité. Je pensais que l'autre, l'être aimé, serait la seconde moitié qui permettrait de donner un sens à ce qui, chez moi, me paraissait insuffisant, bancal. Cette rencontre agirait comme un bain révélateur qui viendrait dévoiler l'image qui se trouvait cachée en moi, à peine visible, toute sombre, dessinée en négatif. Elle serait la réponse à la question du sens à donner à mon existence. (Quel poids immense à faire porter à l'autre personne, quand on y pense !)

Je pensais aussi qu'on ne pouvait pas vivre une vie "valable" en étant seule, à moins d'être une femme extraordinaire – un génie, une aventurière, une artiste, une guerrière –, une entité autosuffisante, comme il en existe si peu. Que toutes les autres âmes plus médiocres ne pouvaient acquérir de valeur qu'à la lueur d'un compagnon ; c'était ainsi, il fallait que l'autre nous éclaire. Comme un vers aurait besoin du vers suivant pour rimer : on ne pouvait pas faire poésie seule.

Aujourd'hui, je sais non seulement qu'on peut faire poésie seul(e), mais aussi qu'on peut être prose si on le veut – et que c'est tout aussi beau. **Céline**

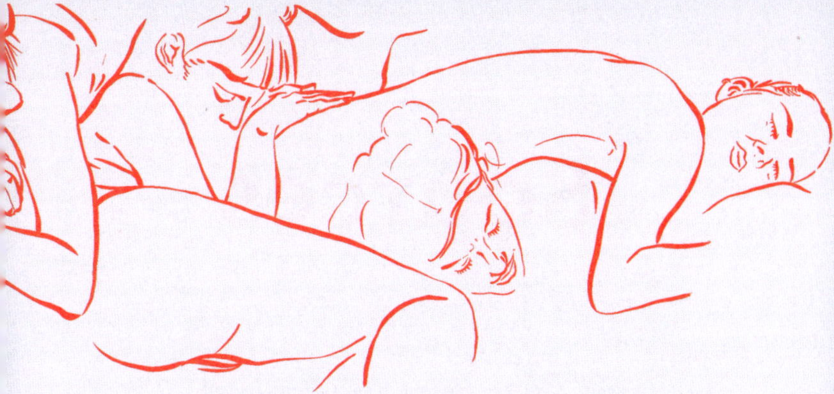

Sources

Ouvrages

Simone de Beauvoir, *Le Deuxième sexe*, tome II (éd. Gallimard, 1949)

Albert Cohen, *Belle du Seigneur* (éd. Gallimard, 1968)

Manon Garcia, *On ne naît pas soumise, on le devient* (éd. Flammarion, 2018)

Eva Illouz, *Hard romance. Cinquante nuances de Grey et nous* (éd. Seuil, 2014)

Gloria Steinem, *Revolution From Within : A Book of Self-Esteem*, 1992, chapitre « On Love and Romance » (bientôt traduit en français)

Jane Ward, *The Tragedy of Heterosexuality*, 2020 (non traduit en français)

Article

Le texte du psychologue espagnol Luis Bonino « Los Micromachismos », paru en 2004, est résumé en français sur le site d'Elisende Coladan (therapie-feministe-elisende.com) : « Micromachismes et macro-dégâts » (2019).

Ressources

Biographie

Devenir Beauvoir : la force de la volonté, de Kate Kirkpatrick (éd. Flammarion, 2020)

Ce que révèlent les journaux et la correspondance de Simone de Beauvoir redessine les contours de sa biographie. À une époque où les femmes étaient censées n'avoir d'autre aspiration que le mariage et la maternité, la jeune Simone, à 19 ans, étudiait avec acharnement pour devenir cette extraordinaire philosophe et grande amoureuse qui a changé l'histoire des femmes.

Une pratique

Autodéfense, jujitsu, boxe, et tous les sports de combat qui apprennent à garder confiance en soi, à se battre et à mesurer sa puissance.

Chanson

« It's good to know
that I can set myself free
Anytime I want to
I can be the real me
I got up ! I got up !
And I ain't going down again »

I Got Up, de Linda McCartney (1998)

Documentaire

Pina – dansez, dansez sinon nous sommes perdus, de Wim Wenders (2011)

Ce film tourné en 3D rend hommage à la richesse des créations de la grande chorégraphe allemande Pina Bausch, elle qui a si souvent, dans ses œuvres splendides entre théâtre et danse, exprimé les tensions de la séduction, des passions amoureuses, du rejet, des désirs et de l'emprise.

Podcast

L'amour, les hommes et moi, de Laure Chatrefou (Arte Radio, 2014)

« Dans ma vie j'ai aimé trois garçons, enfin quatre, non, enfin six… je ne sais plus. » La volupté, l'insouciance, l'amour fusionnel ou l'angoisse du célibat, avec dérision et violoncelle, quelques étapes dans la vie d'une jeune femme de l'adolescence à la trentaine.

Article

« Elisa Rojas : "Les personnes handicapées ne sont jamais présentées comme des partenaires valables" », entretien avec Elisa Rojas, de Morgane Giuliani (Marie Claire, 2020)

Avocate, militante féministe, anti-validisme et égalitariste, Elisa Rojas est l'autrice d'une romance politisée, *Mister T & moi*, réfléchissant à l'amour et au handicap.

Roman

Freedom, de Jonathan Franzen (éd. L'Olivier, 2011)

Patty, ex-basketteuse devenue mère au foyer, a fait le bonheur de Walter en l'épousant peu après leurs études universitaires. Leurs enfants partis, Walter s'investit dans les luttes pour l'écologie et Patty se laisse submerger par le quotidien. Un jour Richard, rock star et bad boy dont Patty a toujours été amoureuse (et qui se trouve être aussi le meilleur ami de Walter), réapparaît ; et avec lui la question : ont-ils toustes fait les bons choix ?

Série

I Love Dick, de Sarah Gubbins (2017)

Chris, une cinéaste formant un couple très heureux avec son époux Sylvère, tombe folle amoureuse de Dick, un mystérieux artiste cow-boy. *I Love Dick*, soit « J'aime Richard » (dont le diminutif est Dick), mais aussi « J'aime la bite » et « J'aime l'idiot, le crétin » : une interprétation féministe et jouissive d'une obsession sexuelle et d'une passion non réciproque.

Film

Dirty Dancing, d'Emile Ardolino (1987)

Une jeune fille de bonne famille, Baby, passe des vacances monotones en famille jusqu'à ce qu'elle tombe amoureuse de Johnny, son professeur de danse, pauvre, car issu d'un milieu populaire (et terriblement sexy). Pour elle, c'est le début de l'émancipation. Une contre-romance culte.

BD

Anaïs Nin, de Léonie Bischoff (éd. Casterman, 2020)

Le parcours d'une femme qui s'émancipe par l'écriture et l'exploration de sa sensualité, dans les années 1930. Depuis l'enfance, Anaïs Nin a toujours voulu être écrivaine, et la seule chose qui lui permet de s'échapper de sa vie morne, c'est son journal, auquel elle confie tout, et qui lui permet d'explorer la complexité de ses sentiments et de sa sexualité.

Instagram

@amours_solitaires

Autrefois, les amant·es s'échangeaient des lettres ; aujourd'hui, ils s'envoient des textos. La poésie n'a pas disparu entre-temps. Morgane Ortin publie sur ce compte les milliers de conversations intimes d'anonymes qu'elle a recueillies.

Œuvre d'art

The Lovers : The Great Wall Walk, de Marina Abramović et Ulay (1988) (à voir sur YouTube)

Parcourir la muraille de Chine chacun d'un côté et s'y retrouver au milieu pour se marier : une performance d'un couple d'artistes qui se voulait être un grand geste romantique et radical. Le gouvernement chinois attendra 8 ans pour leur donner la permission. Au moment de commencer ce périple, leur relation s'achève, et la performance s'apparente à des adieux. Abramović raconte la sororité rencontrée le long du chemin, le travail émotionnel autour du deuil de sa relation, la colère d'avoir été son infirmière, d'avoir été trompée, ainsi que la rencontre et son ultime baiser avec Ulay qui lui apprend que la traductrice avec qui il a fait le voyage attend son enfant.

la révolution romantique n'est pas un dîner de gala

Imaginer à quoi
ressemblerait notre
paysage amoureux
si les femmes restaient
inflexibles sur le respect
de leurs besoins, et si
elles avaient toujours
les moyens matériels
de le faire, est l'une des
fantasmagories les plus
satisfaisantes que
je puisse nourrir.

Mona Chollet, *Réinventer l'amour*

Quand j'ai commencé à réfléchir au *Cœur sur la table*, pour expliquer ce que je voulais faire, je disais :

« Nos relations sont des créatures vivantes ! Il s'agit d'apprendre à en prendre soin. Toi et moi, on se connaît depuis deux jours, six mois, cinq ou douze ans, il existe un lien entre nous que l'on peut appeler amitié, amour, affection, sororité, adelphité, famille, camaraderie ou bien d'autres choses. Je propose de voir ce lien comme un travail artistique, une création commune dont nous sommes coresponsables. Et même… de considérer ce lien comme une entité dotée de sa propre existence. Comme si chaque relation était une créature vivante, mythique et mystérieuse, entre la plante, le dragon et l'animal ; des sortes de Pokémon rares, dont nous devons prendre soin. Cette créature est née de nos interactions, à nous ensuite de la nourrir, de la faire grandir, de l'entretenir ; nous sommes relié·es à elle par des fils invisibles. Et quand on ne s'en occupe pas, elle s'en va. Parfois on s'en occupe très bien et elle s'enfuit quand même, et ne revient jamais, ou alors après des années, métamorphosée. D'autres fois, elle tombe malade, et c'est à nous de la soigner. Toutes ces relations-créatures interagissent les unes avec les autres, et certaines s'épanouissent mieux auprès de leurs congénères… Et donc, ce qu'il nous faut inventer c'est une sorte de permaculture des relations. Cultiver, enseigner et apprendre des techniques, des approches, des terrains sur lesquelles elles soient heureuses. »

C'était une métaphore qui me plaisait parce qu'on pouvait la filer facilement (permaculture des relations, comme dans un jardin, où les carottes poussent mieux à côté des poireaux, où il n'y a plus de "bonnes" ni de "mauvaises" herbes, où toute la vie revient, insectes, oiseaux, plantes, sans produits phytosanitaires ni monoculture). J'aime toujours son pouvoir consolatoire : quand une relation s'abîme et meurt, je peux me dire que les plantes aussi finissent par mourir, mais aussi par nourrir, en se décomposant, le sol dans lequel elles ont été plantées. Elles ne meurent pas vraiment, on le sait : nous sommes vivant·es d'anciennes relations dont le souvenir, l'expérience, les nutriments, viennent nourrir les suivantes – c'est une amie qui t'a laissé le goût du flamenco que tu fais maintenant écouter à ta fille, un ex qui t'a fait aimer les échalotes dans la salade dont tes collègues se régalent, un copain de copain dont tu n'oublieras jamais les caresses, que tu prodigues maintenant à ton amoureuse, etc., etc. – tous ces liens qui t'ont fait grandir et en ont renforcé d'autres.

J'aimais aussi cette image, car si on considère que nos relations sont des créatures vivantes, on comprend mieux la nécessité de partager de manière juste le travail de soin, d'attention, de créativité qu'elles demandent. Dans ma propre vie, considérer mes relations comme des Pokémon me réconforte toujours, me donne l'élan, la joie et les idées pour en prendre soin.

Mais politiquement, je dois bien reconnaître que ma métaphore ne sert à peu près à rien ; parce qu'elle est trop individualiste, trop centrée sur les individus et leurs plaisirs. Elle ne prend pas en compte les grandes structures, notamment économiques, dans lesquelles nous évoluons. Tout au long du livre, et des épisodes du podcast, j'ai fait référence à la "révolution romantique" que nous sommes en train de vivre : transformation des normes sociales, des valeurs, renversement des rapports de pouvoir, prise de conscience écologiste, métamorphoses de ce à quoi nous tenons, selon la formule de Costanza Spina, qui la précise ainsi dans son article *Nous vivons une révolution romantique intersectionnelle* :

> « Il existe un lien entre le retour des sorcières de Mona Chollet, le réenchantement du monde par un prisme féministe de Silvia Federici, l'analyse et la remise en discussion du capitalisme amoureux d'Eva Illouz, le soulèvement transféministe décolonial de Paul B. Preciado, l'urgence de la reconnaissance de nouveaux désirs dont Judith Butler parle dans *Défaire le genre* : ce point commun est la proposition d'un nouveau vivre-ensemble, d'une démocratie du soin, la réhabilitation de l'Amour comme force révolutionnaire capable de secouer nos sociétés capitalistes occidentales en profondeur. [...] La révolution romantique serait alors ce soulèvement massif, intersectionnel, bâti sur le potentiel de désobéissance propre à l'Amour. »

Au tout début de mes recherches, je voyais la révolution romantique d'abord comme une transformation de nos formes de relation – j'étais en particulier très intéressée par la remise en cause de la monogamie et de l'idéal de fidélité sexuelle dans nos relations amoureuses, par les outils de communication pour résoudre les conflits, pour développer l'empathie et la compréhension mutuelles, etc. Mais je me suis rendu compte que tout ce qui pouvait m'apparaître comme émancipateur pour les individus se retournait vite contre les parties structurellement plus faibles. Prenons l'exemple de l'escalator des relations, exposé dans le premier chapitre : j'ai été assez vite alarmée de l'enthousiasme que ce concept provoquait chez les auditeurs masculins, y compris chez mes amis (*Oh génial, ça va me permettre d'expliquer à la fille avec qui je couche depuis trois ans pourquoi je ne veux surtout pas m'engager avec elle, ni la présenter comme ma copine, ni rencontrer ses parents, ni rien lui promettre, parce que c'est tellement convenu, conventionnel, tous ces trucs, mais elle ne comprend pas que moi je refuse de monter sur l'escalator, je suis un révolutionnaire !*).

Même chose pour le polyamour, c'est-à-dire la possibilité, pour les individus, de nouer plusieurs relations amoureuses, en toute transparence, et que toutes les personnes impliquées soient consentantes. Ayant moi-même, pour différentes raisons, toujours trouvé insupportable la contrainte de fidélité sexuelle, me sentant dépossédée de mon corps et de ma liberté dès que j'étais en couple, j'ai été enthousiasmée par tous les textes qui montraient comment il était possible de créer et de nourrir plusieurs relations amoureuses et / ou sexuelles (*Pourquoi avoir plusieurs ami·es, mais pas plusieurs amoureu·ses ?*). Surmonter (ou faire avec) la jalousie, se parler honnêtement, se donner mutuellement la liberté de vivre de nouvelles passions, sans que cela ne détruise celle existante ? Fabuleux. Je suis beaucoup plus prudente maintenant que j'ai constaté comment ce bel idéal avait été récupéré par de nombreux hommes hétérosexuels, comme l'a très bien résumé l'autrice féministe Anaïs Bourdet dans une story publiée sur son compte Instagram @mauvaisecompagnie :

> « Je suis fascinée par la vitesse à laquelle les hommes cis-hétéros déconstruisent l'exclusivité en amour. Depuis quelque temps, et grâce aux féminismes, ils sont super nombreux à se dire non exclusifs, libres, voire polyamoureux. On pourrait y voir une bonne nouvelle, moi ça me met en colère. Parce que, quand il s'agit de culture du viol, de déconstruire leur propre sexisme, etc., là ça regarde en l'air et ça sifflote, ça a piscine ou poney. Avec le polyamour ils ont juste capté le potentiel de nouveaux privilèges à leur disposition, sans jamais en lâcher un seul par ailleurs. »

Elle fait ensuite la liste des comportements typiques de tous ces prétendus polyamoureux, trop contents de faire exactement comme bon leur semble, sans introspection, sans empathie :

> « Les mecs qui veulent former un trouple mais QUE avec une autre femme. Les mecs qui se disent polyamoureux alors que leur partenaire n'est pas au courant, voire absolument pas d'accord. Les mecs qui ne jouent pas du tout le jeu du care, du soin, bref du taf émotionnel qui va avec toute relation quel que soit son mode, et qui au contraire culpabilisent à fond la personne qui demande à être rassurée. »

J'y vois un mécanisme similaire à celui qu'avaient démontré, me semble-t-il, Luc Boltanski et Ève Chiapello dans leur grand essai *Le Nouvel Esprit du capitalisme* (éd. Gallimard, 2011) : le capitalisme se transforme et perdure en intégrant toutes les critiques et les contestations qui lui sont faites. La société réclame plus d'autonomie et de créativité ? Les entreprises vont se mettre au management horizontal, et vous serez votre propre patron (votre propre exploiteur). La planète brûle ? On va faire du green washing. Les changements ne sont que superficiels, et surtout, tout ce qui pouvait avoir l'air émancipateur va finir par se retourner contre les parties les plus faibles structurellement. Et par créer de nouvelles souffrances et de nouvelles aliénations.

Pour le patriarcat, c'est pareil : chaque fois que nous croyons que de nouvelles normes, de nouveaux modèles relationnels, de nouveaux comportements peuvent émanciper les femmes, cela se retourne (en partie) contre elles. On l'a vu avec la prétendue "révolution sexuelle" des années 1960-1970 : certes, la légalisation de la pilule contraceptive puis de l'avortement a été, et reste, un changement fondamental permettant aux femmes d'avoir des relations sexuelles avec des hommes sans avoir la peur au ventre de tomber enceinte. Mais elles sont restées, selon la formule de la philosophe Camille Froidevaux-Metterie, des "corps à disposition" (qu'on peut violer, abuser, maltraiter, en masse et en toute impunité ou presque, comme l'a montré le mouvement #MeToo) – en fait de "grande révolution sexuelle", cela a surtout été celle des hommes cis-hétéros, leur permettant d'exiger, puisqu'il n'y avait plus de risque de grossesse non désirée, des services sexuels de la part des femmes de leur entourage.

Tu veux pas baiser avec moi ? Coincée ! Frigide !

Même chose pour la liberté de dissocier sexualité et sentiments : la culture hétérosexuelle du "coup d'un soir" est une culture qui favorise le plaisir masculin, qui permet aux hommes d'utiliser sans gêne ni remords leurs partenaires, et de les mépriser ensuite par-dessus le marché. L'encouragement à découvrir son corps, à se réapproprier sa sexualité, à ne plus en avoir honte, s'est insidieusement transformé en injonction à jouir. L'orgasme féminin devient un dû, un trophée, une récompense, comme me l'expliquait cette jeune femme dans l'un des courriers que j'ai reçus, à propos de son compagnon :

> « C'est un homme qu'on pourrait appeler pro-féministe. Il reprend ses amis qui font du sexisme ordinaire. Ce n'est pas le mec lourd qui siffle une fille dans la rue... Il m'a fait découvrir l'orgasme, la masturbation et le Womanizer ! Bref le mec parfait (ou presque) avec qui j'ai envie de faire ma vie (enfin pas que, on est en couple ouvert). Le plus gros problème entre nous c'est notre différence de libido. Il est plutôt accro au sexe alors que moi j'y pense pas très souvent. Du coup j'en viens à avoir des relations sexuelles quand je n'en ai pas envie. [...] Il me dit aussi que c'est le plus beau cadeau que je puisse lui faire, lui donner mon corps et avoir un orgasme. Après beaucoup de discussions j'ai conclu qu'il est plus facile de faire la crêpe plutôt que d'avoir des problèmes de couple. »

J'ai connu des hommes soi-disant passionnés par le plaisir de leurs partenaires, qui ne leur servait en fait qu'à se glorifier de leur propre puissance. D'autres qui extorquent des photos intimes sous prétexte d'émancipation.

Pourquoi tu veux pas ? C'est féministe d'assumer son corps !

Enfin, c'est toujours le même mécanisme : n'importe quelle raison va être utilisée pour faire en sorte que les femmes fassent exactement ce qu'ils veulent.

Nouvelles méthodes, vieille logique : objectification, exploitation, domination.

Je crois toujours à l'invention d'autres formes de relations, qui nous rendent plus conscient·es, généreu·ses, attentionné·es, empathiques. Mais je crois qu'elles ne resteront que des curiosités et des exceptions, et que les mêmes rapports de pouvoir seront favorisés encore et toujours, tant que les conditions matérielles de nos existences ne seront pas transformées. C'est-à-dire que la révolution romantique, ce n'est pas que la communication non violente et le polyamour : **la révolution romantique, c'est d'abord une lutte pour des changements politiques, matériels, collectifs**. Ça ne suffit pas de prendre soin des plantes. Ce qu'il faut aussi, c'est transformer le terrain dans lesquelles elles s'enracinent.

La révolution romantique n'est pas un dîner de gala, où on se sourit entre personnes semblables : elle implique des conflits, qui seront parfois douloureux. Les conflits qui sont vécus à l'intérieur de nos relations interpersonnelles sont le résultat de rapports de force qui nous dépassent (entre la classe des hommes et celle des femmes, par exemple). Car nous n'avons pas toustes les mêmes intérêts, pas toustes les mêmes privilèges à perdre. On ne sera pas d'accord. Il y aura des ruptures.

Ce que je crois maintenant, c'est que ce qui va révolutionner l'amour, ce sont certes des prises de conscience personnelles, mais surtout des combats collectifs. Des luttes pour de nouveaux droits, un renversement des rapports de pouvoir, par toutes sortes de moyens – des manifestations, des pétitions, des boycotts, des élections, des grèves.

Ce qui va révolutionner ce que nous appelons "amour", ce sont par exemple des grandes campagnes d'éducation affective et sexuelle, dès le plus jeune âge. Rien que ça : que les trois séances annuelles obligatoires en France auxquelles a droit chaque élève à partir de la primaire soient enfin dispensées, et par des personnes compétentes et rémunérées.

Ce qui va révolutionner l'amour, ce sont des politiques publiques courageuses contre le viol et les violences sexuelles, incluant entre autres la formation des magistrats et policiers, le soutien massif aux associations de lutte contre ces violences et la prise en charge intégrale des soins nécessaires aux victimes et aux auteurs des violences.

Ce qui va révolutionner l'amour, c'est l'argent. Que tout l'argent que l'État économise sur le dos des femmes en leur faisant porter le poids du soin et de l'éducation des enfants, en ne construisant pas assez de crèches, en ne faisant pas en sorte que tous les parents aient des solutions de garde abordables et confortables soit enfin redistribué justement.

La révolution de l'amour, c'est la révolution de nos corps, donc l'accès aux soins de santé pour toustes, l'activité physique et la garantie de le faire dans de bonnes conditions. Et, évidemment, ce qui révolutionnera l'amour, c'est la fin de tout ce qui discrimine et asservit toutes les minorités.

Ce qui révolutionnera l'amour, ce sont des politiques publiques drastiques pour que les femmes soient enfin payées autant que les hommes, et c'est rendre obligatoire pour le deuxième parent, un congé d'une durée égale à celui pris par la mère, et ne plus utiliser le mot "congé", comme s'il s'agissait de vacances, mais "travail".

Ce qui va révolutionner l'amour, c'est enfin une révolution du travail, du temps qu'on y passe (trop) et de l'argent qu'on y gagne (mal) : vous imaginez, si on avait enfin le temps et les moyens de se rencontrer, de prendre soin les un·es des autres, de s'aimer, au lieu de s'épuiser à travailler toute notre vie ?

Dans cette perspective, il me semble que ce que l'on peut faire, à l'échelle individuelle, c'est certes considérer que nos relations sont des créatures vivantes, mais les voir aussi comme des contrats : qui a l'argent ? Qui a le pouvoir ? Comment créer un rapport de force collectif qui puisse le rééquilibrer ? La politiste québécoise Stéphanie Mayer propose ainsi de considérer que dans les relations, en particulier en couple, certaines ressources sont des ressources rares et qu'il s'agit de faire en sorte qu'elles soient partagées de façon égalitaire – par ressources rares elle entend par exemple : le temps de sommeil, la liberté de mouvement, le temps de loisir, la tranquillité d'esprit. Quelles sont les conditions, les habitudes, les non-dits, les arrangements, qui font que, systématiquement, l'une est lésée au profit de l'autre ? Comment assumer le conflit ? Comment créer une culture du conflit ?

Et on en revient à la nécessité d'une éducation au conflit. Comment bien se disputer, sans violence, sans terreur ? Comment parvenir à un consensus ? Je reste persuadée de la nécessité de tous ces outils, d'un apprentissage de la vie ensemble.

Parce que ça aussi, c'est politique.

Parce que je me dis qu'on ne pourra pas faire face à la crise écologique, à la crise politique, à toutes les crises qui vont s'abattre sur nous dans les décennies qui viennent, si on n'a pas une culture des liens forts, si on n'apprend pas comment se comprendre, trouver des consensus, s'aimer et prendre soin les un·es des autres.

Pendant tous ces mois de travail, tandis que j'étais en train de réfléchir à l'amour et l'amitié, à comment vivre concrètement des relations plus libres et plus égalitaires, je suivais chaque jour l'actualité, et je me demandais si je n'étais pas complètement à côté de la plaque – est-ce qu'on a le temps pour tout ça alors que la crise écologique / économique / sanitaire, alors que la fascisation des démocraties, alors que toutes les horreurs dans le monde, alors que... Et pourtant je sens que c'est lié, que révolutionner l'amour et l'amitié et tout faire pour vivre des liens plus profonds et plus justes, c'est aussi une façon de résister à un monde horrible, plein de violence, d'attentats, de surveillance et de compétition.

Que toutes ces amitiés, ces groupes, ces collectifs, ces familles où se cultivent des belles relations sont des bases arrière, des oasis, des havres où nous pouvons nous reposer et reprendre des forces avant de retourner lutter. Que tout faire pour cultiver des liens riches, c'est une voie pour résister au carnage, à l'horreur du monde capitaliste, patriarcal, raciste. Je me dis que tisser des liens très solides, apprendre à se tenir droit, à se parler avec le cœur, dans toutes nos interactions, c'est résister et transformer le monde.

Parce que des enfants naîtront de tous ces liens, et que nous pouvons leur apprendre par l'exemple comment lutter avec joie. Fuir les dîners de gala, cultiver les jardins. Parce que même si nous ne voyons pas de notre vivant la fin du patriarcat raciste et capitaliste, nous luttons pour elles et eux, pour les générations futures.

Parce que la seule chose qui comptera vraiment, à la fin de nos vies, c'est d'avoir aimé et d'avoir été aimé·e.

prolongations

Livres, les indispensables

Voici les quatorze lectures qui ont directement inspiré *Le Cœur sur la table*, qui me semblent à la fois profondes, empouvoirantes, accessibles et novatrices – bref, indispensables.

50 Couples mythiques de la littérature, de l'Odyssée à Harry Potter, collectif (éd. Ellipses, 2021)

Que ces couples de personnages littéraires se soient liés d'un amour passionnel ou tendre, criminel ou éthéré, chaste ou charnel, consommé ou fantasmé, iels ont marqué notre mémoire collective. Ce guide écrit à dix mains par des professeurs de littérature résume et analyse leur histoire.

Joie militante. Construire des luttes en prise avec leurs mondes, de Carla Bergman et Nick Montgomery (éd. du Commun, 2021)

Pourquoi, parfois, les milieux militants nous vident-ils de tout désir ? Combinant propositions théoriques, analyses de cas pratiques et entretiens avec des activistes issu·es de luttes diverses, les deux militant·es ouvrent des voies pour devenir collectivement plus puissant·es, capables et joyeux·ses.

Le Genre du capital. Comment la famille reproduit les inégalités, de Céline Bessière et Sibylle Gollac (éd. La Découverte, 2020)

Fruit de vingt ans de recherches des deux sociologues, cette enquête magistrale démontre comment la société de classes se reproduit grâce à l'appropriation masculine du capital et comment les calculs, les partages et les conflits qui ont lieu au moment des séparations conjugales et des héritages aboutissent toujours à la dépossession des femmes, avec le concours des professions du droit.

Réinventer l'amour. Comment le patriarcat sabote les relations hétérosexuelles, de Mona Chollet (éd. Zones, 2021)

Dans une langue très belle, précise et poétique, entremêlant extraits littéraires, analyses cinématographiques, statistiques, anecdotes personnelles et citations, Mona Chollet démonte les impensés de notre culture amoureuse mortifère, sans nous laisser pleurer sur notre sort : elle tient la promesse de son titre en dessinant des chemins lumineux pour que nous puissions enfin, toustes, "Réinventer l'amour". Génial !

Les Luttes fécondes, de Catherine Dorion (éd. Atelier 10, 2017)

« Libérer le désir en amour et en politique » : c'est le programme de cet inclassable petit essai, poétique et fougueux, de l'artiste québécoise.

En cas d'amour : psychopathologie de la vie amoureuse, d'Anne Dufourmantelle (éd. Rivages, 2012)

Qu'est-ce qui nous fait répéter le même scénario et souffrir en boucle des mêmes maux d'amour ? La psychanalyste déploie de fascinantes et subtiles réflexions, dans une langue splendide, tissées à partir de l'écoute des histoires de ses patient·es dans son cabinet.

On ne naît pas soumise, on le devient, de Manon Garcia (éd. Flammarion, 2018)

Parce que comprendre pourquoi les femmes se soumettent est le préalable nécessaire à toute émancipation, la philosophe s'attelle, sur les pas de Simone de Beauvoir, à analyser ce tabou philosophique et point aveugle du féminisme : le consentement des femmes à leur propre soumission.

Je t'aime à la philo, d'Olivia Gazalé (éd. Le Livre de Poche, 2013)

Un essai sur la nature de l'amour, où la philosophe fait dialoguer, sur un ton érudit et souvent drôle, Platon et Nietzsche, Saint-Augustin et Foucault, Schopenhauer et Stendhal, Spinoza et Proust, Descartes et Freud, en évitant les écueils de la naïveté et du cynisme.

All About Love: New Visions, de bell hooks, (en cours de traduction en français, éd. William Morrow Paperbacks, 2018, pour la version étatsunienne)

Avec beaucoup de générosité, l'activiste et théoricienne afro-féministe raconte sa propre quête de connexion émotionnelle, examine l'éducation sentimentale qu'elle a reçue, et propose un nouveau paradigme culturel pour des relations affectives profondes et équilibrées, avec une perspective spirituelle.

Regards féministes sur l'hétérosexualité contemporaine occidentale : essai sur le dispositif hétérosexuel et ses limites pour l'égalité et la liberté des femmes, de Stéphanie Mayer (Université de Laval, Québec, 2018)

Pas encore éditée, mais accessible librement en ligne, une thèse de doctorat exceptionnelle d'érudition et d'intelligence politique, où la politiste cartographie les rapports conflictuels entre hétérosexualité et féminisme, avant de proposer différentes voies qui peuvent être empruntées par les féministes qui souhaitent s'engager dans la transformation du vivre-ensemble hétérosexuel.

Au-delà du personnel, de Corinne Monnet et Léo Vidal, (éd. Atelier de création libertaire, 1998)

Les deux activistes anarchistes ont rassemblé les contributions d'une vingtaine de femmes et de quelques hommes qui plaident pour une transformation politique de nos vies intimes, s'inscrivant dans les luttes féministes et libertaires.

Philosopher ou faire l'amour, de Ruwen Ogien (éd. Grasset, 2014)

« L'amour est-il plus important que tout ? Peut-on aimer sans raison ? Ou sur commande ? L'amour se situe-t-il par-delà le bien et le mal ? Et, s'il ne dure pas, est-ce quand même un amour véritable ? » Le penseur libertaire tente de répondre à ces questions dans cet essai facétieux et rigoureux, qui mêle concepts philosophiques et chansons populaires.

Je t'aime, je te trompe, d'Esther Perel (éd. Robert Laffont, 2018)

« Qu'est-ce qu'être infidèle, aujourd'hui ? Est-il possible d'aimer plusieurs personnes à la fois ? Tromper, est-ce forcément trahir l'autre ? Est-ce qu'une liaison peut paradoxalement aider un couple ? » La thérapeute propose des pistes de réponses pragmatiques en s'appuyant sur les cas cliniques des couples qu'elle a reçus en consultation.

La Contrainte à l'hétérosexualité et autres essais, d'Adrienne Rich (coédité par *Nouvelles Questions Féministes* et les éditions Mamamélis, 2010)

Dans ces interventions publiques et ces essais datant des années 1970 et 1980, la théoricienne et poétesse remet en cause les évidences naturalistes patriarcales et démontre comment se perpétue l'institution politique de l'hétérosexualité féminine, clé du maintien de la suprématie masculine. Elle développe aussi l'idée révolutionnaire du « continuum lesbien », soit le « large registre d'expériences impliquant une identification aux femmes ».

Podcasts, les indispensables

À propos d'amour, de couple, d'hétérosexualité, de désir ou d'érotisme, voici les œuvres audio en tout genre (chroniques, fictions, documentaires, conversations) qui sont à mon avis les plus enthousiasmantes, instructives et intéressantes en termes d'écriture, de réflexion et de réalisation. Je vous en recommande donc vivement l'écoute !

Un podcast à soi, de Charlotte Bienaimé, réal. Samuel Hirsch (Arte Radio, depuis 2017)

Chaque épisode est une splendeur, entremêlant témoignages, réflexions, poésie et expertise, pour approfondir les questions de genre, de féminismes, d'égalité entre les femmes et les hommes. Je recommande en particulier, à propos d'amour, de couple et de désir : « Sexualité des femmes, la révolution du plaisir » (ép. 18), « Prendre soin, penser en féministes le monde d'après » (ép.26), « Du pain et des roses, quand les femmes s'engagent » (ép.16), « Qui gardera les enfants » (ép.5), « Entre femmes » (ép.13).

Modern Love, présenté par Nadia Daam (France Inter, depuis 2019)

Chaque dimanche soir, pendant une heure, sur un ton intimiste et documenté, Nadia Daam discute avec son invité·e, souvent un·e artiste, de questions liées aux relations affectives au sens large – amour, amitié, sexe, famille et trahisons.

S'aimer comme on se quitte, de Lorraine de Foucher (wave.audio pour *Le Monde*, depuis 2019)

Chaque épisode, assez court, raconte deux jours dans la vie d'une relation amoureuse : le premier et le dernier. Réalisé à partir de témoignages recueillis et écrits par Lorraine de Foucher (journaliste au *Monde*), interprété par des comédien·nes et musicien·nes.

La Fille sur le canapé, d'Axelle Jah Njiké, réal. Aurore Meyer-Mahieu et Marine Raut (Nouvelles Écoutes, 2020)

Ce documentaire puissant et sensible, entrelaçant témoignages, réflexions personnelles de l'autrice, expertises et lectures de textes d'autrices noires, met au jour des faits impensés jusque-là : les violences sexuelles intrafamiliales dans les communautés afrodescendantes.

Mon Prince viendra, et *Mon Prince à la mer*, de Klaire fait Grr, réal. Arnaud Forest (Arte Radio, 2018)

Deux autofictions sentimentalo-rigolotes : dans la première, Klaire fait Grr écume les sites de rencontres ; dans la seconde, elle part en vacances, en espérant toujours rencontrer l'amour.

Rends l'argent, de Titiou Lecoq (Slate Audio, 2020)

Une enquête sur la place des finances dans les histoires d'amour : Qui paye quoi ? Faut-il avoir un compte commun ? Crédits, impôts, contrat : pourquoi est-on si souvent gêné·es d'en parler ? Avec plein de conseils très concrets pour une communication éclairée et une gestion féministe des questions financières dans le couple.

Vivre sans sexualité, d'Ovidie et Tancrède Ramonet, réal. Séverine Cassar (France Culture, 2021)

À travers un journal de bord introspectif, les deux documentaristes donnent la parole à celles et ceux qui, comme elleux, ne veulent pas ou plus de sexualité : laissé·es pour compte du grand marché libidinal, grévistes du sexe, ascètes modernes ou abstinent·es momentané·es… Certain·es désirent encore, mais autrement ; d'autres en souffrent, ou au contraire s'en trouvent soulagé·es.

Des hommes violents, de Mathieu Palain, réal. Cécile Laffon (France Culture, 2020)

« Condamnés par le tribunal pour violences conjugales, douze hommes sont contraints par la justice de participer à un groupe de parole pendant six mois. L'un est un homme d'affaires à succès, un autre à la recherche d'un emploi, un autre tient un garage… Ils commencent par clamer unanimement leur innocence et par refuser de reconnaître leurs torts. Puis évoluent, ou pas. » (France Culture)

Ou peut-être une nuit, de Charlotte Pudlowski, réal. Anna Buy (Louie Média, 2020)

Un documentaire d'une puissance sidérante, mêlant témoignages, analyses d'expert·es et statistiques, pour comprendre les mécanismes de la fabrique du silence autour de l'inceste et son rôle dans le maintien de la domination masculine.

Camille, de Camille Regache, réal. Solène Moulin (Binge Audio, depuis 2019)

Les droits des LGBTQI+ avancent, mais les normes et les structures psychopolitiques liées à l'hétérosexualité restent. Une déconstruction méthodique, sourcée et accessible de l'hétéronormativité de notre société, et de tout ce qui est considéré comme naturel et inné en ce qui concerne l'identité de genre et la sexualité.

Les Chemins de désir, de Claire Richard, réal. Arnaud Forest et Sabine Zovighian (Arte Radio, 2019)

Dans cette fiction, une femme retrace une vie de fantasmes et de plaisirs solitaires : de la découverte, enfant, d'une BD pour adultes dans le grenier de sa grand-mère, aux vidéos X disponibles aujourd'hui. Une exploration des chemins du désir féminin – ses contre-allées déroutantes, ses ruelles cachées, ses zones de liberté – qui montre comment l'imaginaire érotique se construit parfois loin de la vie amoureuse réelle.

La Clinique de l'amour, de Delphine Saltel, réal. Cécile Laffon (France Culture, 2020)

« Dans un hôpital public du sud de la France, un psychiatre et une psychologue reçoivent des couples au bord de la rupture. Les patients viennent à deux, parfois avec leurs enfants, et exposent les malentendus, les vieilles histoires, les conflits qui ont fragilisé l'amour : charge mentale, argent, fréquence des rapports sexuels… Rancœur et espoir se mêlent. » (France Culture)

La Séparation, de Sophie Simonot, réal. Emmanuel Geoffroy (France Culture, 2020)

Manue et Karim forment un couple mythique pour leur ami·es : complices, égalitaires, modernes. À l'aide d'archives et de reportages tournés par l'autrice depuis le début de leur histoire, ce documentaire décortique vingt-cinq ans de mariage, depuis le jour de la cérémonie, en passant par les crises et les réconciliations, jusqu'au divorce.

Et en anglais

The Heart (Mermaid Palace, depuis 2012)

Un projet audio inclassable, foutraque et poétique, à propos d'intimité et d'humanité.

Modern Love, de Meghna Chakrabarti et Daniel Jones (WBUR, depuis 2015)

Mise en son par des comédien·nes de la mythique chronique du *New York Times* : des auteurices célèbres ou anonymes racontent et analysent un aspect de leur vie affective (les transcripts sont disponibles en ligne).

Where Should We Begin ? d'Esther Perel (Global Media/ Gimlet, depuis 2017)

Dans chaque épisode, on écoute la première séance de thérapie d'un couple en crise, reçu par la célèbre psy Esther Perel dans son cabinet.

Livres pour les plus jeunes

« Très intéressantes toutes ces questions que vous traitez dans vos podcasts, mais à quand une version accessible aux plus jeunes ? » m'a-t-on souvent demandé. En guise de réponse, et parce que je crois à la nécessité d'une nouvelle éducation sentimentale par la fiction, voici une sélection d'albums et de romans qui offrent aux enfants et adolescent·es des histoires de relations affectives enthousiasmantes.

À partir de 2 ans

Abris, d'Emmanuelle Houdart (éd. Les fourmis rouges, 2014)

Dans cet album fantasmagorique, l'artiste explore la notion d'abri. S'il est d'abord solitaire quand il est incarné par le cocon du ventre maternel, il évolue au fil du temps. Une cabane peut être un refuge pour confier des secrets ou dissimuler ses bêtises, mais l'amour en est un aussi (celui de parents, d'ami·es ou d'amoureu·ses). *Abris* est un album poétique et délicat, accessible dès le plus jeune âge, pour trouver l'espace dans lequel se sentir bien.

À partir de 4 ans

Clic et Cloc, d'Estelle Billon-Spagnol (éd. Talents Hauts, 2018)

Clic et Cloc sont les meilleurs amis du monde. Leur amitié est fusionnelle : ils mangent, dorment et chantonnent même ensemble ! Mais un jour, Cloc disparaît. C'est la panique ! Il n'y a pas de Clic sans Cloc, alors comment exister sans lui ? Une histoire d'amitié, de dépendance affective et d'affirmation de soi, dans l'idée que, parfois, se quitter permet de mieux se retrouver.

M. Tigre le magnifique, de Davide Cali, illustré par Miguel Tanco (éd. Gallimard Jeunesse, 2021)

Monsieur Tigre est le catcheur le plus redouté de sa profession. Craint par ses ennemis qui voient en lui l'ultime rival, il est admiré dans le monde entier pour son courage et sa force. Mais derrière le masque se cache un homme timide aux jambes qui flageolent dès qu'il croise cette fille inconnue dont il est secrètement amoureux. Comment réussir à l'aborder ? Un album plein d'empathie pour retourner les stéréotypes de la masculinité et illustrer toutes les nuances d'une personnalité.

Julian au mariage, de Jessica Love (éd. L'école des loisirs, 2021)

C'est jour de mariage ! Julian a revêtu une élégante tenue violette, sa grand-mère s'est parée de ses plus beaux atours, et Marisol a mis sa robe froufrou. Lorsque les deux complices s'échappent pour aller jouer avec la chienne des mariées, la robe de Marisol finit toute tachée… Mais la petite fille peut compter sur l'imagination raffinée de Julian pour mettre une touche de féerie dans leur tenue… Une lecture contemplative et inclusive qui respire le bonheur, la liberté et l'espièglerie.

Ma maman est bizarre, de Camille Victorine, illustré par Anna Wanda Gogusey (éd. La ville brûle, 2020)

Emporté par un duo mère-fille complice, le livre déroule une suite de scènes du quotidien, allant des plus simples aux plus originales. Cet album énergique souffle dès lors un vent de liberté sur la maternité en déconstruisant ses codes et ses attentes, célébrant les mamans fières et indépendantes, qui aiment les tatouages et danser en culotte au milieu du salon ou en rave party.

Alice et Alex, de Hugo Zaorski, illustré par Claire Zaorski (éd. Sarbacane, 2020)

Le hasard a fait se rencontrer Alice et Alex, tous deux chez le couturier pour y commander une tenue. Et lorsque leur regard se croise, c'est le coup de foudre. Dès lors, la vie s'écoule dans l'attente impatiente, rêveuse et aussi un peu angoissante de revoir l'inconnu·e quelques jours plus tard – au moment de l'essayage. Leur amour est-il réciproque ? Et comment s'habiller le jour J ? Un album d'un romantisme irrésistible dans une esthétique végétale luxuriante et pleine de charme.

À partir de 6 ans

Roule, Ginette !, d'Anne Dory, illustré par Mirion Malle (éd. La ville brûle, 2021)

Ginette s'occupe de son mari depuis qu'elle est une jeune fille – tandis que lui profite à temps plein du moelleux de son fauteuil. Un jour, le Vieux réclame de manger une galette, Ginette s'exécute. Mais par un mystérieux phénomène, la vieille femme devient elle-même la galette, prête à rouler vers son indépendance sans craindre l'estomac gourmand des animaux qu'elle rencontre. Une relecture féministe, fantasque et joviale du conte traditionnel *Roule galette*. Complètement jubilatoire.

Les Amoureux, de Victor Hussenot (éd. La joie de lire, 2019)

Muni de son stylo bille bleu et de son stylo bille rouge, Victor Hussenot raconte par l'image ce qui fait le sel de l'amour : la vie à deux, les jeux, les sentiments et les rêves, mais aussi les colères, les déceptions, les épreuves et la solidarité. Un album sans texte qui rappelle la bande dessinée, où la métaphore nourrit un livre joyeux et complice, qui plaira à tous les publics.

Mô-Namour, de Claude Ponti (éd. L'école des loisirs, 2011)

Devenue orpheline, Isée croise la route de Torlémo, qui lui affirme vouloir lui offrir son affection et son attention. Il la renomme « Mô-Namour », lui susurrant qu'il l'aime. Mais Torlémo piège Isée pour en faire un ballon ou lui réclamer des gâteaux. L'univers et l'esthétique propres à Claude Ponti servent ici un récit âpre et nécessaire sur la maltraitance, avec une héroïne qui brillera par sa résilience dans *La Venture d'Isée*, le tome II de sa vie.

À partir de 9 ans

Diabolo Fraise, de Sabrina Bensalah (éd. Sarbacane, 2019)

Antonia, Marieke, Jolène et Judy sont quatre sœurs âgées de 11 à 17 ans. Entre premières règles et grossesse non désirée, naissance du désir et recherche de sa place dans le monde, elles font à leur façon l'expérience de l'existence en sachant qu'elles peuvent compter les unes sur les autres, malgré les querelles. Un roman indispensable sur la préadolescence et la sororité, héritier moderne et solaire des *Quatre Filles du docteur March*.

Tout nu !, le dictionnaire bienveillant de la sexualité, de Myriam Daguzan Bernier, illustré par Cécile Gariépy, (éd. du Ricochet, 2020)

Un livre de ressources très complet, inclusif et aux thématiques variées, abordant de nombreuses notions comme le consentement, la sexualité, la contraception, l'identité, les émotions, ou encore le rapport au corps. Une tonalité légère et une parole libre et décomplexée pour un ouvrage qui pourrait bien apprendre des choses aux plus grand·es également !

En apnée, de Meg Grehan (éd. Talents Hauts, 2020)

C'est à son journal intime que Maxime, 11 ans, confie ce qui se trame dans son cœur et dans son corps. Elle tente de mettre des mots sur ce qu'elle ressent pour son amie Chloé. Pourquoi est-elle si troublée par elle ? A-t-elle le droit d'éprouver ces sensations ? *En apnée* est un roman d'une grande sensibilité sur l'éloignement de l'enfance et l'éveil au sentiment amoureux, avec tout ce qu'il enveloppe de troublant et de doux.

À partir de 13 ans

A comme aujourd'hui, de David Levithan (éd. Gallimard Jeunesse et Les Grandes Personnes, 2015)

Chaque jour, A se réveille dans un corps différent. Sans jamais savoir à qui s'attendre à son réveil, iel doit usurper une identité durant 24 heures sans altérer son quotidien. Lorsque A devient Justin, 16 ans, iel fait la connaissance de Rhiannon, sa petite amie. A transgresse alors la règle d'or qu'iel s'imposait depuis toujours : celle de ne jamais s'attacher.

Une romance singulière et captivante qui s'interroge sur l'apparence et les sentiments, et où l'amour se conjugue au présent.

Sauveur & fils, de Marie-Aude Murail (éd. L'école des loisirs, 2016)

Sauveur Saint-Yves est psychologue clinicien. Il s'attache à comprendre ce qui abîme les autres : comment recomposer une famille dont le père s'est remis avec une femme plus jeune et la mère avec une femme ? D'où vient la phobie scolaire d'Ella et l'énurésie de Cyrille ? Mais Sauveur tend à mettre de côté sa propre vie et celle de son fils, Lazare, dont il s'occupe seul depuis la mort de sa femme.

Une immersion dans l'intimité d'un cabinet de psy, et une série d'une profonde humanité à découvrir.

Lettre à toi qui m'aimes, de Julia Thévenot (éd. Sarbacane, 2021)

Yliès a aimé Pénélope au premier regard, lorsqu'il a passé une audition pour rejoindre son groupe de rock. Si Pénélope a un peu flirté avec lui au début, elle s'est vite rendu compte qu'elle ne partageait pas ses sentiments. Alors elle lui écrit cette lettre. Ce roman délicat adopte le point de vue original de la personne aimée pour raconter le trouble, la culpabilité et le respect éprouvés dans cette situation où il n'y a d'autres choix que d'égratigner l'autre.

À partir de 15 ans

Entre chiens et loups, de Malorie Blackman (éd. Milan, 2011)

Sephy et Callum s'aiment. Mais Sephy est une Prima, elle appartient à la caste des personnes noires qui possèdent les richesses et le pouvoir, et oppriment les Nihils, les personnes blanches, comme Callum. Une dystopie qui pose le cadre du racisme systémique pour mettre en scène des Roméo et Juliette qui se battent pour leur liberté d'aimer et de penser.

Romance, d'Arnaud Cathrine (éd. Robert Laffont, 2020)

Vince a 16 ans et ce qu'il souhaite, c'est trouver le grand amour, le vrai. Il veut rencontrer le garçon avec qui il vivra sa première fois, celui qui fera virevolter son ventre à chaque coup d'œil. Mais Vince ne s'attendait pas à la brutalité de ce premier amour, à cette passion incandescente vécue avec l'intensité de l'adolescence, à la radicalité des émotions. *Romance* est un roman d'apprentissage vibrant qui marque par sa justesse et son ardeur.

Ce sera moi, de Lyla Lee (éd. Hachette, 2020)

Skye aspire à devenir une star de la K-pop, et s'apprête à s'exposer aux yeux du monde et d'une industrie discriminante. Or, si Skye est très talentueuse, elle est aussi grosse. Pour parvenir à réaliser son rêve, elle pourra compter sur sa détermination, mais aussi sur Henry, un jeune homme riche et célèbre.

Une romance *feel good* qui s'empare de thématiques sociétales comme le rapport au corps, la grossophobie, l'émancipation des traditions culturelles ou encore la bisexualité.

L'année de grâce, de Kim Liggett (éd. Casterman, 2020)

Dans cette société patriarcale, les jeunes femmes de 16 ans sont envoyées en « année de grâce ». Bannies et livrées à elles-mêmes dans un camp pendant un an, elles doivent en revenir brisées et dociles. Ce roman est une dystopie intense qui pousse le curseur du sexisme systémique et de sa violence à son paroxysme, pour conclure sur le pouvoir émancipateur de la sororité. Une lecture indispensable et marquante.

Sans armure, de Cathy Ytak, (éd. Talents Hauts, 2020)

Lorsque Yannick a entendu la voix de Brune à la radio pour la première fois, elle a compris que celle-ci deviendrait indispensable à sa vie. Les deux femmes bâtissent dès lors les fondations de leur histoire, fragilisées par les emportements de Brune, porteuse du syndrome d'Asperger, mais soutenues par la force d'un amour inébranlable. Une déflagration d'émotions dans un court roman qui empoigne le cœur.

Pour aller plus loin

Se plonger dans les romans de Clémentine Beauvais (*Songe à la douceur, Brexit romance, Les Petites Reines...*).

S'intéresser à la collection L'Ardeur publiée aux éditions Thierry Magnier : des romans érotiques pour adolescentes et adolescents.

Avoir un œil sur les catalogues des éditions Talents Hauts et La ville brûle.

Et aller faire un tour dans sa librairie de quartier pour découvrir toute l'énergie de la production éditoriale pour la jeunesse.

Merci à Lucie Kosmala, journaliste spécialisée en littérature jeunesse, qui a concocté et rédigé cette sélection. Merci aussi à Isabelle Marque, Tom Lévêque et toutes les personnes sur Twitter qui m'ont fait part de leurs suggestions et conseils !

Violences amoureuses : repères

Les violences en couple

En 2017, 219 000 femmes majeures déclarent avoir été victimes de violences physiques et/ou sexuelles exercées par leur conjoint ou ex-conjoint sur une année. Les femmes qui sont victimes de violences conjugales, physiques ou sexuelles, ont souvent subi plusieurs fois ce type de violence au cours de l'année : 3 femmes sur 4 déclarent avoir subi des faits répétés. Et 8 femmes sur 10 déclarent avoir été également soumises à des atteintes psychologiques et/ou des agressions verbales.
Source : La lettre de l'Observatoire national des violences faites aux femmes (n°13, novembre 2018)

En 2019, 146 femmes sont décédées, victimes de leur conjoint ou ex-conjoint. En moyenne, une femme décède tous les 2 jours, victime de son conjoint ou ex-conjoint. En 2019, 25 enfants ont également été tués dans le cadre de violences conjugales.
Source : Étude nationale sur les morts violentes au sein du couple (ministère de l'Intérieur, Délégation aux victimes, août 2020)

Pour la moitié des femmes tuées par leur conjoint ou ex-conjoint, les violences antérieures commises contre elles par l'auteur du meurtre étaient connues, soit par les forces de l'ordre, soit par leur entourage.
Source : La lettre de l'Observatoire national des violences faites aux femmes (n°13, novembre 2018)

Les violences post-séparation

Souvent, les violences vécues en couple ne s'arrêtent pas après la séparation et il subsiste un ensemble de comportements caractérisés par la volonté de domination et de contrôle d'un partenaire sur l'autre.
Par exemple : envoyer des messages menaçants à l'ex-partenaire, l'appeler, le surveiller, le suivre, prendre contact avec l'entourage, laisser

des messages, faire du chantage aux enfants, faire du chantage avec les animaux, destruction d'objets, insultes, menaces...

L'enquête nationale sur les violences envers les femmes en France (Enveff) montre que 16,7 % des femmes ayant été en contact avec l'ex-partenaire violent ont subi de sa part une forme de violence physique ou sexuelle durant la dernière année.

Source : *Les Violences envers les femmes : une enquête nationale*, sous la direction de Maryse Jaspart (éd. La Documentation française, 2003)

Selon des données canadiennes, 39 % des femmes étant encore en contact avec l'ex-partenaire durant les 5 années suivant la séparation ont été agressées par eux. Les abus psychologiques visant à les intimider ou à les contrôler les concernent presque toutes.

Source : *La Violence conjugale après la séparation*, de Tina Hotton (Juristat n°85, 2001)

Les effets des violences en couple sur les enfants

Un enfant exposé à la violence conjugale n'est pas que témoin ; il est aussi victime. Le fait d'être témoin de violences constitue par essence un événement stressant et traumatisant pour un enfant. À ce sujet, vous pouvez consulter le rapport d'étude rédigé par Nadège Séverac pour l'ONED, devenu depuis l'ONPE, Observatoire national de la protection de l'enfance) : Les Enfants exposés aux violences conjugales, recherches et pratiques (2012).

Ressources sur les violences amoureuses

Livres

Pour en finir avec la violence amoureuse. S'affranchir des relations amoureuses toxiques et renouer avec soi, de Danielle Desormeaux (éd. Québec Amérique, 2019)

« Pourquoi certaines personnes malheureuses, insatisfaites ou même maltraitées dans leurs relations amoureuses éprouvent-elles de la difficulté à y mettre un terme ? Pourquoi, lorsqu'elles y parviennent, retournent-elles auprès de celui qui leur fait du mal, ou entreprennent-elles une nouvelle relation tout aussi malsaine et destructrice ? » Guide de "développement personnel politisé" pour aider à changer de modèle dans les relations amoureuses.

En finir avec les violences sexistes et sexuelles. Manuel d'action, de Caroline de Haas (éd. Robert Laffont, 2021)

La militante féministe, fondatrice du collectif #NousToutes, donne à chacune et à chacun des outils pour que les violences sexistes et sexuelles s'arrêtent. Cela nécessite de connaître la réalité des violences (les chiffres, les définitions...), de comprendre les mécanismes et de disposer de techniques et d'outils pour agir dans nos familles, notre entourage, au travail, dans la rue. Identifier, comprendre, agir : trois étapes pour changer le monde.

Documentaires

Féminicides, de Lorraine de Foucher (2020)

À travers les témoignages de l'entourage des victimes et des institutions, ce film analyse cinq cas emblématiques de féminicides et retrace l'évolution de la relation amoureuse, de la rencontre jusqu'au meurtre.

Traquées, de Marine Périn (2020)

Les violences conjugales s'accompagnent quasi systématiquement de cyberviolences, qu'il s'agisse de harcèlement, de surveillance ou de violences administratives : cet aspect méconnu est justement exploré dans ce très bon documentaire, en accès libre sur YouTube.

Autres

arretonslesviolences.gouv.fr

Ce site gouvernemental regroupe de très nombreuses ressources (chiffres, liens vers des associations, guides...) pour toustes : les personnes victimes, celles qui sont témoin, et les profession·nelles qui veulent se former.

3919

Le numéro d'appel national pour les femmes victimes de violences (conjugales, sexuelles et psychologiques, mariages forcés, mutilations sexuelles, harcèlement...). Il propose une écoute, informe et oriente vers des dispositifs d'accompagnement et de prise en charge. Ce numéro garantit l'anonymat des personnes appelantes, mais n'est pas un numéro d'urgence comme le 17 par exemple qui permet pour sa part, en cas de danger immédiat, de contacter la police ou la gendarmerie.

Cercles de parole et d'écoute : mode d'emploi

Tous les témoignages entendus au fil des épisodes du *Cœur sur la table* ont été recueillis dans le cadre de cercles de parole, et comme j'ai l'impression que cette pratique très simple reste pourtant méconnue, j'ai pensé qu'il serait utile d'expliquer comment et pourquoi on peut en organiser et y participer.

La première fois que j'ai entendu parler de "groupes de conscience", c'est dans les livres de la féministe étatsunienne Gloria Steinem, notamment *Actions scandaleuses et rébellions quotidiennes* (éd. du Portrait, 2018), où elle raconte le rôle fondamental que ces groupes ont joué dans les mouvements féministes et antiracistes des années 1970.

Toutes sortes de sujets peuvent être abordés dans un cercle de parole : les questions liées au corps, au sexe, à l'âge, aux relations amoureuses, à notre enfance, à l'expérience des discriminations, à la violence... tout dépend des besoins des participant·es.

Le principe, c'est de rassembler plusieurs personnes, de s'asseoir en cercle, et puis de prendre la parole et de s'écouter. Voilà, c'est tout.

Enfin, pas tout à fait...

À quoi sert cette pratique ? Qu'on la mette en place avec des proches, et/ou des inconnu·es, faire un cercle de parole est une manière très puissante de nous relier, de nous sentir plus proches les un·es des autres, de nous rendre compte que ce qu'on croyait être seul·e à traverser, à ressentir ou à expérimenter, les autres le connaissent aussi. De reconnaître que des sentiments, des expériences qu'on croyait anecdotiques, honteuses ou insignifiantes, résonnent avec celles d'autres personnes. De découvrir qu'en parler, cela peut aider les autres. **Dans un cercle, on peut briser les tabous et sortir de la solitude ; on peut apprendre à écouter les autres et à s'exprimer, et surtout, à politiser nos expériences.**

Beaucoup de personnes m'ont écrit pour avoir des adresses de cercles de parole. Ma réponse est toujours la même : créez le vôtre ! Comment faire ? Pour commencer : parlez-en autour de vous. Postez un message sur un forum, envoyez un message d'invitation à des personnes que vous connaissez de près ou de loin, en leur demandant de le faire circuler... Tout le monde n'est pas obligé de se connaître avant le cercle, et c'est même bien de s'y trouver avec des gens qu'on ne connaît pas. C'est plus intéressant aussi quand tout le monde n'a pas le même profil – par exemple s'il y a des personnes d'âges, de parcours, de milieux, d'origines différentes.

Pour veiller à ce que ce cercle soit accessible à toustes, notamment aux personnes qui ont des enfants à charge, on peut décider que le groupe se cotise pour contribuer aux frais de garde. Pour commencer, c'est bien de ne pas être trop nombreu·ses, peut-être cinq, six, huit personnes. Lors de chaque cercle, les personnes décident elles-mêmes des sujets dont elles aimeraient parler.

À l'heure dite, tout le monde se rassemble dans un lieu – ça peut très bien être à l'extérieur, dans un parc par exemple, avec des trucs à grignoter pour le début ou la fin du cercle.

Une fois rassemblé·es, on discute un peu de façon informelle, et puis on s'installe. On éteint les portables, on se donne une heure limite. Les personnes qui sont à l'initiative du cercle peuvent rappeler quelques règles, par exemple : on prend la parole à tour de rôle, on ne se moque pas, on ne juge pas, on ne critique pas, on ne donne pas de conseil, on respecte la confidentialité des échanges. Juste, on écoute, et c'est déjà beaucoup.

Si on se sent à l'aise avec ça, on peut un peu ritualiser le cercle ; par exemple : allumer une bougie, ou proposer quelques exercices de respiration avant de commencer (où tout le monde inspire et expire ensemble, doucement ; par exemple : on inspire en cinq temps, on expire en cinq temps, sur une dizaine de cycles. Ça paraît bizarre, mais ça fait vraiment du bien). Et puis pour le premier tour de parole, souvent, on se présente et on dit pourquoi on est là.

Et de quoi on parle dans un cercle ? De ce qu'on veut, du moment qu'on s'exprime à la première personne, le plus sincèrement et personnellement possible, en disant « je » – ce qui évite de faire des généralités, de fuir dans la théorie ou l'abstraction : on partage sa propre expérience, on raconte sa propre histoire.

Pour terminer, voilà quelques questions pour vous inspirer dans vos propres cercles. Par exemple, si vous voulez réfléchir collectivement aux relations affectives, comme on le fait dans *Le Cœur sur la table*, vous pouvez poser des questions du type :

Quel genre d'enfant est-ce que tu étais ?

As-tu peur de vieillir ?

Quand est-ce que tu te sens aimé ?

Qu'est-ce que tu aurais aimé savoir plus tôt ?

Comment exprimes-tu ton amour pour quelqu'un ?

Quelle relation as-tu avec ton corps ?

Avec quelles difficultés te débats-tu dans ta vie amoureuse / sexuelle / affective / amicale ?

Qu'est-ce que tu ne veux surtout pas revivre dans ta vie affective ?

Liste évidemment non exhaustive !

Et pour vous convaincre de l'intérêt de cette pratique, voici le témoignage que m'a envoyé Joanne, une auditrice du *Cœur sur la table*.

J'avais envie de partager mon expérience de membre d'un cercle de femmes. Voici près d'une année, j'ai été invitée à rejoindre un cercle avec cinq autres femmes, par une amie que je ne connaissais pas encore très bien. Je ne crois pas qu'elle savait alors quelle bouée de sauvetage elle me lançait. J'avais dû rentrer (après deux semaines) d'un voyage à pied qui aurait dû durer trois mois, un voyage dont je rêvais depuis longtemps et qui devait m'aider à faire le point sur ma vie et mes envies. J'étais encore sonnée, je ne m'étais jamais sentie aussi seule, et je n'arrivais à le dire à personne. On a commencé à se réunir toutes les semaines, par visioconférence. Ces rencontres m'ont portée, soutenue, sauvée pendant les semaines de confinement. On y a parlé de notre vulnérabilité, de notre pouvoir. J'avais un peu pratiqué cette forme d'écoute profonde (où on parle chacun·e son tour, sans s'interrompre, sans donner son avis ou des conseils) pendant un cours de communication en pleine conscience, et j'avais pu constater comme elle est puissante.

Chaque semaine, on a déposé un peu de nous entre les mains des autres, avec une confiance naturelle et absolue dans le fait qu'elles le recueilleraient et en prendraient soin. Quelque chose de merveilleux me lie à ces femmes depuis un an. Celle qui m'a invitée dans ce cercle est devenue une personne-ressource pour moi, un pilier de ma vie, une inspiration. Une autre est instantanément et magiquement devenue l'une de mes plus proches amies, tant nous nous sommes reconnues l'une dans l'autre lors du tout premier cercle. J'ignore presque tout des autres (je ne sais pas quel est leur métier, où elles vivent, si elles pratiquent un sport), mais je les connais et elles me connaissent d'une manière dont nos ami·es ne nous connaissent pas. Le cercle crée cela, cette intimité, et il crée aussi de la force : j'en ressors chaque fois avec une confiance (en moi, en les autres, en la vie) incroyable. On se réunit maintenant une fois par mois, et même en visioconférence on sent, physiquement, l'énergie passer entre nous et grandir par ce partage.

Pour aller plus loin, saisir les termes suivants, sur un moteur de recherche : « how to start a consciousness group » ou « groupe de parole mode d'emploi ».

Coulisses

Le Cœur est né au fil de conversations informelles avec plusieurs personnes de Binge Audio. Quand on s'est lancé·es dans ce documentaire, on pensait sincèrement qu'en trois mois, tout serait bouclé (« et encore, on sera larges ! »).

Heureusement, une équipe s'est constituée autour du *Cœur* (les « Corazonas »), et c'est cette équipe géniale que je veux vous présenter ici. En commençant par celle qui a formé, guidé et soutenu ce collectif :

Diane Jean, *productrice*

Produire, c'est un verbe vague qui ne rend pas justice à l'importance et à la difficulté de cette mission : Diane a organisé tout le travail, orchestré la collecte de tous les témoignages à l'automne et donné le ton général, avec une finesse et une énergie qui m'impressionnent encore. C'est avec elle que nous avons mis au point la forme des épisodes et ses principes sonores (« morceaux de bravoure », « petites voix », « carrousels »). Avec elle que nous avons appris toustes ensemble, à force d'essais et d'erreurs, à faire du documentaire sonore (qui parle ? pourquoi ? comment on les présente ? comment on fait des enchaînements ? Pourquoi ce témoignage ne nous procure aucune émotion alors qu'on l'a coupé et que toutes les phrases semblent à leur place ? Ah... c'est parce qu' il faut garder les respirations et les hésitations). Merci à elle !

En coulisses et à ses côtés ont aussi œuvré Sirine Azaoui, qui, patiente et précise, a contribué aux transcripts des rushs et à la gestion des messages, et Sabine Zovighian, magicienne de la mise en scène sonore, apparue pour les derniers épisodes. *Le Cœur* est un travail collectif, et c'est ce dont je suis le plus fière.

Dans ce collectif, Solin, Naomi et Bertrand ont également joué un rôle clé.

Solin (Solène Moulin), *réalisateurice et compositeurice*

Je suis un·e grand·e amoureux·se, moi aussi. J'ai été en relation avec une fille super, qui faisait la grande majorité du travail émotionnel de notre couple. Elle a essayé de me dire, pendant des années, de me soigner, d'entamer une thérapie, pour calmer mon stress et ma colère. Qu'elle n'était pas ma poubelle émotionnelle. Moi, j'entendais que je n'étais pas assez bien pour elle, ça me rappelait mes parents. Du coup, je disais rien, je regardais mes pieds, ou une tache sur le plafond, en attendant que ça passe. Comme un léger mal de tête, ça allait se dissiper.
C'est parti.
En effet, elle est partie.
Le silence. C'est ma spécialité. D'ailleurs très vite, j'ai compris que je devais me taire. Parce que mes pensées étaient bizarres, pas belles. Que la personne qui semblait se dessiner en moi, petit·e, ne trouverait pas sa place dans le monde. Serait rejetée. Je ne voulais pas être une petite fille, ni faire ce qu'il est d'usage de faire quand on est une petite fille, je ne voulais pas un avenir comme mes parents, je ne voulais pas cette maison de campagne, un mari qui travaille tard et une femme qui fait la lessive. Un métier scientifique et un métier du care. Des costards et des robes. Le bruit des fourchettes et la télé en monologue pendant le dîner. Être une fille, être hétérosexuelle, rencontrer un garçon et construire ma vie en fonction de ça. J'ai essayé de lutter, mais la réalité m'a fait taire. De toute manière, je bégaie. Donc valait mieux rien dire, sous peine de provoquer les rires et moqueries. C'était ma barrière à moi, une manière de faire diversion, une bonne excuse. Ou un lien de cause à effet. Qui sait.
Alors j'ai fait de la musique. J'ai été éduqué·e dans une bonne famille un peu catho, de classe moyenne, où le cursus solfège et cours de piano était obligatoire. J'aimais pas trop qu'on me dise quoi faire, mais j'ai bien appris mes gammes, bon·ne élève une dernière fois, pour pouvoir improviser. Je pouvais enfin m'exprimer dans toute la maison sans qu'on me juge. Je pouvais crier de l'intérieur, on trouvait ça joli sur le piano. Mes pensées sont devenues belles, audibles.

Le silence, c'est ma spécialité. Paradoxalement, mon métier, c'est faire du bruit.
Il m'aura fallu un coup de poing dans le cœur pour aller me la faire, cette thérapie. Et voir le lien. Ce sont ces réflexions-là qui m'ont donné envie de réaliser *Le Cœur sur la table*. Ce projet m'a aussi permis de m'affirmer personnellement en tant que personne non binaire et lesbienne qui a le droit d'être bien sa peau, et d'apprendre à mieux aimer mes proches. Son par son, émotion par émotion, seconde par seconde, toustes penché·es sur le banc de montage, sur les presque 50 pistes de chacun de nos épisodes, à respirer en même temps que les intervenant·es, à écouter ce que ça fait dans nos ventres, pour sentir quand ça va trop vite, que ça nous bouscule… et enfin finir par se rendre compte que pour comprendre ce qu'on est en train de ressentir, ce qui manque, c'est prendre le temps d'écouter vraiment. De laisser vivre les silences.

Ce que je fais quand je réalise *Le Cœur* ?

Une fois que les témoignages ont été prémontés, on passe à l'enregistrement des "micros" (c'est-à-dire tout ce qui a été écrit). Cela dure une journée entière, on en ressort épuisé·es comme après une randonnée (donc souvent, avant, on respire toustes ensemble, comme en yoga ou en sophrologie).

Dans le studio, Victoire parle dans le micro, debout, et moi derrière la console, je la dirige :

Plus de sourire, plus de bienveillance

C'est le moment où on cherche le ton, avec Diane et Naomi, en répétant plusieurs fois les phrases avec des intentions différentes :

J'entends pas ta colère, fais-moi entendre la révolution

J'organise les multiples prises, je choisis la meilleure, et j'imagine la mise en son, où on joue avec des dialogues et des scènes de fiction :

Imagine, t'es en soirée et t'appelles une copine, en panique

Nos collègues de Binge ont souvent participé à ces petites mises en scène, en offrant leurs voix et leur expériences :

T'as envie que je t'embrasse ?

Cervix, Téton, Circlusion, Cyprine

Quand deux jours plus tard, j'ai mis bout à bout sur ma timeline toutes les "voix" (témoignages + micros + fictions), on dit que j'ai « fini l'Ours ». Mais il n'y a pas que les voix qui disent des choses. La réalisation sonore apporte de nouvelles couches de sens, grâce aux ambiances (de ville, de nature...), au *sound design* (bruitages réels, et irréels), et à la musique. Pour chaque épisode, je la compose sur mesure. C'est un moment assez introspectif, où j'écoute en boucle les témoignages et les micros (jusqu'à souvent les connaître par cœur), les mains sur le piano, tâtonnant des notes, des textures, tapant du pied pour trouver le bon rythme, déceler l'énergie qui émane du discours et essayer de la traduire avec mon langage. Je ne pense pas qu'on puisse créer à partir de rien... Réussir à faire entendre la soumission, la colère sourde ou l'espoir, c'est qu'elle a existé, un moment, quelque part à l'intérieur, et qu'elle ne demandait qu'à sortir. Comme dirait l'autre : tout se transforme. Je transforme nos énergies ; nos cœurs en éoliennes.

Naomi Titti, *apprentie éditrice, puis co-productrice*

Ça n'a rien d'anodin pour une femme noire de 22 ans, qui a grandi dans une banlieue populaire et qui n'a pas encore fini ses études, de travailler sur un projet d'une telle ampleur.

"Produire" *Le Cœur*, c'est par exemple : planifier les enregistrements et les deadlines d'écriture et de réalisation, booker le transport et le logement pour les reportages, programmer la diffusion des épisodes en veillant à ce que toutes les ressources citées soient accessibles, promouvoir le podcast sur les réseaux sociaux, organiser des séances d'écoute publiques.

C'est aussi relire chaque ligne, chaque paragraphe où Victoire déroule sa pensée pour s'assurer que ça tient. Passer chaque séquence de la réalisation de Solin au peigne fin pour donner des retours, à la seconde près, en relevant les moments où on ne respire pas assez, ceux où on veut plus, ou moins de musique, ceux où le propos se répète. Et réécouter chaque version, sans se lasser ni se laisser distraire, même au bout de la quinzième, jusqu'à ce qu'on en ait une qui soit enfin prête à être diffusée.

Prendre de l'assurance pour guider l'équipe, dans les moments euphorisants (« et si on faisait venir un chœur de 20 personnes pour clôturer cet épisode ? ») comme dans les plus éreintants, alors qu'on est la benjamine du groupe. Croire dans ce programme et le porter à bout de bras même quand l'autrice et le ou la réal sont découragé·es (« il va être vraiment super cet épisode, tu vas y arriver j'en suis convaincue »). Et enfin...

appliquer les valeurs prônées dans le podcast à nos façons de travailler ensemble : faire face aux mécaniques de domination à l'œuvre même entre nous, apprendre à s'affirmer et à exprimer ses idées, valoriser tous les points de vue et s'écouter.

Je n'avais jamais autant parlé d'amour avec mes proches ; j'ai renoué le dialogue avec certain·es, trouvé le courage de le rompre avec d'autres, relu ma vie affective… jusqu'à éprouver dans ma chair, dans mon cœur et dans ma tête, ce à quoi ça pourrait ressembler, la révolution romantique.

Bertrand Guillot, *starring-partner*

Voilà trois ans que je suis (l')amoureux de Victoire. Quand je l'ai rencontrée, elle terminait la première saison des Couilles, et elle visait déjà le Cœur. « Je veux faire un podcast sur les relations », disait-elle. C'était encore flou, mais il était déjà question de chèvres et d'inégalités matérielles, de communication non-violente et de moitiés d'orange.

Il a fallu du temps pour le concevoir, ce podcast. Et puis finalement, de confinement en reconfinement, de nuits d'écriture en commandos de montage, le Cœur s'est mis à battre… et je me suis retrouvé à écrire avec elle.

Écrire avec Victoire, c'est faire à la fois chauffeur-livreur d'essais en tous genres (des livres, toujours plus de livres), peintre en bâtiment (il faut un mur bien blanc pour coller des Post-it), sparring-partner conceptuel, concepteur de plans (sur la comète ou sur la table), dessinateur d'esquisses d'épisodes (comptez environ 111 pour chacun), fournisseur d'idées (le plus souvent retoquées), cellule psychologique (« mais si, tu vas y arriver »), garde-fou à l'occasion (« non, Victoire, pas le violentomètre dans tous les épisodes ») – mais aussi regard masculin, réveil-matin, rallumeur de feu, résumeur de mythes romantiques, redresseur de phrases, arrondisseur de transitions… Et parfois pompier, appelé à 22h30 pour terminer ou réécrire entièrement un épisode avant l'enregistrement du lendemain matin (pensez à moi quand vous réécouterez les épisodes 9 et 10).

Dans la version finale, peu de lignes sont de moi. Mais beaucoup des phrases que vous n'avez pas entendues dans le podcast sont de moi. On se coupe rarement la parole, avec Victoire, mais on coupe volontiers ce qu'écrit l'autre – avec une seule chose en tête : que l'épisode soit le meilleur et le plus fluide possible.

Mon rôle reste dans l'ombre, mais je n'en prendrai jamais ombrage. Car si elle est journaliste et moi écrivain, de nous deux c'est elle l'artiste.

Elle qui lit tout ce qui peut s'écrire sur son sujet. Elle qui, inlassablement, questionne ses intuitions. Elle qui toujours repousse les limites – celles de son projet, et les siennes.

Il y a eu des décalages de planning, quelques acrobaties, des montagnes de doutes et quelques nuits courtes à vous rendre chèvre, mais aussi des rires, la magie de Solin, la délivrance d'une séance galvanisante d'écoute au casque… et au final, une immense fierté.

Le Cœur est fragile, mais je trouve qu'il bat plus fort à chaque épisode. Et pour tout dire, le mien aussi.

Remerciements

Ce livre, comme le podcast dont il est tiré, prend ses racines dans le travail de penseureuses, artistes et chercheureuses, notamment féministes, qui luttent contre toutes les formes de domination : ma gratitude va donc à toutes celleux dont les œuvres sont mentionnées dans ces pages.

Ce travail doit aussi beaucoup aux auditeurices des *Couilles* et du *Cœur sur la table*, qui l'ont nourri de leurs témoignages, critiques et confidences ; merci à celleux qui nous écoutent, qui nous écrivent, qui nous soutiennent lors des rencontres en public. Merci à toutes les personnes qui ont accepté de s'exprimer à mon micro pour *Le Cœur*. Merci à Marin, Laurène Pierre-Magnani et Julie Maure qui ont organisé des cercles de paroles dans leurs villes

Merci à mes collègues de Binge Audio pour leur participation inventive dans les "petites voix" des épisodes. Merci à Gabrielle Boeri-Charles, David Carzon et Joël Ronez, les dirigeant·es-fondateurices de ce média, d'avoir créé et garanti les conditions permettant de mener à bien ces projets. Je mesure la chance qui m'est donnée.

Merci à toute l'équipe élargie du *Cœur* : Sirine Azaoui, Diane Jean, Bertrand Guillot, Solin Moulin, Naomi Titti et Sabine Zovighian. Merci à Adrian Delmer d'être venu jouer du piano au studio Virginie-Despentes, et merci aux membres de la chorale Nos Lèvres Révoltées d'y avoir chanté. Merci à Irène Drésel d'avoir accepté que sa musique soit utilisée dans le programme.

Le Cœur est tissé d'innombrables échanges, débats et confidences partagées avec plusieurs personnes citées plus haut ainsi qu'avec d'autres ami·es et camarades : merci à Lauren Bastide, Charlotte Bienaimé, Coline Charpentier, Mona Chollet, Judith Duportail, Vincent Edin, Richard Gaitet, Manon Garcia, Camille Froidevaux-Metterie, Amandine Mussou, Bryan Polach, Claire Richard, Lolita Rivé, Karine Sahler, Élodie Tuaillon-Hibon, Alice Zeniter. Et merci aussi à Daniel Batoula, Laetitia Carton,

Charlotte Durand, Fabrice Gardel, Klaire fait Grr, Nicolas Framont, Aviv "Liberkistan", Delphine Saltel, Colombe Schneck et Héloïse Simon pour les lettres revigorantes, SMS-coups de pouce et livres magiques qui m'ont bien aidée.

Ce livre, comme chaque livre, a demandé le concours de toute une équipe. Pour les illustrations et la couverture, merci à Sébastien Brothier, Karolina Mikos et Elizaveta Pavina (pour Upian). Pour les corrections, merci à Sophie Hofnung et Andréa Molina. Pour les illustrations des pages ressources, merci à Marie Brd. Pour la maquette, merci à Florie Cadilhac et Claire Besset. Pour les recommandations d'œuvres, merci à Eva Kirilof (histoire de l'art) et à Lucie Kosmala (littérature jeunesse).

Merci à Karine Lanini, éditrice exceptionnelle à tous les titres, pour son accompagnement et sa confiance, à qui je dois encore trois siestes et un feu d'artifice.

Merci à Alizée Jaggi de nous avoir accueilli·es chez elle, avec mes amours et le cœur en gestation, pour cet inoubliable automne berrichon. Merci à Gwen Cattez pour les embrasements (et le reste). Merci à Sylvie Jacquemin, ma mère, pour le soutien logistique (entre autres). Merci famille, ami·es chéri·es – vous savez ce que je vous dois et comme je vous aime.

Et encore, à Bertrand Guillot : merci pour tout, chaque jour, toujours.

RÉALISATION : NORD COMPO À VILLENEUVE D'ASCQ
IMPRESSION : PRINTER
DÉPÔT LÉGAL : OCTOBRE 2023. N° 154681 (   )
IMPRIMÉ AU PORTUGAL